In diesem unterhaltsamen Buch, dessen Lektüre weniger belehrend als vergnüglich sein soll, wird dem Leser ein bunter Strauß kurzer Geschichten aus der Antike präsentiert. Der zeitliche Bogen reicht von der frühgriechischen Epoche bis in die späte römische Kaiserzeit. Die schlagfertigen Antworten, heldenhaften Handlungen, merkwürdigen Zufälle und Begegnungen, in denen sich häufig Witz mit Weisheit, philosophische Nachdenklichkeit mit Geistesgegenwart verbindet, vermögen oft mehr Licht auf ein vergangenes Zeitalter zu werfen als weitschweifige Abhandlungen. Die eine oder andere Anekdote wird dem Leser aus der Schulzeit in Erinnerung kommen – wer kennt beispielsweise nicht Schillers Ballade über den Ring des Polykrates? Alle wurden neu in eine zeitgemäße Sprache übersetzt, zu Gruppen zusammengefaßt, denen jeweils eine instruktive Einführung vorangestellt wurde, und im Anhang durch Anmerkungen kurz und prägnant erläutert.

Kurzbiographien der vorkommenden Personen und ein Register erleichtern dem Leser zudem den Zugang. Gegenwärtig gibt es kein Buch mit antiken Anekdoten, das diese Sammlung an Reichtum und Vielfalt übertrifft.

insel taschenbuch 1720
Götter, Spötter und Verrückte

Götter, Spötter und Verrückte

Antike Anekdoten
Herausgegeben
von Gerhard Fink
Insel Verlag

Umschlagabbildung von Robert Pfann

insel taschenbuch 1720
Erste Auflage 1995
Insel Verlag Frankfurt am Main und Leipzig
© 1987 Artemis Verlag Zürich und München
Lizenzausgabe mit freundlicher Genehmigung
des Artemis Verlags
Vertrieb durch den Suhrkamp Taschenbuch Verlag
Umschlag nach Entwürfen von Willy Fleckhaus
Satz: MZ-Verlagsdruckerei GmbH, Memmingen
Druck: Nomos Verlagsgesellschaft, Baden-Baden
Printed in Germany

1 2 3 4 5 6 – 00 99 98 97 96 95

Das Rätsel der Fischer

Eine Vorrede

Seit Tagen schon ankert ein kleines Schiff vor der griechischen Insel Ios, denn der Wind ist eingeschlafen, und das Meer liegt da, glatt wie ein Spiegel. Während sich die Besatzung im Städtchen nach billigem Wein umtut, sitzt der einzige Passagier unter den Fischern am Hafen und trägt ihnen in feierlich-gebundener Rede aus seinen Werken vor. Alle hängen an den Lippen des blinden Alten, dessen Namen ganz Griechenland kennt, alle bewundern seine Weisheit – doch ein paar Fischerjungen wollen den prominenten Gast auf die Probe stellen und geben ihm ein Rätsel auf:

»Was wir fingen, das ließen wir dort, was uns entwischte, das trugen wir fort.«

Der große Dichter grübelt lange darüber nach, doch er kann die Lösung nicht finden, und aus Gram darüber soll er auf Ios gestorben und dort begraben sein. Was aber hatten die Fischer gefangen und weggeworfen? Was hatten sie nicht erwischt und gerade deswegen noch bei sich? Ihre Läuse, nichts anderes!

Unsere Leser werden mittlerweile auch herausgefunden haben, von welchem großen Dichter man sich im alten Griechenland diese Geschichte erzählte. Es ist kein anderer als Homer, der Ilias und Odyssee geschaffen haben soll, den Jahrhunderte nicht nur als Poeten, sondern als Lehrmeister in jeglicher Fertigkeit betrachteten, den sieben Städte als ihren bedeutendsten Sohn beanspruchten, dessen Werk neben dem Kult, dem Sport und der Sprache zu den Klammern gehörte, die die buntscheckige Welt der griechischen Stadtstaaten zusammenhielten.

Von einer so gewichtigen Persönlichkeit so Leichtgewichtiges wie die Sache mit dem Läuserätsel zu erzählen, mag uns reichlich respektlos anmuten, doch ging es denen, die die Lebensgeschichte des Dichters fabulierend ausschmückten, wohl vor allem darum, das Menschliche an ihm zu betonen. Darum lassen sie ihn als uneheliches Kind geboren werden, lassen ihn erblinden und Mangel leiden und gar in einem Dichterwettstreit unterliegen.

Das alles ist wahrscheinlich ebensowenig »historisch« wie das Rätsel, dessen Lösung der weise Alte nicht findet, weil sie gar so trivial und der Heldenwelt der Ilias so fern ist, doch haben dergleichen Geschichten das Bild, das die alten Griechen von ihrem Homer hatten, in wesentlichen Zügen bestimmt und bestimmen es zum Teil noch heute. Es bereitet fernerhin gewiß Vergnügen, berühmten Persönlichkeiten abseits der schnurgeraden Pfade zu begegnen, auf denen uns die Wissenschaft zu ihnen führt: Daß Thales im Wasser den »Urstoff« sah, gehört zur Allgemeinbildung, doch wird darüber wohl niemand lächeln wie über die Geschichte, Thales sei beim Sternegucken in einen Brunnen gefallen.

Wenn man Glück hat, folgt dem Lächeln nicht das schale Gefühl, das platte Witze hinterlassen, sondern ein wenig Nachdenklichkeit: Wie steht es um die angebliche Weltfremdheit des Wissenschaftlers? Sieht er wirklich nicht, was vor seinen Füßen ist? Wir wollen diese Frage jetzt nicht weiter verfolgen, denn dem Ziel dieses Büchleins könnten lange Vorreden nur schaden. Uns geht es darum, dem Leser einen bunten Strauß kurzer Geschichten zu präsentieren, von denen er gewiß die eine oder andere wenigstens in einer Nachgestaltung schon gehört oder gelesen hat, sei es in einer Schillerballade oder in einem biederen Übungsbuchtext. Hier nun werden antike Originale in einer Übersetzung vorgelegt, die den Stil ihrer jeweiligen Autoren sorgsam zu bewahren trachtet, ohne deshalb Wörtlichkeit um jeden Preis anzustreben – die Lektüre der meist ziemlich kurzen Stories soll keine Strapaze, sondern unterhaltsam sein.

Aus diesem Grunde verzichteten wir auf – sowieso unerreichbare – Vollständigkeit, sondern konzentrierten uns auf Personen, Epochen und Ereignisse, die nicht allzu abgelegen sind und die sich nicht erst dem erschließen, der Spezialkenntnisse mitbringt. Unserer Meinung nach ist ein witziger Ausspruch, dessen Pointe der Kommentierung bedarf, kein Witz mehr, sondern ein philologisches Problem, womit wir unsere Leser verschonen möchten. Wenn wir trotzdem dann und wann eine Anmerkung nachliefern, dient das dem vertieften Verständnis des Gelesenen und seiner Einbettung in größere Zusammenhänge.

Diese Aufgabe erfüllen auch die Einleitungen zu den einzelnen Kapiteln und die dem antiken Original fremden Überschriften. Wir haben diese eingeführt, weil sie der einzelnen Geschichte Kontur verleihen und weil wir sowieso aus dem großen Kuchen der Überlieferung jeweils einzelne Rosinen herausgepickt haben. Diogenes Laertios, der Leben und Lehre der bedeutendsten antiken Philosophen erzählte, wird es uns bestimmt verzeihen, daß wir eine Art Blütenlese aus dem Kontinuum seines Werks vornahmen, folgten wir damit doch einem zumindest in der späteren Antike weit verbreiteten Brauch; ein großer Teil unserer Quellen sind geradezu Anthologien. Eine Anthologie ist also auch dieses Buch und dementsprechend nicht frei von einer gewissen Subjektivität: Wir haben ausgewählt, was uns mitteilenswert erschien, und hoffen darauf, daß wir den Geschmack unserer Leser getroffen haben.

Nun bleibt nur noch zu fragen, wie man die Elemente unserer Sammlung nennen könnte! »Anekdote« ist ein gut griechisches Wort und bedeutet »nicht herausgegeben«,

»unveröffentlicht«. So nannte der byzantinische Historiker Prokopios seine Sammlung bösen Klatsches und giftiger Angriffe auf Kaiser Justinian und dessen Gattin Theodora, und wir sehen gleich, daß das Wort heute eine andere Bedeutung hat. Immerhin ist viel von dem, was wir aufgenommen haben, im heutigen Sinn anekdotisch: Die kleinen Geschichten handeln von bedeutenden Personen, zeigen sie in einer ungewöhnlichen Situation und lassen sie einen witzigen oder überraschenden Ausspruch tun oder enthalten sonst so etwas wie eine Pointe. Die kürzesten unter diesen »Anekdoten« nannte man in der Antike Apophthegmata (Aussprüche); sie folgen in der Regel einem recht einfachen Schema: Als X ... sah/gefragt wurde usw., sprach/tat er folgendes ... In Reinkultur gebracht, kann dergleichen langweilig werden. Wir haben daher längere, sprachlich ausgeformte Texte bis an die Grenze zur Novelle beigemischt und hoffen, daß so das Ganze ebenso wohlschmeckend wie leicht verdaulich geworden ist:

Guten Appetit!

Reich wie Krösus

Vom Glanz und Elend großer Könige

Ohne Zweifel waren die alten Griechen ziemlich stolz auf ihre nationale Eigenart, auf ihren großen Dichter Homer, auf die gemeinsamen Festspiele in Olympia und anderswo, dazu auf ihre ausgeprägte Freiheitsliebe, die ihr kleinräumiges Land in eine Vielzahl eifersüchtig auf ihre Selbständigkeit bedachter Staatswesen spaltete. Wie riesig waren im Vergleich zu diesen Gebilden die großen Reiche des Ostens, wie gewaltig ihre Heere, wie ungeheuer die dort aufgehäuften Schätze!

Natürlich gab kein echter Hellene ganz offen zu, daß ihm das alles imponierte. Schließlich waren die Leute dort drüben nur Barbaren, deren unverständliche Idiome in griechischen Ohren wie ein ewiges barbarbar ... klangen, und es ging ihnen auch die rechte Männerart ab, sonst hätten sie sich nicht von allen möglichen Despoten nach Lust und Laune unterjochen lassen!

Doch trotz allem hohen Selbstwertgefühl blickte das stolze Hellas in einer Mischung von Neid und Bewunderung auf die reichen und mächtigen Barbarenkönige und war sogar bereit, dann und wann den Völkern des Ostens Tugenden zuzuschreiben, die beim eigenen Volk nicht ganz so ausgeprägt waren – Wahrheitsliebe zum Beispiel, wozu nach Xenophon die Perser ihre Kinder erzogen.

Auf jeden Fall hielt sich niemand die Ohren zu, wenn von der klugen Semiramis, dem tapferen Kyros oder dem reichen Kroisos erzählt wurde, ja, Herodot, der » Vater der Geschichte«, durfte gewiß mit lebhaftestem Interesse seiner Leser rechnen, wenn er in aller Breite das große Glück und den tiefen Sturz dieses Lyderherrschers beschrieb.

Daß ein Grieche, der weise Solon, dem törichten Barbaren die Augen zu öffnen sucht für die Tücken des Schicksals und daß er am Ende gar recht bekommt, wird man mit besonderer Genugtuung registriert haben, zeigte sich dabei doch die geistige Überlegenheit der Hellenen.

So wurde Kroisos nicht nur zum Inbegriff unermeßlichen Reichtums, sondern auch zum Exempel für die Unbeständigkeit irdischer Güter, und gleich dem biederen Handwerksburschen in Johann Peter Hebels »Kannitverstan« fanden die alten Griechen die Tatsache tröstlich, daß Macht und Reichtum keine Garantie für ein glückliches Leben darstellen, ja daß sie, wenn sie gar zu hell strahlen, den Neid der Götter hervorrufen, die dann unweigerlich demjenigen, der sich über Menschenmaß erhob, ein entsetzliches Ende bereiten. In diesem Zusammenhang berichtet Herodot von dem kometengleichen Aufstieg des Polykrates von Samos, der sogar mit dem König von Ägypten, Amasis, Freundschaft schließt und gern von ihm das hören möchte, was schon Kroisos von Solon erwartete:

> »Dies alles ist mir untertänig«,
> begann er zu Ägyptens König.
> »Gestehe, daß ich glücklich bin!«

Amasis aber warnt ihn, denn

> »Mir grauet vor der Götter Neide;
> des Lebens ungemischte Freude
> ward keinem Sterblichen zuteil.«
>
> Schiller. Der Ring des Polykrates

Im Gegensatz zu Kroisos nimmt Polykrates – er ist ja schließlich ein Grieche und kein törichter Barbar – die Warnung ernst, doch sucht er umsonst die Götter durch ein Opfer gnädig zu stimmen: Das Verhängnis nimmt seinen Lauf . . .

Königin auf Zeit

An der Assyrerin Semiramis findet jeder etwas anderes zu rühmen, doch war sie auf jeden Fall die schönste aller Frauen, selbst wenn sie in aller Schlichtheit auftrat: Die Kunde von ihrem jugendlichen Reiz war auch dem Assyrerkönig zu Ohren gekommen, sie mußte vor ihm erscheinen, und der Herrscher verliebte sich in sie auf den ersten Blick. Sie aber bat ihn darum, seinen königlichen Ornat anlegen und fünf Tage lang über Asien herrschen zu dürfen, und alles, was sie befahl, sollte geschehen. Dieser Wunsch wurde ihr erfüllt. Als aber der König sie auf seinem Thron hatte Platz nehmen lassen und sie sah, daß sie nun nach Lust und Laune entscheiden konnte, befahl sie ihrer Leibwache, den König selber zu töten, und gewann so die Herrschaft über die Assyrer.   Claudius Aelianus, Varia historia VII 1

Bitte greifen Sie zu!

Semiramis hatte sich auf das für sie bestimmte Grabmal die Inschrift setzen lassen: »Jeder König, der etwa Geld nötig hat, mag dieses Grab erbrechen und sich nehmen, was ihm beliebt.« Dareios ließ sich das nicht zweimal sagen, fand aber keine Schätze, sondern eine zweite Inschrift, die folgendermaßen lautete: »Wärest du nicht ein schlechter Kerl und von unstillbarer Gier nach Geld erfüllt, dann hättest du wohl nicht die Ruhe von Toten gestört.«

Plutarch, Regum et imperatorum apophthegmata 173 B

Gyges und sein Ring

Gyges war ein Hirte im Dienst des damaligen Königs von Lydien. Als einmal ein starker Wolkenbruch niederging und ein Erdbeben dazu kam, öffnete sich nahe dem Platz, wo er weidete, der Boden in einem klaffenden Spalt. Gyges bemerkte das voll Staunen, stieg hinunter und sah außer anderen Wunderdingen, von denen man fabelt, auch ein ehernes Pferd. Es war hohl und hatte kleine Öffnungen, durch die er den Kopf stecken konnte, um das, was drinnen war, zu sehen. Und er erblickte einen Leichnam von ungewöhnlicher Größe, der sonst nichts an sich hatte als an der Hand einen goldenen Ring. Den nahm Gyges an sich und ging weg. Als nun die monatliche Versammlung der Hirten stattfand, auf der diese für den König den üblichen Bericht über den Stand der Herden abgaben, kam auch Gyges und hatte den Ring am Finger.

Und während er unter den anderen saß, traf es sich, daß er am Ring drehte, so daß die Platte nach innen kam. Kaum war das geschehen, wurde er für die, die bei ihm saßen, unsichtbar, und sie redeten über ihn, als wäre er weggegangen. Er wunderte sich, tastete nach dem Ring und drehte die Platte wieder nach außen. Gleich war er wieder sichtbar! Als er das festgestellt hatte, probierte er weiter, ob der Ring tatsächlich solche Kraft habe, und immer ging es so, daß er beim Einwärtsdrehen der Platte unsichtbar, beim Auswärtsdrehen aber sichtbar wurde. Nachdem er darüber Bescheid wußte, schaffte er es, einer von den Boten beim König zu werden. Dann ging er hin, verführte die Königin, überfiel zusammen mit ihr den König und tötete ihn und gewann so selbst die Herrschaft.   Platon, Staat II 359 C-360 B

Wer ist der Glücklichste?

(Der Athener Solon hatte die politischen Verhältnisse in seiner Heimatstadt durch neue Gesetze geordnet und seine Mitbürger schwören lassen, sich zehn Jahre lang an diese zu halten. Dann war er auf Reisen gegangen, hatte sich in Ägypten umgesehen und war schließlich auch zu Kroisos, dem reichen und mächtigen König von Lydien, nach Sardes in Kleinasien gekommen.) Kroisos nahm den Weltreisenden in seinem Palast freundlich auf und bewirtete ihn. Danach aber, am dritten oder vierten Tag, befahl Kroisos seinen Dienern, Solon durch die Schatzgewölbe zu führen und ihm alles zu zeigen, was schön und teuer war. Nachdem sich Solon alles angesehen und gebührend gewürdigt hatte, fragte ihn Kroisos folgendes: »Fremdling aus Athen, zu uns ist über dich reiche Kunde gekommen, sowohl wegen deiner Weisheit wie wegen deiner Reise, daß du aus wissenschaftlichem Interesse und Freude am Schauen schon einen großen Teil der Welt besucht hast. Daher bekam ich nun Lust, dich zu fragen, ob du schon einen gesehen hast, der von allen der glücklichste ist.«

Das fragte er in der Hoffnung, selbst dieser Glücklichste zu sein. Solon aber hielt sich, ohne ihm nur ein bißchen zu schmeicheln, an die Wahrheit und sagte: »Majestät, das ist Tellos aus Athen.« Kroisos war über diese Antwort verblüfft und fragte weiter: »Wieso hältst du Tellos für den glücklichsten?«

Solon aber erwiderte: »Tellos hatte zu einer Zeit, als es seiner Heimatstadt gut ging, schöne und tüchtige Söhne und durfte erleben, daß sie alle Kinder bekamen, die sämtlich am Leben blieben. Ferner wurde ihm, nachdem er in für unsere Begriffe erfreulichen Verhältnissen gelebt hatte, ein herrlicher Tod zuteil.

Denn als es bei Eleusis zur Schlacht zwischen den Athenern und ihren Nachbarn kam, war er dabei, schlug die Feinde in die Flucht und fiel als Held. Die Athener aber begruben ihn auf Staatskosten an der Stelle, wo er gefallen war, und erwiesen ihm große Ehre.« Als Solon den Kroisos über das Schicksal des Tellos ausführlich unterrichtet und viel über dessen Glück gesagt hatte, fragte der König weiter, wen er als zweitglücklichsten nach jenem gesehen habe. Er rechnete nämlich fest damit, wenigstens den zweiten Preis zu erringen. Solon aber sagte: »Kleobis und Biton. Das waren Argiver, hatten genug zu leben und waren außerdem so stark, daß sie beide gleichermaßen Siegespreise gewannen und man auch noch folgende Geschichte von ihnen erzählt:

Die Argiver feierten ein Fest zu Ehren der Göttin Hera, und die Mutter der beiden, eine Priesterin, mußte unbedingt mit einem Ochsengespann zum Heiligtum fahren – doch die Zugtiere kamen nicht rechtzeitig vom Feld! In dieser Zwangslage schirrten sich die jungen Männer selbst an den Wagen und zogen ihn, auf ihm aber fuhr ihre Mutter. Nachdem sie ihn 45 Stadien weit gezogen hatten, erreichten sie das Heiligtum, und es wurde ihnen nach einer solchen Leistung im Angesicht der Festversammlung das beste Lebensende zuteil. An ihnen zeigte nämlich die Gottheit, daß es für Menschen besser ist, tot zu sein, als zu leben.

Denn während die Männer von Argos sie umdrängten und wegen ihrer Kraft hochleben ließen und die Argiverinnen ihre Mutter glücklich priesen, weil sie solche Kinder geboren habe, trat diese voll Freude über die herrliche Tat vor das Bild der Göttin und bat sie, ihren Kindern Kleobis und Biton, die ihr so große Ehre erwiesen hätten, das Beste zu geben, was ein Mensch bekommen könne. Nach diesem Gebet legten sich die jungen Männer, die an Opfer und Festmahl teilgenommen hatten, im Innern des Tempels zum Schlaf nieder und erhoben sich nicht wieder, sondern fanden so ihr Ende. Die Argiver aber ließen Statuen von ihnen meißeln und stellten diese in Delphi auf, weil sich Kleobis und Biton nach ihrer Meinung als ausgezeichnete Männer erwiesen hatten.«

So wollte also Solon diesen beiden den zweiten Rang unter den Glücklichsten zuweisen, Kroisos aber sprach in heftiger Erregung: »Fremdling aus Athen, mein eigenes Glück hast du so wegwerfend behandelt, als wäre es gar nichts, so daß du mich nicht einmal auf die gleiche Stufe mit ganz gewöhnlichen Menschen stellst!« Solon aber erwiderte: »O Kroisos, du fragst mich über Menschenschicksale aus, der ich weiß, daß die Gottheit ganz von Neid erfüllt ist und gern Verwirrung stiftet. In einem langen Dasein muß man viel mit ansehen, was man lieber nicht sehen möchte, und auch viel aushalten. Ich veranschlage für ein Menschenleben eine Zeitspanne von siebzig Jahren. Diese siebzig Jahre, das sind 25 200 Tage, wenn kein Schaltmonat dazwischen kommt. Soll aber jedes zweite dieser Jahre um einen Monat länger werden, damit die Jahreszeiten stimmen und dann beginnen, wenn es sich gehört, so ergeben sich im Verlauf dieser siebzig Jahre 35 Schaltmonate und aus diesen Monaten 1050 Tage. Und von all diesen Tagen im Verlauf der siebzig Jahre – sechsundzwanzigtausendzweihundertundfünfzig sind's genau – bringt der jeweils nächste immer ganz anderes mit sich, als am Vortag geschah. So ist denn, o Kroisos, der Mensch insgesamt ein Spielball des Zufalls. Du scheinst mir freilich gewaltig reich und König über viele Menschen zu sein. Jenes aber, wonach du mich fragst, das sage ich von dir noch nicht, bevor ich vernehme, daß du dein Dasein gut beschlossen hast. Ein steinreicher Mann ist nämlich keineswegs glücklicher als einer, dem's nur für den Tagesbedarf reicht, falls es ihm nicht das Schicksal vergönnt, im Besitz all seiner schönen Sachen gut von der Welt zu scheiden. Auch sind viele übermäßig reiche Leute unglücklich, viele aber mit durchschnittlichem Besitz glücklich. Und wer viel besitzt, jedoch unglücklich ist, hat vor einem, der nichts als glücklich ist, zweierlei voraus, der aber gegenüber dem unglücklichen Reichen vieles. Denn letzterer besitzt mehr Möglichkeiten, sein Verlangen zu stillen und einen Schicksalsschlag, der ihn trifft, zu ertragen: der andere aber ist ihm in folgenden Punkten voraus: Ein Unglück zu verkraften und ein Gelüsten zu befriedigen, dazu ist er freilich nicht ebenso in der Lage wie jener – doch das hält sein Glück sowieso von ihm fern. Dafür hat er keinen körperlichen Mangel, keine Krankheit, ihm widerfährt nichts Böses, er hat schöne Kinder und ist selbst schön anzusehen. Und wenn er zu alledem noch sein Dasein gut beschließt, dann ist er genau der, nach dem du fragst, und verdient es, daß man ihn glücklich nennt. Vor seinem Tod aber sollte man sich zurückhalten und ihn nicht glücklich, sondern nur erfolgreich nennen. Allerdings ist es für einen Menschen unmöglich, das alles zusammen zu bekommen, wie ja auch kein Land dazu in der Lage ist, sich selbst mit allem zu versorgen, sondern das eine hat dies, das andere jenes, anderes wieder fehlt. Das Land aber, das von allem am meisten hat, das ist das beste. So kann denn auch kein Mensch sich selbst genügen, denn dies hat er und jenes fehlt ihm. Wer aber immerfort besonders viel hat und dann noch ein glückliches Ende findet, der darf nach meinem Urteil zu Recht glücklich heißen. Doch in allen Dingen muß man auf das Ende sehen, wie sie hinausgehen, denn vielen schon hat die Gottheit das Glück gezeigt und sie dann einen tiefen Fall tun lassen.« Mit diesen Worten hatte Solon dem Kroisos keine Freude gemacht, und so wurde er entlassen, ohne daß es zu weiteren Gesprächen gekommen wäre, denn Kroisos hielt ihn für einen rechten Narren, der das gegenwärtige Glück unbeachtet lasse und verlange, daß man bei jedem Ding auf das Ende sehe.[1]   Herodot I 30-33

Wie man mit Königen spricht

Damals hielt sich, von Kroisos eingeladen und hoch geehrt, auch der Fabeldichter Aisopos in Sardes auf. Ihm tat Solon leid, daß er so gar keinen Dank erfahren hatte, und er sagte zu ihm: »Mit Königen, mein lieber Solon, sollte man entweder überhaupt nicht reden oder so, wie sie es gerne haben.« Solon aber erwiderte: »Mitnichten, sondern entweder überhaupt nicht oder so, wie es für sie am besten ist.«

Plutarch, Solon 28

Solon! Solon! Solon!

Damals also war Solon von Kroisos nicht ernst genommen worden. Doch als er später im Kampf mit dem Perser Kyros unterlegen war und, nach der Eroberung seiner Hauptstadt gefangen, vor den Augen aller Perser und des Kyros selbst auf dem Scheiterhaufen verbrannt werden sollte, da rief er, während man ihn in Fesseln hinaufführte, mit aller Kraft dreimal die Worte: »Solon, Solon, Solon!« Kyros wunderte sich und schickte Leute, die sich erkundigen sollten, wer denn dieser Solon sei, Mensch oder Gott, daß er in äußerster Bedrängnis nur seinen Namen rufe.

Kroisos aber antwortete in aller Offenheit: »Er war ein weiser Mann aus Griechenland, den ich bei mir vorließ, nicht um von ihm etwas zu hören und zu lernen – was ich damals nötig gehabt hätte –, sondern um an ihm einen Bewunderer zu haben und um ihn als Zeugen eines Glücks gehen zu lassen, dessen Verlust nun für mich mehr Unheil mit sich bringt, als sein früherer Besitz an Gutem brachte. Denn reine Einbildung war das Gute, als noch das Glück mich begünstigte, nun aber, da es sich von mir abkehrt, geht tatsächlich alles in entsetzlichem Leid und unentrinn-

barem Elend zu Ende. Jener Mann hat das alles vorhergese-
hen, indem er von meiner damaligen Lage schon auf die
jetzige schloß, und mich gemahnt, ich sollte auf das Ende
meines Daseins sehen und mich nicht voll eitlen Stolzes in
trügerischer Sicherheit wiegen.«

Als dies Kyros gemeldet wurde, gab er Kroisos nicht nur
die Freiheit zurück, sondern behandelte ihn sein Leben lang
mit Hochachtung, denn er besaß mehr Verstand als Kroisos
und sah Solons Worte durch das bestätigt, was sich vor seinen eigenen Augen abgespielt hatte. Solon aber wurde der
Ruhm zuteil, durch seine Worte einen König gerettet und
einen anderen belehrt zu haben.   Plutarch, ebendort 28

... er wird reden am Tage des Unheils

(An dem Tage, an dem die persischen Truppen Sardes stürm-
ten, soll sich nach dem Bericht des Herodot noch etwas sehr
Merkwürdiges ereignet haben:)

Kroisos hatte einen Sohn, an dem sonst nichts auszuset-
zen war, doch konnte er nicht sprechen. Zur Zeit seines nun
verlorenen Glücks hatte Kroisos alles Mögliche für ihn getan, sich dies und jenes einfallen lassen und schließlich auch
Gesandte nach Delphi geschickt, die wegen seines Sohnes
beim Orakel anfragen sollten. Die Pythia aber sprach folgendes:

»Mann du, lydischen Stamms, Großkönig und großer
Narr Kroisos, / wünsche den Laut, den vielfach ersehnten,
im Haus nicht zu hören, / wenn dein Sohn einst spricht. Es
wäre viel besser, dir bliebe / dies erspart, denn er wird erst
reden am Tage des Unheils.«

Als nun die Mauer erstürmt war, kam einer von den Persern heran, erkannte den Kroisos nicht und wollte ihn töten. Kroisos aber sah ihn zwar kommen, war aber infolge

des gegenwärtigen Unglücks ganz apathisch, so daß es ihm nichts mehr ausgemacht hätte, sich von ihm erschlagen zu lassen. Dieser sein Sohn aber, der Stumme, stieß, als er den Perser auf ihn losgehen sah, in seiner Angst und Bedrängnis einen Schrei aus und rief: »Mensch, töte nicht den Kroisos!« Das war der erste Laut, den er von sich gab, danach aber konnte er sein ganzes Leben lang sprechen.   Herodot I 85

Der rechte Nährboden

Als sich die Perser mit der Absicht trugen, anstelle ihres gebirgigen und rauhen Landes ein ebenes und liebliches zu nehmen, ließ Kyros (der Sieger über Kroisos) das nicht zu, wobei er sagte, sowohl die Samen der Pflanzen als auch das Leben der Menschen entspreche völlig der jeweiligen Landschaft.   Plutarch, regum et imperatorum apophthegmata 172 F

Steuerschätzung

Als der Perserkönig Dareios die Abgaben seiner Untertanen festsetzen wollte, ließ er die ersten Männer aus den Provinzen kommen und erkundigte sich bei ihnen nach den Steuern, ob sie etwa bedrückend seien. Jene aber erklärten, sie seien ganz in Ordnung. Da ordnete Dareios an, daß jeder nur noch die Hälfte zu zahlen habe.   Plutarch, ebendort 173 A

Schlimme Strafe

Xerxes war wütend auf die Babylonier, die von ihm abgefallen waren. Daher ordnete er nach Niederwerfung des Aufstands an, sie dürften in Zukunft keine Waffen mehr tragen, sondern sollten auf Zupf- und Blasinstrumenten Musik machen, Bordelle und Kneipen betreiben und Weiberkleidung anziehen.   Plutarch, ebendort 173 C

Der Ring des Polykrates

Polykrates hatte sich der gesamten Insel Samos bemächtigt und danach einen Freundschaftsvertrag mit dem Ägypterkönig Amasis geschlossen, wobei er ihm Gaben sandte und Gegengaben empfing. In kurzer Zeit wuchs die Macht des Polykrates schlagartig, und man sprach von ihr überall in Ionien und auch sonst in Griechenland. Denn wohin er auch seine Streitmacht führte, es ging ihm alles glücklich aus. Er besaß hundert Fünfzigruderer und tausend Bogenschützen. Unterschiedslos beraubte und plünderte er damit alle Welt, wobei er sagte, er werde selbst einem Freund eine größere Freude machen, wenn er ihm zurückgebe, was er ihm weggenommen habe, als wenn er ihm von vornherein nichts nehme. So hatte er schon eine ganze Reihe von Inseln an sich gebracht, dazu viele Städte auf dem Festland. Dabei besiegte er auch die Lesbier, die mit ihrer ganzen Flotte den Milesiern zu Hilfe kamen, in einer Seeschlacht und machte sie zu Gefangenen, die ihm dann den Graben rings um die Mauer von Samos ausheben mußten.

Auch dem Amasis blieb es nicht unbekannt, daß Polykrates unwahrscheinliches Glück hatte, doch machte er sich deswegen Sorgen. Und als der Stern des Polykrates immer höher stieg, schrieb er eine Botschaft und ließ sie nach Samos bringen:

»Amasis teilt dem Polykrates folgendes mit: Es ist mir lieb zu erfahren, daß ein vertrauter Freund von mir Erfolg hat, doch beunruhigt mich die Größe Deines Glücks, da ich weiß, daß die Gottheit neidisch ist. Und irgendwie wünsche ich mir, daß ich selbst und die, denen ich zugetan bin, bei manchen Vorhaben Glück, bei anderen aber Pech haben und so das Leben im Wechsel hinbringen, nicht aber in allen Dingen erfolgreich sind. Denn von keinem noch habe ich gehört, mit dem es nicht ein ganz böses Ende genommen hätte, nachdem er durchwegs glücklich war. Höre nun Du auf mich und unternimm gegen Dein Glück folgendes: Denk nach, ob Du etwas findest, das Dir besonders viel bedeutet, so daß der Verlust Dir im Herzen weh täte; das wirf von Dir, so daß es nie mehr unter Menschen kommt. Und wenn danach Dein Glück noch nicht mit Leiden wechselt, dann behandle es weiter auf die von mir empfohlene Art.«

Polykrates las das und begriff, daß ihm Amasis einen guten Rat gegeben hatte; daher machte er sich Gedanken, welches seiner Kleinodien er wohl besonders schmerzlich vermissen würde, wenn er es verlöre. Dabei fand er folgendes: Er besaß einen Siegelring, einen Smaragd in goldener Fassung, den er gerne trug, ein Werk des Samiers Theodoros, des Sohnes des Telekles. Als er sich nun dazu durchgerungen hatte, diesen Ring fortzuwerfen, machte er folgendes: Er bemannte einen Fünfzigruderer, ging selbst an Bord und befahl, auf die hohe See hinauszufahren. Als er aber weit von der Insel entfernt war, zog er den Siegelring vom Finger und warf ihn vor den Augen aller, die mit ihm fuhren, ins Meer. Danach segelte er wieder heim und überließ sich, dort angekommen, seinem Unglück.

Am fünften oder sechsten Tag nach diesem Ereignis aber passierte ihm folgendes: Ein Fischer, der einen großen und schönen Fisch gefangen hatte, rechnete es sich zur Ehre an, diesen dem Polykrates zu schenken. Also brachte er ihn zum Palast und bat darum, bei Polykrates vorgelassen zu werden. Als ihm das gestattet worden war, überreichte er den Fisch und sagte: »Majestät, diesen Fisch hab' ich gefangen, und es war mir nicht recht, ihn auf den Markt zu tragen, obschon ich von meiner Hände Arbeit lebe. Ich dachte nämlich, der ist deiner selbst und deiner Herrschaft würdig.«

Polykrates freute sich über diese Worte und erwiderte folgendes: »Ganz richtig hast du es gemacht, und doppelt wird der Dank sein, für deine Worte und für dein Geschenk. Wir laden dich daher zu Tische!«

Der Fischer war darauf sehr stolz und ging heim, den Fisch aber schnitten die Diener des Polykrates auf und fanden in seinem Bauch dessen Ring. Ihn sehen und herausnehmen war eins. Dann brachten sie ihn voll Freude zu Polykrates, und während sie ihm den Ring übergaben, erzählten sie, auf welche Weise er gefunden worden sei. Ihm aber kam es so vor, als habe bei der Sache ein Gott seine Hand im Spiel. Daher berichtete er in einem Brief von allem, was er getan und was er damit erreicht hatte, und als er alles niedergeschrieben hatte, schickte er den Brief nach Ägypten.

Amasis aber erkannte, als er den Brief durchgelesen hatte, der von Polykrates gekommen war, daß es unmöglich ist, einen Menschen vor Geschehnissen zu bewahren, die ihm bevorstehen, und daß es nicht gut ausgehen würde mit Polykrates, der nun in allem Glück habe und sogar das wiederfinde, was er wegwerfe. Also sandte er einen Herold zu ihm nach Samos und ließ verkünden, daß er den Freundschaftsvertrag als aufgelöst betrachte. Das tat er deshalb, damit er, wenn großes und furchtbares Unglück den Polykrates heimsuche, nicht um ihn als einen engen Freund trauern müsse. [...]

Nun war von Kyros ein Perser namens Oroites zum Kommandanten von Sardes ernannt worden. Dieser aber ging mit einem ganz gottlosen Plan um: Obwohl ihm Polykrates nichts Böses getan und ihn auch nicht mit einer unbedachten Äußerung beleidigt hatte, ja ihm vorher nie unter die Augen gekommen war, wollte er ihn gefangen nehmen und umbringen. [...]

Polykrates machte sich damals große Hoffnungen, die Herrschaft über Ionien und die Inseln zu gewinnen. Von diesen Absichten erfuhr Oroites und sandte an Polykrates eine Botschaft folgenden Inhalts:

»Oroites teilt dem Polykrates folgendes mit: Ich höre, daß Du Dir hohe Ziele gesteckt hast und daß Dein Geld für Deine Vorhaben nicht ausreicht. Wenn Du aber das folgende tust, schaffst Du die Voraussetzungen für Deinen Aufstieg und rettest dabei mich. Denn mir trachtet der König Kambyses nach dem Leben – das weiß ich aus zuverlässiger Quelle. Wenn Du nun mich und meine Schätze fortbringst, dann magst Du einen Teil davon selbst haben, den Rest aber laß mich behalten. Wenn Du mir aber nicht glaubst hinsichtlich des Geldes, dann schicke Deinen zuverlässigsten Mann; ihm werde ich es zeigen.«

Als Polykrates das vernahm, freute er sich und war gleich Feuer und Flamme. Doch wenn ihn auch gewaltiges Verlangen nach dem Geld erfüllte, schickte er zunächst einen seiner Untertanen, seinen Sekretär Maiandrios, zum Nachsehen. [...]

Als Oroites erfuhr, daß ein Kundschafter zu erwarten sei, tat er folgendes: er füllte acht Kisten mit Steinen bis knapp unter den Rand, dann bedeckte er die Steine mit einer flachen Schicht von Goldmünzen. Danach ließ er die Kisten wieder schließen und hielt sie für den Besucher bereit.

Maiandrios kam, nahm alles in Augenschein und gab dem Polykrates Bescheid. Der aber machte sich reisefertig, obwohl ihm die Wahrsager und auch seine Freunde nachdrücklich abrieten. Zudem hatte auch seine Tochter einen Traum gehabt von folgender Art: Es schien ihr, als schwebe ihr Vater im Luftraum und werde von Zeus gewaschen und vom Sonnengott gesalbt. Wegen dieses Traumes ließ sie nun nichts unversucht, ihren Vater von der Reise zu Oroites abzuhalten, und selbst als er schon den Fünfzigruderer bestieg, rief sie ihm noch Worte von schlimmer Vorbedeutung nach. Er aber drohte ihr, wenn er erst gesund wieder daheim sei, solle sie noch lange Zeit unverheiratet bleiben. Sie aber betete darum, das solle so geschehen, denn lieber wolle sie Jungfrau bleiben und dafür den Vater behalten. Polykrates aber schlug sämtliche guten Ratschläge in den Wind und fuhr zu Oroites. [...]

Dort fand er ein schlimmes Ende, das weder seinem persönlichen Wert noch seinem hohen Gedankenflug entsprach [...].

Nachdem ihn Oroites nämlich auf eine unwürdige, hier nicht zu schildernde Weise umgebracht hatte, ließ er ihn ans Kreuz schlagen [...]. Und als er nun da hing, erfüllte sich an ihm der Traum seiner Tochter ganz und gar. Denn er wurde von Zeus gewaschen, sooft es regnete, und von der Sonne gesalbt, die die Feuchtigkeit aus seinem Körper hervortreten ließ.

So endete also das große Glück des Polykrates.

Herodot III 39-43; 120; 122-125

Ein zu hoher Preis

Der Dichter Anakreon hatte von Polykrates die immense Summe von fünf Talenten[2] geschenkt bekommen. Als er sich darum zwei Nächte lang Sorgen gemacht hatte, gab er das Geld zurück und sagte, es sei die Angst nicht wert, die er deswegen ausstehen müsse. Stobaios IV 31, 78

... und die Magd lachte ihn aus

Thales und die Sieben Weisen – Philosophen vor Sokrates

SOKRATES. »Wie man erzählt, mein Theodoros, beobachtete Thales die Sterne und fiel, weil er den Blick nach oben gerichtet hatte, in einen Brunnen. Da machte sich eine Magd aus Thrakien, ein witziges und reizvolles Mädchen, über ihn lustig, weil er darauf aus sei, das zu wissen, was am Himmel vorgehe, und dabei das, was in seiner Nähe, ja vor seinen Füßen sei, nicht bemerke. Diese spöttischen Worte passen auf alle, die sich mit Philosophie beschäftigen ...«

Platon, Theaitetos 174 A

Wenn der große Philosoph Platon seinem Lehrer Sokrates eine Anekdote über den Philosophen in den Mund legt, mit dem die Geschichte der abendländischen Philosophie beginnt, dann ist er weit davon entfernt, sich über seine Zunft lustig zu machen. Es geht ihm vielmehr darum, die Verständnisprobleme zu zeigen, die schlichte Gemüter mit Menschen haben, deren Interessen weit von den ihren entfernt liegen. Was mag in dem hübschen Köpfchen der jungen Thrakerin vorgegangen sein, wenn sie mit ansehen mußte, wie ihr Chef und Besitzer Thales geistesabwesend durch die große Stadt Milet wandelte, wenn er sich mit scheinbar völlig brotlosen Künsten abgab und – für weibliche Reize unempfänglich – auf dem besten Weg war, ein schrulliger alter Junggeselle zu werden? Vielleicht dachte sie, der Sturz in den Brunnen und ihr Lachen würden ihn kurieren, würden seinen Blick wieder auf das lenken, was vor seinen Füßen lag? Sie hoffte jedenfalls vergeblich, denn Thales blieb, was er nun einmal geworden war, ein Mann, der das Denken um seiner selbst willen betrieb und dabei möglichst wenig gestört werden wollte. Später nannte man Leute wie ihn »Weisheitsfreunde«, Philosophen, und bei den meisten von ihnen ließ sich beobachten, daß sie anders waren als gewöhnliche Menschen, andere Interessen hatten, Materielles, Äußerliches gering achteten (wodurch sie sich von den Sophisten unterschieden, die ihr Wissen clever vermarkteten) und im Extremfall als stadtbekannte Originale durchs Leben gingen wie zum Beispiel unser Sokrates oder Diogenes, der Mann in der Tonne.

Es mag nun sein, daß Thales nichts weiter war als ein wohlhabender Intellektueller, der sich den Luxus weiter Reisen und weitgespannter Interessen leisten konnte und seine Mitbürger in Milet hauptsächlich dadurch verblüffte, daß er den allgemeinen Tanz ums Goldene Kalb nicht mitmachte: Vielleicht ist er nie in einen Brunnen gefallen und auch nie von einer feschen Thrakerin ausgelacht worden! Bei der Dürftigkeit der Quellen über seinen Lebenslauf und seine Lehre ist es sogar mehr als wahrscheinlich, daß man seine Person nach und nach mit den Zügen ausgestattet hat, die man als typisch für einen »Philosophen« ansah: Denn derjenige, der diese besondere Daseinsform erfunden hatte, mußte ja wohl das Vorbild sein für alle, die es ihm nachtaten.

Allerdings muß betont werden, daß der angebliche Sturz in den Brunnen den Respekt nicht gemindert hat, den die Griechen vor ihrem ersten Philosophen empfanden – sie hätten ihn sonst gewiß nicht zu den Sieben Weisen gezählt, deren »Weisheit« sich gerade im praktisch-politischen Bereich bewährte. Unsere Anekdote weiß auch nichts davon, daß die Milesier in den Spott der Thrakerin eingestimmt hätten: Jene waren Griechen und hatten alle selbst eine spekulative Ader, das Barbarenmädchen aus dem Norden aber konnte Blick und Gedanken nur auf das Nächstliegende richten. Somit läßt sich der kleinen Geschichte auch die Einsicht abgewinnen, daß beschränkte Menschen, Barbaren zumal und solche weiblichen Geschlechts, einen Philosophen nicht begreifen können und in ihrer Torheit über ihn spotten oder ihm gar Spülwasser über den Schädel kippen, wie es die Frau des Sokrates, Xanthippe, getan haben soll – wir sagen soll, denn es ist höchst wahrscheinlich, daß gerade das Bild dieser Frau in der Überlieferung

böse entstellt wurde, um das Vorurteil vom ewigen Konflikt zwi-
schen männlicher Intellektualität und weiblicher Triebhaftigkeit
zu untermauern.

Ehe – nein, danke!

Als Thales von seiner Mutter bedrängt wurde, er solle doch
heiraten, erwiderte er: »Bei Gott, es ist noch nicht die rechte
Zeit dafür!« Als er schließlich die Jugend hinter sich hatte
und die Mutter ihm wieder zusetzte, meinte er: »Die Zeit ist
nun vorbei.«   Diogenes Laertios I 26

Kinderlieb

Jemand wollte von Thales wissen, warum er keine Kinder
in die Welt setze. Darauf jener: »Aus Liebe zu den Kindern.«   Diogenes Laertios I 26

Eine Lehre für Solon

Als Solon den Thales in Milet besuchte, soll er sich darüber
erstaunt gezeigt haben, daß dieser so gar keine Neigung
erkennen ließ, sich zu verheiraten und Kinder zu bekommen. Thales erwiderte zunächst nichts darauf, doch einige
Tage später veranlaßte er einen Fremden zu der Aussage, er
habe Athen vor zehn Tagen verlassen. Auf die Frage Solons, was es Neues in Athen gebe, antwortete der Mann
nach Thales' Weisung: »Nichts Besonderes, abgesehen davon, daß man einen jungen Mann zu Grab getragen hat.
Dem gab die ganze Stadt das Geleit. Er war nämlich, wie
man mir erzählte, der Sohn eines hochangesehenen, durch

besondere Leistung ausgezeichneten Bürgers. Dieser war jedoch gar nicht zugegen, sondern soll sich schon seit langer Zeit im Ausland aufhalten.« – »Der bedauernswerte Mensch«, sagte Solon; »wie hieß er denn?« – »Ich habe zwar den Namen gehört«, entgegnete der andere, »kann mich aber nicht mehr daran erinnern. Es wurde aber viel über seine Weisheit und Gerechtigkeit geredet.« Jede dieser Antworten versetzte Solon mehr in Angst, und schließlich brachte er, schon ganz außer sich vor Sorge, den Fremden selbst auf den Namen, indem er sich erkundigte, ob der tote junge Mann vielleicht ein Sohn des Solon sei. »Allerdings!« gab der Gefragte zurück, und Solon war drauf und dran, sich vor den Kopf zu schlagen und sich so zu gebärden wie Menschen in tiefster Traurigkeit – doch da nahm ihn Thales bei der Hand und meinte: »Schau, Solon, was jetzt einen Mann wie dich ganz aus der Fassung gebracht hat, das hält mich davon ab, zu heiraten und Kinder in die Welt zu setzen. Mach dir im übrigen wegen dieser Geschichte keine Sorgen: sie stimmt nicht!«   Plutarch, Solon 6

Wie man zu Geld kommt

Einmal wollte Thales den Beweis dafür liefern, daß es leicht sei, reich zu werden. Er mietete daher, als er eine reiche Olivenernte vorhersah, alle Ölpressen und bekam eine Unmasse Geld zusammen.   Diogenes Laertios I 26

»Dem Weisesten!«

Einmal sollen junge Männer aus Ionien milesischen Fischern das Ergebnis eines Fischfangs im voraus abgekauft haben. Als nun im Netz ein Dreifuß mit hochgezogen wurde, gab es darum Streit, bis die Milesier eine Anfrage an das Orakel von Delphi richteten. Der Gott aber verkündete folgendes: »Jugend Milets, des Dreifußes wegen fragst du Apollon? / Wer an Weisheit der erste von allen, dem widme den Dreifuß.«

So gab man ihn dem Thales; der aber sandte ihn an den nächsten und den übernächsten (der Sieben Weisen) und schließlich auch an Solon. Doch dieser erklärte, an Weisheit der erste sei der Gott, und schickte den Dreifuß nach Delphi.
Diogenes Laertios I 28

Dreifaches Glück

Thales sagte, er habe drei Gründe, dem Schicksal dankbar zu sein: Erstens, weil er als Mensch und nicht als Tier auf die Welt gekommen sei, zweitens, weil er ein Mann sei und kein Weib, drittens, weil er Grieche sei und kein Barbar.
Diogenes Laertios I 33

Kein Unterschied

Thales sagte, der Tod unterscheide sich in keiner Hinsicht vom Leben. »Warum«, frage da einer, »stirbst du dann nicht?« – »Weil es«, entgegnete Thales, »keinen Unterschied macht.«
Diogenes Laertios I 36

Was soll's?

Ein Ehebrecher erkundigte sich bei Thales, ob er einen Eid leisten solle, daß er den Ehebruch nicht begangen habe. Der Philosoph versetzte darauf: »Meineid ist auch nicht schlimmer als Ehebruch.«   Diogenes Laertios I 36

Gut gesprochen

Thales wurde gefragt, was schwierig sei. »Sich selbst erkennen!« erwiderte er. Und was sei im Gegensatz dazu leicht? »Einen anderen ermahnen.« Was aber sei das Erfreulichste? »Wenn man mit ein bißchen Glück sein Ziel erreicht.« Und die größte Rarität, die er in seinem Leben gesehen habe? »Ein alter Tyrann.«[3] Wie könne man Unglück am leichtesten ertragen? »Wenn man sieht, daß es unseren Feinden noch dreckiger geht.« Und wer sei glücklich? »Wer körperlich gesund, vom Glück begünstigt und geistig wohlgebildet ist.«   Diogenes Laertios I 37

Solon spielt verrückt

Um Solons Heimatinsel Salamis tobte zwischen Athen und Megara ein heftiger Krieg, die Athener wurden häufig geschlagen und faßten zuletzt den Beschluß, jeder, der noch zum Kampf um Salamis rate, solle mit dem Tode bestraft werden. Da stellte sich Solon wahnsinnig, setzte sich einen Kranz auf und stürzte auf den Marktplatz. Dort ließ er den Athenern durch einen Ausrufer die Verse vortragen, die er über Salamis gedichtet hatte, und beeindruckte sie stark. Sofort zogen sie gegen die Megarer ins Feld und errangen dank Solon den Sieg.   Diogenes Laertios I 46

Im Netz der Gesetze

Die Gesetze, so sagte Solon, glichen Spinnennetzen, denn auch diese hielten alles Leichte und Unbedeutende fest, das in sie hineingeriete. Sei es aber etwas Gewichtigeres, das auf sie treffe, dann zerreiße es sie und falle durch.

Diogenes Laertios I 53

Undenkbar

Solon wurde gefragt, warum er kein Gesetz gegen Vatermörder erlassen habe. »Weil ich mir so eine Tat nicht vorstellen kann«, erwiderte er.   *Diogenes Laertios I 59*

Das Jammertal

Als Solon einmal einen seiner Freunde in tiefen Trübsinn verfallen sah, führte er ihn auf die Akropolis von Athen und forderte ihn auf, sich die Häuser, die zu seinen Füßen lagen, ganz genau anzusehen. Danach sagte Solon: »Nun versuche dir auszumalen, wieviel Leid es unter diesen Dächern schon in alter Zeit gegeben hat, heute gibt und in künftigen Jahrhunderten geben wird, und verzichte darauf, der Menschheit Jammer wie deinen eigenen zu beklagen.«

Mit diesen Trostworten wollte er zeigen, daß große Städte unser tiefes Mitgefühl verdienen als Sammelstätten menschlichen Unglücks. Derselbe Solon sagte auch, wenn alle Menschen ihren Jammer an einem bestimmten Ort zusammentrügen, dann würden sie gewiß lieber wieder das eigene Leid nach Hause tragen wollen, statt sich von dem allgemeinen Haufen der Übel einen gerechten Anteil zu nehmen.   *Valerius Maximus VII 2, Ext. 2*

Lebenslanges Lernen

Solon ließ auch in seinen eigenen Dichtungen erkennen, von welcher Lernbegierde er erfüllt war; er sagt nämlich, er werde älter, indem er jeden Tag etwas dazulerne. Und diese Einstellung zeigte er noch am letzten Tag seines Lebens: Seine Freunde saßen bei ihm und diskutierten ein bestimmtes Problem. Da plötzlich erhob Solon sein schon sterbensmattes Haupt, und als man ihn fragte, warum er das tue, erwiderte er: »Damit ich das, worüber ihr gerade sprecht, noch höre und dann sterben kann.«

Valerius Maximus VIII 7, Ext. 14

Der Pfau

Einige Leute berichten, daß König Kroisos sich im Schmuck seines ganzen Ornats auf dem Thron niedergelassen und dann Solon gefragt habe, ob ihm jemals ein herrlicherer Anblick zuteil geworden sei. »Ja«, erwiderte Solon, »der von Hähnen, Fasanen und Pfauen. Und die sind von der Natur prächtig geschmückt mit tausendfacher Schönheit.«

Diogenes Laertios I 51

Gegen die »schweigende Mehrheit«

Unter jenen uralten Gesetzen Solons, die zu Athen auf Holztafeln eingeritzt sind und deren ewigen Bestand die Athener, nachdem sie von jenem erlassen waren, durch Strafandrohung und heilige Schwüre sicherten, befindet sich nach dem Bericht des Aristoteles eines, das folgendermaßen lautet: »Wenn es aufgrund von Zwietracht und Uneinigkeit zu Aufruhr und Spaltung des Volks in zwei Parteien kommt, wenn deshalb die Gemüter in Wallung geraten, man auf beiden Seiten zu den Waffen greift und kämpft, dann soll, wer in einem solchen Fall inneren Zwists sich keiner der beiden Gruppierungen anschließt, sondern sich von den schweren Problemen des Staates völlig fernzuhalten trachtet, künftig auf Haus, Heimat und Habe verzichten müssen und verbannt und landflüchtig sein.«[4]

Bei der Lektüre dieses Gesetzes des weisen Solon war ich zunächst nicht wenig überrascht, weswegen jener den für straffällig hält, der sich dem Aufruhr und dem Bürgerkrieg zu entziehen sucht. Doch da erklärte mir einer, der Sinn und Zweck des Gesetzes völlig durchdrungen hatte, es trage nicht zur Vertiefung, sondern zur Einebnung der Gegensätze bei. Und ganz so ist es, denn wenn die anständigen Leute, die alle miteinander zu Anfang den Konflikt nicht eindämmen konnten, sich nicht von der aufgehetzten, verrückten Masse absetzen, sondern sich teils der, teils jener Partei anschließen, dann wird es dahin kommen, daß sie, zunächst nur Mitglieder dieser Parteien, dank ihrer größeren Autorität mit der Zeit einen bestimmenden und mäßigenden Einfluß auf sie ausüben, so daß die gestörte Eintracht am ehesten durch sie wieder hergestellt werden kann: Sie lenken und besänftigen nämlich ihre eigenen Leute und wollen ihre Gegner lieber zu Verstand bringen als vernichten.   Gellius II 12, 1-4

Verzicht auf Karriere

Dem Spartaner Chilon – ebenfalls einem der Sieben Weisen – machte sein Bruder Vorhaltungen, weil er nicht das Amt des Ephoren – das wichtigste Staatsamt in Sparta – bekleiden wollte, das er selbst innegehabt hatte. Darauf Chilon: »Ich kann Unrecht ertragen, du nicht.«   Diogenes Laertios I 68

Ein eleganter Ausweg?

Über den Spartaner Chilon, der zur illustren Runde der Sieben Weisen gehörte, liest man bei den Biographen, er habe, hochbetagt, ja im Angesicht des Todes, seiner Umgebung folgendes mitgeteilt: »Vermutlich wißt auch ihr, daß ich nichts von dem, was ich in meinem langen Leben gesagt und getan habe, zu bereuen brauche. Ich für meine Person bin mir jedenfalls ziemlich sicher, nichts begangen zu haben, woran ich mich nun mit Unbehagen erinnern müßte – abgesehen von jenem einzigen Vorfall, bei dem ich immer noch gewisse Zweifel habe, ob ich richtig oder falsch gehandelt habe.

Ich war Richter zusammen mit zwei anderen, und es ging um den Kopf eines meiner Freunde. Die gesetzlichen Bestimmungen waren auch derart, daß er zwangsläufig zum Tode verurteilt werden mußte.

Entweder mußte ich also über meinen Freund den Stab brechen oder mit einem Trick das Gesetz umgehen. Lange grübelte ich darüber nach, wie ich dieses schwierige Problem lösen könnte. Was ich dann schließlich tat, das schien mir – im Vergleich mit anderen Möglichkeiten – noch am ehesten akzeptabel zu sein: Ich gab also, ohne darüber etwas verlauten zu lassen, meine Stimme zu ungunsten des Freundes ab; meinen Kollegen im Richteramt aber redete ich ein, jenen freizusprechen. So glaube ich, in einem so schwierigen Fall sowohl die Pflicht des Freundes wie die des Richters gewahrt zu haben.«[5]   Gellius I 3, 1-4

Merkwürdige Rechnung

Der weise Pittakos von Mytilene trat von seinem an sich bescheidenen Grundbesitz einen Teil ab und erklärte, die Hälfte sei mehr als das Ganze. Diogenes Laertios I 75

Bias rettet Priene

Als der Lyderkönig Alyattes die Stadt Priene belagerte, mästete Bias zwei Maulesel und ließ sie dann ins Lager der Feinde laufen. Alyattes staunte nicht schlecht, als er sah, wie gut in Priene sogar das stumme Vieh gehalten wurde, und streckte Friedensfühler aus. Bias aber ließ in der Stadt Sandhaufen aufschütten, bedeckte sie oberflächlich mit Getreidekörnern und zeigte sie dem Boten des Alyattes. Als der König von diesen »Kornhaufen« hörte, machte er Frieden mit Priene. Diogenes Laertios I 83

So seid doch endlich still!

Einmal fuhr Bias zusammen mit gottlosen Leuten auf einem Schiff, und als dieses in einen heftigen Sturm geriet und die Passagiere zu den Göttern riefen, sagte er: »So schweigt doch, damit die Götter nicht merken, daß ihr hier unterwegs seid!« Diogenes Laertios I 86

Sichere Habe

Als der Feind die Heimatstadt des Bias, Priene, erobert hatte und die übrigen Einwohner flüchteten und dabei viel von ihrer Habe mit fortschleppten, wurde Bias von jemandem aufgefordert, es jenen gleichzutun. »Das mach' ich ja«, entgegnete der Weise, »denn ich trage all das Meine bei mir.«   Cicero, Paradoxa stoicorum I 1, 8

Mein Grab soll keiner kennen …

Nach dem Bericht einiger Autoren hat sich Periander von Korinth, der wünschte, daß niemand sein Grab kenne, folgendes ausgedacht: Er befahl zwei jungen Männern, nachts einen Weg, den er ihnen zeigte, entlangzugehen und denjenigen, der ihnen begegne, zu töten und zu bestatten. Danach sollten vier andere gegen jene zwei ausziehen, sie erschlagen und begraben; gegen die vier aber sandte er eine noch größere Zahl von Leuten. Er aber ging den ersten beiden entgegen und wurde umgebracht.   Diogenes Laertios I 96

Abschied von der Macht?

Periander wurde gefragt, warum er eigentlich an der Alleinherrschaft festhalte (er hatte nämlich betont, die Demokratie sei der Tyrannis überlegen!). Darauf erwiderte er: »Ob man von sich aus der Macht entsagt oder aus ihr verdrängt wird – beides ist gefährlich!«   Diogenes Laertios I 97

Seltsame Bräuche

Der Skythe Anacharsis sagte, er finde es komisch, daß die Griechen einerseits Gesetze gegen Körperverletzung erließen und andererseits den Sportlern Ehren erwiesen, die sich gegenseitig mit Schlägen traktierten.   Diogenes Laertios I 103

Schiffe

Anacharsis hörte, daß die Wand eines Schiffs vier Finger dick sei. »Um so viel«, meinte er, »sind also die Passagiere vom Tod entfernt.«

Als man von Anacharsis wissen wollte, welche Schiffe die sichersten seien, entgegnete er: »Die an Land gezogenen.«   Diogenes Laertios I 104

Was ist Weisheit?

Anacharsis befragte das Orakel von Delphi, ob jemand weiser sei als er. Da antwortete die Pythia mit folgendem Spruch:

Myson aus Chen am Ötagebirge, so sagt man, der trägt wohl /
noch ein weiseres Herz in der Brust als du, Anacharsis!

Das machte den Anacharsis neugierig, er begab sich in das Dorf und fand den Myson mitten im Sommer damit beschäftigt, einen neuen Sterz an seinen Pflug zu fügen.

»Aber Myson«, sagte da Anacharsis, »jetzt ist doch nicht die Zeit zum Pflügen.«

Jener aber erwiderte: »Aber sehr wohl die Zeit, den Pflug zu richten.«   Diogenes Laertios I 106

Der Schläfer

Epimenides wurde einmal von seinem Vater aufs Feld geschickt, um ein Schaf zu holen. Zur Mittagszeit legte er sich etwas seitab vom Weg in einer Höhle zur Ruhe und schlief dort siebenundfünfzig Jahre. Als er sich danach wieder erhob, machte er sich auf die Suche nach seinem Schaf, denn er glaubte, nur kurze Zeit geschlummert zu haben. Da er das Tier nicht fand, ging er auf den Acker zurück (von wo er es geholt hatte), doch alles war ganz verändert, und das Feld gehörte einem anderen! Völlig verwirrt, begab sich Epimenides in die Stadt, und als er dort sein Elternhaus betreten wollte, lief er Leuten in die Arme, die ihn fragten, wer er sei. Schließlich fand er seinen jüngeren Bruder, der freilich schon ein alter Mann geworden war, und erfuhr die ganze Wahrheit über sein Schicksal. Bald kannte ihn ganz Griechenland, und er wurde als besonderer Liebling der Götter angesehen. So schickten denn auch die Athener, deren Stadt unter einer Seuche litt und nach dem Spruch der Pythia entsühnt werden mußte, Nikias, den Sohn des Nikeratos, zu Schiff nach Kreta und ließen den Epimenides holen. Er aber kam zur Zeit der 46. Olympiade, reinigte ihre Stadt und beendete die Pest auf folgende Weise: Er nahm weiße und schwarze Schafe, die trieb er in Richtung auf den Areopag. Dort ließ er sie frei laufen und gab Leuten, die ihnen folgen sollten, den Auftrag, jedes von ihnen an der Stelle zu opfern, wo es sich niederlegte, und zwar dem für diesen Fleck Erde zuständigen Gott. So nahm das Übel schließlich ein Ende. Diogenes Laertios I 109 F.

Der Tod des Empedokles

Wie es heißt, begab sich Empedokles zum Ätna und sprang in den Feuerschlund des Kraters, wo er verschwand. Er wollte nämlich die Sage bestätigen, derzufolge er zum Gott geworden sei. Später aber wurde der wahre Sachverhalt bekannt, als der Vulkan eine seiner Sandalen ausspie (man erkannte sie sogleich); denn Empedokles trug in der Regel solche aus Bronze. Diogenes Laertios VIII 69

Bessere Beschäftigung

Als die Bürger von Ephesos den Philosophen Heraklit darum baten, für sie Gesetze zu erlassen, lehnte er voll Verachtung ab, weil im politischen Leben der Stadt die üblen Elemente das Sagen hätten. Er zog sich in den Artemistempel zurück und würfelte dort mit den kleinen Jungen, und als die Ephesier ihn umdrängten und dabei zusahen, sagte er: »Was wundert ihr euch, ihr Schurken? Ist das da nicht vernünftiger als mit euch zusammen Politik zu machen?«

Diogenes Laertios IX 2 F.

Der Sturz des Tyrannen

Zenon von Elea war ein ungewöhnlich scharfsinniger Naturforscher und ein Erzieher, der die Jugend mitzureißen verstand. Die Richtigkeit seiner Lehren bestätigte er durch ein allgemein bekanntes Beispiel persönlichen Einsatzes. Er verließ nämlich seine Heimatstadt, wo er geruhsam in Freiheit hätte leben können, und begab sich nach Agrigent, das in elendster Knechtschaft schmachtete, denn er setzte auf seinen Intellekt und seine hohe Moral solches Vertrauen, daß er darauf hoffte, sogar einen Tyrannen vom Schlage des Phalaris von seinem wahnsinnigen Wüten abbringen zu können. Als er dann feststellen mußte, daß diesem die Alleinherrschaft längst zur Gewohnheit geworden war und ihn taub machte für gute Ratschläge, erfüllte er junge Leute aus dem Adel mit dem Verlangen, ihre Heimatstadt zu befreien. Dieses Vorhaben wurde dem Tyrannen verraten; sofort ließ er das Volk auf dem Markt zusammenkommen und Zenon mit Martern aller Arten quälen. Dabei fragte er ihn immer wieder, wer noch in die Verschwörung eingeweiht sei. Der Philosoph aber nannte keinen von jenen, sondern machte vielmehr dem Tyrannen gerade seine engsten und ergebensten Vertrauten verdächtig. Zugleich warf er den Agrigentinern Feigheit und Ängstlichkeit vor und erreichte, daß sie sich plötzlich ein Herz faßten und den Phalaris mit einem Hagel von Steinen erledigten. So hat ein alter Mann auf der Folter nicht durch Flehen und Jammern, sondern durch tapfere Ermahnung die Einstellung und das Geschick einer ganzen Stadt und ihrer Bevölkerung verändert.[6]   Valerius Maximus III 3, Ext. 2

Laß dir ins Ohr...

Zenon hieß auch der Philosoph, der dem Tyrannen Nearchos nach dem Leben getrachtet hatte. Als man ihn marterte, um ihn zu strafen und zum Verrat seiner Mitwisser zu zwingen, gab er dem Schmerz nicht nach und dachte nur an Rache. Er sagte deshalb, es gebe etwas, was der Tyrann insgeheim von ihm erfahren sollte. Man schnallte ihn von der Folterbank los, und als er sah, daß Nearchos nicht auf einen Angriff gefaßt war, biß er diesen ins Ohr und ließ nicht mehr los, bis er sein Leben und jener das Ohr verloren hatte.   Valerius Maximus III 3, Ext. 3

Verzicht

Der Philosoph Anaxagoras hatte vor einer drohenden Verurteilung wegen Religionsfrevels aus Athen flüchten müssen. Da sagte jemand zu ihm: »Nun mußt du also auf die Athener verzichten!« – »Im Gegenteil«, meinte da Anaxagoras, »sie müssen auf mich verzichten!«

Diogenes Laertios II 10

Es bleibt sich gleich

Jemand zeigte sich entrüstet und tief betrübt darüber, daß
Anaxagoras sein Dasein in fremdem Land beenden werde.
»Mach dir nichts daraus«, tröstete ihn jener, »zum Hades
hinunter ist's von überall gleich weit.« Diogenes Laertios II 11

Urteile

Wie Satyros in seinen Biographien schreibt, wurde Anaxagoras von Thukydides, einem politischen Gegner des Perikles, nicht nur wegen Gottlosigkeit, sondern auch wegen
perserfreundlicher Einstellung angeklagt und in Abwesen-
heit zum Tode verurteilt.

Als nun dem Philosophen zur gleichen Zeit zwei
schlimme Nachrichten überbracht wurden, nämlich seine
eigene Verurteilung und der Tod seiner Söhne, kommentierte er das Todesurteil mit den Worten: »Sowohl über
meine Richter wie über mich hat die Natur schon längst den
Stab gebrochen.« Von seinen Söhnen aber sprach er so: »Ich
wußte, daß ich sie als Sterbliche gezeugt habe.«

Diogenes Laertios II 12 F.

Verborgenes Glück

Jemand wollte von Anaxagoras wissen, wer denn nun
glücklich sei. »Keiner«, entgegnete der, »von denen, die du
für Glückspilze hältst. Du findest ihn vielmehr unter denjenigen, die deiner Meinung nach nichts weiter sind als arme
Teufel. Nicht der ist's also, der Reichtum und Ehre in Fülle
besitzt, sondern jener, dem nur ein winziges Stückchen
Land gehört, der sich hingebungsvoll der Philosophie wid-

met, ohne nach öffentlicher Anerkennung zu schielen, der mehr im Innern als nach außen glücklich ist.«

Valerius Maximus VII 2 12

Heilsamer Verlust

Als Anaxagoras von einer langen Reise in seine Heimatstadt zurückkehrte, mußte er feststellen, daß seine Besitzungen völlig heruntergekommen waren. »Es stünde schlecht um mich«, meinte er da, »wenn das alles nicht hin wäre.«

Valerius Maximus VIII 7, Ext. 6

Scharfe Schwerter, scharfe Zungen

Militärs und Politiker von Themistokles bis Demosthenes

»Als der Thebaner Epaminondas die Spartaner bei Mantinea besiegt, selbst aber, schwer verwundet, den Tod vor Augen hatte, da erkundigte er sich zuerst, ob er seinen Schild aus dem Kampf zurückgebracht habe. Seine Leute bejahten unter Tränen. Dann wollte er wissen, ob die Feinde zersprengt seien. Auch auf diese Frage erhielt er die gewünschte Antwort. Nun erst verlangte er, man möge ihm die Lanze aus der Brust ziehen, die ihn durchbohrt hatte. Gleich schoß viel Blut heraus, und er starb in stolzer Siegesfreude.«

Cicero, De finibus bonorum et malorum II 97

Diese in der Antike oft erzählte Geschichte hatte auch in älteren Unterrichtswerken des Lateinischen und Griechischen ihren festen Platz als markanter Beleg für die hoch bewerteten männlichen Tugenden der Tapferkeit, der Härte gegen sich selbst und der Todesverachtung. Wir Heutigen können sie dagegen kaum ohne ein gewisses Unbehagen lesen – uns will es auch nicht mehr eingehen, daß der Tod in der ersten Linie etwas »Schönes« sei, wie der Dichter Tyrtaios den Spartanern verkündete, und wir zucken zurück vor martialischen Klängen wie den folgenden:

> *»Wohlauf Kameraden, aufs Pferd, aufs Pferd,*
> *in das Feld, in die Freiheit gezogen!*
> *Im Felde, da ist der Mann noch was wert,*
> *da wird das Herz noch gewogen . . .« (Körner)*

Da dem so ist, legen wir uns im folgenden Kapitel bewußte Beschränkung auf – aggressives Heldentum wird uns noch reichlich genug in den »lakonischen« Aussprüchen begegnen – und suchen das Schwertergeklirr tunlichst zu dämpfen, das uns aus der großen Zeit des alten Hellas unüberhörbar entgegenschallt.

Der Stachel

In seiner Jugend kannte Themistokles kein anderes Vergnügen als Gelage und Weibergeschichten – doch als Miltiades
bei Marathon das Heer zum Sieg über die Barbaren geführt
hatte, war Themistokles bei keiner Ausschweifung mehr
anzutreffen. Zu Leuten, die sich über den plötzlichen Sin-
neswandel wunderten, sagte er: »Der Triumph des Miltiades läßt mich nicht mehr schlafen und auch nicht mehr über
die Stränge schlagen.«

Plutarch, Regum et imperatorum apophthegmata 185 A

Held oder Herold

Gefragt, ob er lieber Achilleus oder Homer hätte sein wollen, entgegnete Themistokles: »Möchtest du selbst lieber
Sieger in Olympia sein oder derjenige, der die Siege aus-
ruft?«
Plutarch, ebendort 185 A

Entweder – oder

Ein Vater, der nur eine einzige Tochter hatte, fragte Themistokles, ob er sie mit einem armen, aber respektablen
oder besser mit einem reichen, aber übel beleumdeten
Mann verheiraten solle. »Ich persönlich«, meinte Themistokles, »hätte lieber einen Mann ohne Geld als Geld, das
nach einem Mann sucht.« Valerius Maximus VII 2, Ext. 9

Hahnenkampf

Nach ihrem Sieg über die Perser erließen die Athener ein Gesetz, nach dem jährlich auf Staatskosten einen Tag lang Hahnenkämpfe im Theater stattfinden sollten. Der Anlaß dafür soll hier mitgeteilt werden: Als Themistokles die Streitmacht der Stadt gegen die Barbaren ins Feld führte, sah er, wie Hähne aufeinander losgingen. Denen schaute er nun keineswegs nur müßig zu, sondern er ließ seine Truppe haltmachen und sprach: »Weder für ihr Vaterland noch für die heimischen Götter noch für die Gräber ihrer Ahnen kämpfen die da sich ab, es geht ihnen auch nicht um Ruhm und Freiheit oder um ihre Kinder, sondern nur darum, nicht dem anderen zu unterliegen oder vor ihm zurückzuweichen.« Mit diesen Worten stärkte er die Athener (für den bevorstehenden Kampf).

Claudius Aelianus, Varia historia II 28

Mal so, mal so

Als die Athener den Themistokles einmal aus seinem Amt stießen und dann doch wieder zurückberiefen, meinte er: »Ich kann Leute nicht loben, die ein und dasselbe Gefäß bald als Nachttopf und bald als Weinkrug benützen.«

Claudius Aelianus, ebendort XIII 40

Schlagendes Argument

Einmal vertrat Themistokles eine Ansicht, die dem Spartaner Eurybiades völlig gegen den Strich ging. Schon erhob dieser seinen Stock, doch Themistokles versetzte: »Schlag nur zu, aber höre mich an!«   Claudius Aelianus, ebendort XIII 40

Platzvorteil

Ein Mann von der kleinen Insel Seriphos sagte zu Themistokles, er habe es nicht sich selbst, sondern seiner Vaterstadt zu danken, daß er zu Ruhm und Ehren gekommen sei. »Recht hast du«, erwiderte jener; »ich wäre nicht berühmt, wenn ich aus Seriphos stammte – du aber auch nicht, wenn du Athener wärest.«

Plutarch, Regum et imperatorum apophthegmata 185 C

»Das ärgert mich!«

Als die Athener Aristides, den »Gerechten«, durch das Scherbengericht aus der Stadt entfernen wollten, kam ein Mann vom Lande, der nicht schreiben konnte, mit einer Scherbe auf jenen zu und verlangte, er solle den Namen des Aristides darauf schreiben. »Kennst du denn den Aristides?« fragte der. »Nein«, erwiderte der Bauer, »aber es ärgert mich, daß man ihn ›den Gerechten‹ nennt.« Da schrieb Aristides schweigend seinen Namen auf die Scherbe und gab sie dann dem Mann zurück. Plutarch, ebendort 186 A

Waffenstillstand

Aristides war mit Themistokles verfeindet. Als er nun mit ihm zusammen in diplomatischer Mission außer Landes gehen mußte, sagte er: »Wenn es dir recht ist, Themistokles, lassen wir unseren Streit an der Grenze zurück. Wir können ihn ja, falls uns das richtig scheint, nach unserer Rückkehr wieder aufnehmen.« Plutarch, ebendort 186 B

Ein schwieriges Amt

Als Perikles ein Amt als General antrat, sprach er, während er den Feldherrnmantel umlegte, zu sich selber: »Nun nimm dich zusammen, Perikles, denn du willst über freie Griechen, über Athener gar, gebieten!«

Plutarch, ebendort 186 C

Bissig

Als Kind wurde Alkibiades beim Ringen einmal von seinem Gegner in den Schwitzkasten genommen. Da er nicht anders loskommen konnte, biß er den Überlegenen in die Hand. »Du beißt wie die Weiber!« sagte der. »Nein, wie die Löwen!« erwiderte Alkibiades.　　　Plutarch, ebendort 186 D

Problemlösung

Alkibiades, noch ein Junge, kam zu seinem Onkel Perikles und fand ihn betrübt: Er habe, so sagte er, im Staatsauftrag die Propyläen der Athene, also den Torbau der Akropolis, unter großen Kosten errichten lassen, sei aber nun nicht in der Lage, für das Geld einen Verwendungsnachweis vorzulegen. »Dann«, meinte Alkibiades, »solltest du eher darüber nachdenken, wie du überhaupt eine Schlußabrechnung vermeiden kannst.«

Valerius Maximus, in der Epitome des Iulius Paris III 1, Ext. 1

Gesprächsstoff

Alkibiades besaß einen wunderschönen Hund, den er für 7000 Drachmen gekauft hatte. Dem schnitt er eines Tages den Schwanz ab und erklärte: »Damit die Athener über diesen Vorfall reden und ihre Nasen nicht in andere Angelegenheiten stecken.«

Plutarch, Regum et imperatorum apophthegmata 186 D

Vertrauen ist gut ...

Der General Iphikrates ließ auch im Freundesland und unter Verbündeten sein Lager mit Wall und Graben gründlich sichern. Als deswegen jemand zu ihm sagte: »Was haben wir denn zu befürchten?« erwiderte er, der jämmerlichste Ausspruch eines Heerführers sei doch wohl: »Das hätte ich nicht gedacht!«   Plutarch, ebendort 187 A

Der Wächter

Als man in Theben, der Heimatstadt des Epaminondas, ein Fest feierte und alle Welt sich bei Trinkgelagen vergnügte, begegnete jener, stocknüchtern und tiefernst, einem Bekannten. Der wunderte sich und fragte, warum er als einziger so trocken herumlaufe. »Damit ihr alle«, entgegnete Epaminondas »euch betrinken und vergnügen könnt.«

Plutarch, ebendort 192 E

»Gib auf dich acht!«

Pelopidas, der Kampfgefährte des Epaminondas, sagte zu seiner Frau, die ihn beim Auszug in die Schlacht darum bat, auf sich achtzugeben: »Zu anderen Leuten darf man das wohl sagen, doch ein General hat auf seine Männer achtzugeben.«
Plutarch, ebendort 194 D

Plötzliche Heiserkeit

Diplomaten aus Milet kamen in einer Staatsangelegenheit – vermutlich einem Hilfsersuchen – nach Athen. Sie wählten sich geeignete Sachwalter aus, die für sie sprechen sollten, und diese vertraten auftragsgemäß die Sache der Milesier in der Volksversammlung. Demosthenes aber sprach sich entschieden gegen die Forderungen der Milesier aus und erklärte, sie verdienten weder Unterstützung, noch sei eine solche im Interesse des Staates. Darauf wurde die Angelegenheit um vierundzwanzig Stunden vertagt.

Die Abgesandten aber begaben sich zu Demosthenes und ersuchten ihn dringend, doch nicht gegen sie Stellung zu nehmen. Er verlangte Geld und erhielt die geforderte Summe.

Als man am folgenden Tag die Verhandlungen wieder aufnahm, hatte sich Demosthenes einen dicken Wollschal um den Hals gewickelt. Damit trat er vor das Volk und erklärte, er habe sich eine Erkältung zugezogen; deshalb könne er nicht gegen die Milesier sprechen.

Einer aus der Menge schrie daraufhin, es sei keine Erkält-ung, woran Demosthenes leide, sondern eine Er-geld-ung.

Demosthenes hat auch später die Angelegenheit nicht vertuscht, sondern sie sich sogar zum Ruhm angerechnet.

Denn als er einmal den Schauspieler Aristodemos fragte, wieviel er für einen Auftritt bekommen habe, und dieser erwiderte: »Ein Talent!«[2] da sagte Demosthenes: »Ich aber habe mehr gekriegt, nur, damit ich den Mund halte!«

Gellius XI 9

Ein guter Trick

Durch seine Raffinesse konnte Demosthenes einmal einer bedauernswerten alten Frau großartig aus der Patsche helfen: sie hatte von zwei Fremden Geld zur Verwahrung übernommen unter der Vereinbarung, es zur selben Zeit den beiden zurückzugeben.

Nach einigen Wochen erschien der eine von den Fremden, tief in Trauer, und gab vor, sein Kompagnon sei verstorben. So täuschte er die Alte und nahm das ganze Geld mit sich fort.

Wenig später tauchte der zweite auf und verlangte die hinterlegte Summe. Die arme Frau war übel dran, denn sie hatte kein Geld und wußte sich nicht zu verteidigen. Schon dachte sie daran, sich zu erhängen, da stellte sich ihr zum Glück Demosthenes als Anwalt zur Verfügung. Als es zur Verhandlung kam, sagte er: »Die Frau ist bereit, die ihr anvertraute Summe zurückzuzahlen, doch das ist nur möglich, wenn du deinen Partner mitbringst, denn es wurde ja – wie du selbst zugibst – die Vereinbarung getroffen, daß das Geld nicht an einen allein bezahlt werden darf.«

Valerius Maximus VII 3, Ext. 5

Der Schatten des Esels

Einmal hinderten die Athener in der Volksversammlung Demosthenes am Reden; er aber erklärte, er habe ihnen nur ein paar Worte zu sagen, und sie wurden still.

»Ein junger Mann«, begann er nun, »mietete zur Sommerszeit einen Esel samt Treiber für die Strecke Athen–Megara. Es wurde Mittag, die Sonne brannte heiß herab, und sowohl der Eselshalter als auch der Mieter wollten sich in den Schatten des Tiers setzen – aber jeder wehrte es dem anderen, wobei der Treiber sagte, er habe wohl den Esel, nicht aber seinen Schatten vermietet, und der andere betonte, als Mieter habe er im Augenblick Verfügungsrecht über das Ganze.« Nach diesen Worten wollte sich Demosthenes entfernen, die Athener aber hielten ihn auf und verlangten, er solle die Geschichte doch zu Ende erzählen.

»Vom Schatten eines Esels wollt ihr also hören«, sagte der Redner, »wenn aber einer von ernsten Dingen spricht, dann sperrt ihr euch!«

Plutarch, Moralia 848 A/B = zehn Rhetorenleben; VIII: Demosthenes

Das Ärgernis

Zu einem als Dieb verdächtigten Menschen, der Demosthenes sein nächtliches Studium vorhielt, sagte der: »Ich weiß schon, daß es dir nicht paßt, wenn ich nachts ein Licht brennen habe.«   Plutarch, Moralia 803 D

Das kleinere Übel

Angenommen, es gäbe zwei Wege, einen auf die Rednerbühne, den andern geradewegs in die Hölle[7] – dann müßte,
so sagte Demosthenes, ein vernünftiger Mensch auf jeden
Fall lieber den zweiten einschlagen.   Stobaios IV 4, 23

Erhebliches Risiko

Oft sei er schon in Versuchung gekommen, gestand Demosthenes, die Götter um die Vernichtung aller schlechten
Menschen zu bitten – aber dann habe er befürchtet, er
könne durch sein Gebet die Stadt entvölkern. Stobaios III 2, 20

Faule Ausrede

Ein Dieb, den Demosthenes erwischt hatte, sagte zu ihm:
»Ich hab' nicht gewußt, daß das dir gehört!« Darauf der
Redner: »Aber daß es *nicht* dir gehört, das hättest du doch
wissen müssen!«   Stobaios III 13, 52

Teure Reue

Der Ruhm der schönen Hetäre Lais, der ganz Griechenland
erfüllte, veranlaßte auch Demosthenes dazu, sich mit ihr
auf eine Liebesaffäre einzulassen. Als er aber den Preis dafür
hörte – ein halbes Talent für eine Nacht –, da zog er ab mit
den Worten: »So teuer mag ich die Reue nicht kaufen!«

                                   Macrobius, Saturnalia 2, 2, 11

»Ich bin gegen alles!«

Die Athener erhielten einen Orakelspruch, es gebe einen Mann in der Stadt, der sich den Ansichten der Allgemeinheit widersetze. Als sie nun nach diesem Mann suchen ließen und lärmten, erklärte der Politiker Phokion, das sei er selbst. Denn ihm allein sei nichts von dem recht, was die große Masse tue und sage.

Plutarch, Regum et imperatorum apophthegmata 187 F

Wenn …

Der Redner Demosthenes sagte zu Phokion: »Umbringen werden dich die Athener, wenn sie erst einmal so richtig in Raserei geraten!« – »Aber dich«, gab er zurück, »erschlagen sie, wenn sie wieder zur Vernunft kommen!«

Plutarch, ebendort 188 A

Der einzige

König Alexander sandte hundert Talente als Geschenk an Phokion. Der fragte die Überbringer, warum Alexander ihn allein damit bedenke; es gebe doch so viele Athener! Jene entgegneten, daß ihn Alexander als den einzigen anständigen Menschen betrachte. »Dann soll er mich das auch bleiben lassen«, meinte Phokion.

Plutarch, ebendort 188 C

Multiplikator

Man forderte König Philipp dazu auf, einen ewigen Stänkerer aus seiner Umgebung zu entfernen. Er aber weigerte sich, damit jener nicht bei noch mehr Leuten sein Gift verspritzen könne.

Plutarch, ebendort 177 D

Positive Wirkung

Den Politikern von Athen, so meinte Philipp, sei er dankbar, da sie ihn durch ihre Beschimpfungen zu einem besseren Menschen machten, sowohl hinsichtlich seiner Wortwahl wie seines Verhaltens. »Ich will sie nämlich durch meine Reden und Taten als Lügner entlarven!«

Plutarch, ebendort 177 E

Kein Aufstieg für Goldesel?

Philipp wollte eine besonders feste Burg erobern, doch seine Späher meldeten ihm, sie sei nur schwer zugänglich und praktisch uneinnehmbar. Da erkundigte sich der König, ob der Zugang so schwierig sei, daß ihn nicht einmal ein goldbeladener Esel finden könne. Plutarch, ebendort 178 A

Gebrauchsanweisung

Den Gouverneuren seiner Städte riet Philipp, sie sollten sich sowohl die Guten wie die Schlechten zu Freunden machen; dann könnten sie den einen nützen und die anderen ausnützen.

Plutarch, ebendort 178 C

Guter Rat

König Philipp befahl seinem Sohn Alexander, auf Aristoteles zu hören und sich mit Philosophie abzugeben, »damit«, so sagte er, »du nicht viele solche Dinge tust, wie ich sie, weil ich sie getan habe, nun bereuen muß.«

Plutarch, ebendort 178 E

Die Haare lügen ...

Einem Mann aus dem Freundeskreis des Antipatros hatte Philipp ein Richteramt verliehen. Als er jedoch später bemerkte, daß dieser sich Haupt- und Barthaar färbte, setzte er ihn wieder ab und sagte, ein Mensch, dessen Haarfarbe man nicht trauen könne, sei auch in dem, was er tue, nicht vertrauenswürdig. Plutarch, ebendort 178 F

Aufwachen!

Als Philipp über einen gewissen Machaitas zu Gericht saß, nickte er ein wenig ein; so achtete er nicht recht auf das, was für den Beklagten sprach, und verurteilte ihn. Als der nun schrie, er werde gegen das Urteil Berufung einlegen, fragte er wütend: »Bei wem denn?« Machaitas aber erwiderte: »Bei dir selbst, König, wenn du wach und aufmerksam zuhörst!« Philipp erhob sich, sammelte seine Gedanken und kam zu der Überzeugung, daß dem Machaitas Unrecht widerfahren war. Daraufhin hob er zwar das Urteil nicht auf, zahlte aber die auferlegte Strafsumme aus eigener Tasche.

Plutarch, ebendort 178 F

Das Pfeifkonzert

Philipps Umgebung zeigte sich empört darüber, daß ihn die peloponnesischen Griechen bei den Olympischen Spielen auspfiffen, obwohl er sie gut behandelt hatte. »Was würden die erst tun«, meinte Philipp, »wenn ich sie schlecht behandelt hätte?«   Plutarch, ebendort 179 A

Der König schläft

Als Philipp einmal am Tag schlief und sich die vor dem Palast versammelten Griechen deshalb aufregten und lärmten, sagte sein General Parmenion: »Wundert euch nicht, wenn Philipp jetzt schläft. Als nämlich ihr geschlafen habt, hat er die Augen offen gehalten!«   Plutarch, ebendort 179 B

Lakonisches

Knappe Aussprüche von Spartanern und Spartanerinnen

Als »lakonisch« pflegen wir auch heute noch eine Aussage zu bezeichnen, die ebenso knapp wie treffend ist, »spartanisch« nennen wir dagegen eine besondere Form von Anspruchslosigkeit und Härte gegen sich selbst, die sich beispielsweise in kargen Mahlzeiten, betont schlichter, ja schäbiger Kleidung und der Benützung eines Feldbetts äußert.

»Lakonisch« und »spartanisch« scheinen somit ganz Unterschiedliches zu beinhalten – und sind doch ihrer Herkunft nach nah verwandte Begriffe, abgeleitet von den griechischen Namen des Spartanervolks, das in der Landschaft Lakonien bzw. Lakedaimon ansässig war – daher Lakonier oder Lakedaimonier – und dort einen aus mehreren Dörfern zusammengewachsenen Hauptort, Sparta, bewohnte.

Die besondere, von strenger Ordnung und Zucht bestimmte Lebensweise dieses Volkes irritierte und faszinierte die übrigen Griechen: man witzelte über die berühmte »Schwarze Suppe«, das wichtigste Nahrungsmittel der Spartaner, nannte sie schlechterdings ungenießbar und den Hauptgrund dafür, daß die spartanischen Krieger so versessen auf den Heldentod seien, und war doch brennend am Rezept interessiert. Den Tribon, den »abgeriebenen« Mantel, den die Spartaner stolz wie ein Markenzeichen ihrer Abneigung gegen Kleiderluxus trugen, legte man auch anderwärts in Griechenland an, wenn man ein politisch-moralisches Bekenntnis zu den antikapitalistischen und kollektivistischen Idealen Spartas ablegen wollte, und die lakonische Wortkargheit galt den einen als Ausdruck von Einfallslosigkeit oder Folge einer hauptsächlich auf körperliche Ertüchtigung ausgerichteten Erziehung, während andere hinter ihr so etwas wie edle Einfalt und stille Größe vermuteten.

Der Umstand, daß in Sparta eine kleine, im Lauf der Jahrhunderte sogar an Zahl abnehmende Herrenschicht über ein Vielfaches an völlig rechtlosen Staatssklaven (Heloten genannt) eine gleichermaßen von Brutalität wie von Angst bestimmte Herrschaft ausübte, verleiht auch den vielen in der Antike weitergegebenen lakonischen Aussprüchen etwas Verbissenes; der Esprit der weltgewandten Athener galt in Lakonien als frivol, ihre Eloquenz als bloßes Maulheldentum.

Unpassend

Jemand lobte einen Redner, weil dieser sich großartig darauf verstehe, Dinge von geringer Bedeutung gewaltig herauszustreichen. Da meinte König Agesilaos: »Ich finde einen Schuster nicht gut, wenn er für einen kleinen Fuß einen großen Schuh macht.«   Plutarch, Apophthegmata lakonica 208 C

Bösewicht

Als ein Übeltäter sich auf der Folter standhaft zeigte, meinte Agesilaos: »Was für ein hartgesottener Bösewicht muß dieser Mensch sein, der seine Ausdauer und Beharrlichkeit bei Schändlichem und Verwerflichem einsetzt!«

Plutarch, ebendort 208 C

Kein Sinn für schöne Reden

Jemand wunderte sich darüber, daß der Spartanerkönig Agasikles, sonst ein guter Zuhörer, den Sophisten Philophanes nicht vorließ. Da erwiderte jener: »Ich möchte nur bei solchen Leuten Schüler sein, deren Sohn ich auch sein wollte.«   Plutarch, ebendort 208 B

Einblicke

Wenn Agesilaos Leuten zuhörte, die andere kritisierten oder lobten, glaubte er den Charakter der Sprecher ebensogut kennenzulernen wie das Wesen derer, von denen gerade die Rede war. Plutarch, ebendort 208 D

Nicht um jeden Preis

Ein Arzt empfahl Agesilaos eine ziemlich aufwendige und ausgefallene Therapie. »Bei den Göttern«, sagte da der König, »ich hab' nicht vor, auf jeden Fall am Leben zu bleiben, und will dafür auch nicht alles auf mich nehmen.«

Plutarch, ebendort 208 D

Sogar ein Wurm ...

Einmal sah Agesilaos, wie ein Kind gerade versuchte, eine Maus aus einer Türspalte zu ziehen. Doch plötzlich wandte die Maus sich um, biß ihren Peiniger in die Hand und konnte entkommen. »Wenn schon«, sprach Agesilaos da mit erhobenem Finger zu den gerade Anwesenden, »selbst ein ganz winziges Lebewesen sich so gegen die zur Wehr setzt, die ihm weh tun, was ziemt sich eurer Meinung nach dann für Männer?« Plutarch, ebendort 208 F

Suggestivfrage

Agesilaos wollte den Krieg gegen die Perser in Gang bringen, um die kleinasiatischen Griechen zu befreien. Daher wandte er sich an das Orakel des Zeus zu Dodona. Der Gott gebot ihm, ins Feld zu ziehen, wenn es wirklich jemanden gebe, dem das gut scheine, und Agesilaos meldete den Orakelspruch den Ephoren. Die aber forderten ihn auf, auch noch nach Delphi zu gehen und in der gleichen Sache sich Auskunft zu holen. Also reiste Agesilaos dorthin und stellte dem Orakel folgende Frage: »Nicht wahr, Apollon, du bist derselben Meinung wie dein Vater?« Die Frage wurde bejaht und Agesilaos zog, zum Feldherrn bestimmt, in den Krieg.   Plutarch, ebendort 209 A

Bei Freunden nicht zu pingelig

Im allgemeinen war Agesilaos ein korrekter und gesetzestreuer Mensch; wenn es aber um seine Freunde ging, meinte er, es wäre eine Ausrede, wollte man sich zu energisch auf das berufen, was recht ist. So gibt es ein Briefchen von ihm, in dem er sich für einen seiner Freunde bei dem Karer Hidrieus verwendet, und zwar mit folgenden Worten: »Wenn Nikias nichts ausgefressen hat, laß ihn laufen; wenn er aber etwas ausgefressen hat, laß ihn mir zuliebe laufen; auf jeden Fall: laß ihn laufen!«   Plutarch, ebendort 209 E

Spartanisch

Häufig führte Agesilaos das Wort im Munde, ein General dürfe sich von den gemeinen Soldaten nicht durch Luxus und Vorliebe für Delikatessen, sondern nur durch Energie und Tapferkeit unterscheiden. Als ihn nun einmal jemand fragte, was die Gesetze Lykurgs für Sparta gebracht hätten, sagte er: »Verachtung von Genüssen.«

Und zu einem, der verblüfft war wegen seiner schlichten Kleidung und wegen der kargen Mahlzeiten, die er und die

anderen Spartaner einnahmen, sagte er. »Dank dieser Lebensweise, Fremder, haben wir Freiheit die Menge.«

Plutarch, ebendort 210 A

Vorbild

Auch als Agesilaos schon in die Jahre gekommen war, unterwarf er sich noch der gleichen Disziplin. So fragte ihn
einmal jemand, weshalb er im tiefsten Winter ohne Unter-
gewand, also nur mit dem Mantel bekleidet, daherkam,
obwohl er doch schon so alt sei. »Damit«, gab Agesilaos
zurück, »es die Jungen nachmachen und sich ein Beispiel
nehmen können an den ganz alten Männern, die im Staat
etwas zu sagen haben!«   Plutarch, ebendort 210 B

. . . es lebt der Mensch vom Brot allein

Als Agesilaos mit seinem Heer durch das Land der Thasier (?) zog, schickten ihm diese Gerstenmehl und Gänse
und Knabbersachen und kandierte Früchte und sonst noch
allerhand Essen und verschiedene Getränke. Er aber nahm
nur das Mehl und befahl den Boten, alles andere wieder
mitzunehmen, da es für ihn und seine Leute nicht von Nutzen sei.

Jene aber baten beharrlich darum, er solle doch alles miteinander behalten. Da verlangte er, daß man die guten Sachen an die Sklaven verteile, und beantwortete die Frage
nach dem Grund für dieses Verhalten so: »Solche Lecke-
reien passen nicht für Leute, die richtige Männer sein wollen; denn das, womit man Sklavenseelen ködert, ist freien
Menschen ein Greuel.«   Plutarch, ebendort 210 C

Vergötterung

Und wiederum wollten die Thasier (?) den Agesilaos, weil er sich offenkundig um sie äußerst verdient gemacht hatte, durch Tempel und göttliche Ehren auszeichnen und schickten in dieser Sache eine Delegation zu ihm. Er studierte die Liste der Ehrungen, die die Gesandten ihm vorlegten, und fragte dann, ob ihre Stadt die Macht habe, Menschen unter die Götter zu erheben, und als sie das bejahten, fuhr er fort: »Gut, dann macht erst einmal euch selbst zu Göttern, und wenn ihr das schafft, dann glaube ich euch, daß ihr auch mich zum Gott machen könnt.« Plutarch, ebendort 210 C

Warum einfach ...

In Kleinasien sah sich Agesilaos ein Haus an, dessen Dachgebälk aus Balken mit viereckigem Querschnitt bestand, und fragte den Besitzer, ob das Holz hierzulande viereckig wachse. »Nein«, sagte der, »rund.« – »Also«, entgegnete Agesilaos »würdet ihr wahrscheinlich runde Balken herstellen, wenn es eckig wachsen sollte!«

Plutarch, ebendort 210 D

Grenzen

Einmal wurde Agesilaos gefragt, wie weit sich das Gebiet der Spartaner ausdehne. Da schwang er seinen Speer und sagte: »So weit, wie der da reicht!« Plutarch, ebendort 210 E

Mauern

Ein anderer wollte wissen, warum Sparta keine Mauern habe. Da zeigte Agesilaos Mitbürger in Rüstung: »Das sind Spartas Mauern.«   Plutarch, ebendort 210 E

Zielvorstellung

Einmal sah Agesilaos einen lahmen Spartaner in den Krieg ziehen und dabei nach einem Pferd Ausschau halten. Dem erklärte er: »Hast du noch nicht kapiert, daß man im Krieg keine Leute braucht, die ausreißen, sondern solche, die an ihrem Platz bleiben?«   Plutarch, ebendort 210 F

Unnötige Bitte

Als jemand von Agesilaos verlangte, er solle an seine Soldaten in Asien schreiben, damit ihm sein Recht geschehe, sagte er: »Aber meine Leute tun von sich aus, was recht ist, auch wenn ich ihnen nicht schreibe.«   Plutarch, ebendort 212 D

Nachtigallen

Agesilaos wurde dazu aufgefordert, sich doch einen Künstler anzuhören, der den Gesang der Nachtigall nachahmen könne. Der König aber bedankte sich höflich und meinte: »Ich habe schon oft echte Nachtigallen gehört.«

Plutarch, ebendort 212 F

Gute Wünsche

Der Arzt Menkrates hatte einige hoffnungslose Fälle erfolgreich behandelt und sich so den Beinamen »Zeus« erworben. Nun benützte er diesen Titel in unverschämter Angeberei und besaß schließlich sogar die Frechheit, dem Agesilaos einen Brief mit folgender Anrede zu schicken: »Menekrates Zeus wünscht dem König Agesilaos alles Gute!« Agesilaos las das, was folgte, gar nicht mehr und schrieb postwendend zurück: »König Agesilaos wünscht dem Menekrates rasche Genesung!«   Plutarch, ebendort 213 A

Bildungsziel

Man fragte Agesilaos, was man die Kinder lernen lassen solle. »Was sie«, gab der zurück, »auch als Männer brauchen können.«   Plutarch, ebendort 213 C

Vaterfreuden

Agesilaos war ungewöhnlich kinderfreundlich; so soll er mit seinen kleinen Söhnen im Haus gespielt haben, indem er einen Stecken zwischen die Beine nahm – als Pferdchen. Als ihn einer seiner Freunde dabei beobachtete, forderte er ihn auf, niemandem etwas davon zu sagen, bevor auch er Vater von kleinen Jungen geworden sei.

Plutarch, ebendort 213 E

Lehrgeld

Agesilaos hatte mit den Thebanern ununterbrochen Krieg geführt und war schließlich in einer Schlacht verwundet worden. Da soll Antalkidas zu ihm gesagt haben: »Schönes Lehrgeld kriegst du jetzt von den Thebanern, die weder Krieg führen wollten noch etwas davon verstanden – denn du hast's ihnen beigebracht!« Denn tatsächlich, so sagt man, wuchsen die Thebaner damals an kriegerischen Fähigkeiten weit über sich hinaus, und zwar nur infolge der vielen spartanischen Angriffe auf sie. Deswegen soll auch der alte Lykurg in den sogenannten »Weisungen« untersagt haben, häufig gegen den gleichen Gegner zu marschieren, damit er nicht das Kriegshandwerk erlerne.

Plutarch, ebendort 213 F

Hauptberuf

Einmal kam Agesilaos zu Ohren, die Verbündeten seien der ewigen Feldzüge müde, zumal da bei der geringen Zahl der Spartiaten so viele von ihnen mit ausrücken müßten. In der Absicht, sie über das tatsächliche Zahlenverhältnis aufzuklären, befahl er den Bundesgenossen, sich unterschiedslos alle zusammen niederzulassen; nur die Spartaner sollten abgesondert für sich bleiben. Dann ließ er ausrufen, es sollten zuerst die Töpfer vortreten, und als diese sich erhoben hatten, als zweite Gruppe die Schmiede, sodann nacheinander die Maurer und Zimmerleute und alle anderen Gewerbe. Nahezu alle Verbündeten waren nun vorgetreten, von den Spartanern aber keiner; es war ihnen nämlich untersagt, irgendein Handwerk zu erlernen und auszuüben.

So konnte denn Agesilaos lachend sagen: »Seht ihr jetzt, Leute, wie viel mehr Soldaten wir ins Feld schicken als ihr?«

Plutarch, ebendort 214 A

Denkmal

Auf dem Sterbebette trug Agesilaos seiner Umgebung auf, von ihm keine Statue und kein Gemälde und kein sonstiges Abbild anfertigen zu lassen. »Wenn ich«, so sagte er, »« etwas Rechtes geleistet habe, soll das mein Denkmal sein, und wenn das nicht der Fall ist, so braucht's auch nicht all diese Standbilder, Werke von Pfuschern, die gar nichts wert sind.«   Plutarch, ebendort 215 A

Zeitbedarf

Agesipolis, dem Sohn des Kleombrotos, erzählte jemand, König Philipp von Makedonien habe die Stadt Olynthos innerhalb weniger Tage dem Erdboden gleichgemacht. »Bei allen Göttern«, erwiderte der Spartaner, »auch in einem vielfachen der Zeit wird er eine Stadt wie diese nicht bauen können.«   Plutarch, ebendort 215 B

Lernstoff

Agis, der Sohn des Archidamos, antwortete auf die Frage, mit was für Lernstoff man sich in Sparta hauptsächlich befasse: »Herrschen und Gehorchen.«   Plutarch, ebendort 215 C

Fragen

Die Spartaner, so meinte Agis, fragen nicht »Wie stark ist der Feind?« sondern: »Wo steht er?«

Und als ihn jemand nach der genauen Zahl der Spartaner fragte, gab er zur Antwort: »So viele, wie man braucht, um Schufte fernzuhalten.«   Plutarch, ebendort 215 D

Bevölkerung

Als Agis an den Mauern von Korinth entlangging und sich einen Eindruck von ihrer Höhe und Festigkeit und Ausdehnung verschaffte, fragte er: »Was sind das für Weiber, die diesen Ort bewohnen?«   Plutarch, ebendort 215 D

Macht des Wortes

Ein Sophist sagte zu Agis: »Von allem hat das Wort die größte Macht!« Der Spartaner fragte zurück: »So bist du also, wenn du schweigst, nichts wert?«

Plutarch, ebendort 215 E

Lange Rede

Zu einem Diplomaten aus der Stadt Abdera sagte Agis, als dieser endlich eine lange Rede beschloß und sich erkundigte, was er seinen Mitbürgern melden solle: »Sag ihnen, daß ich die ganze Zeit, die du zum Reden brauchtest, still zugehört habe.«   Plutarch, ebendort 215 E

Neider

Jemand hinterbrachte Agis, daß Leute in der Nachbarschaft neidisch auf ihn seien. Da meinte er: »So liegt ihnen also die eigene Schlechtigkeit auf der Seele und dazu noch mein Glück und das meiner Freunde.«   Plutarch, ebendort 215 F

»Alles wird schlimmer, besser wird's nimmer!«

Agis war schon ziemlich betagt, als einer von den älteren Leuten ihn in ein Gespräch darüber verwickelte, wie doch in Sparta das Unterste zuoberst gekehrt werde, da offensichtlich die alten Gesetze sich in Auflösung befänden und sich mancherlei Schlechtigkeit breitmache. Ihm gab Agis im Scherz die Antwort: »Die Dinge entwickeln sich streng logisch, denn schon als Kind hörte ich meinen Vater sagen, daß hierzulande alles Kopf steht – und er erzählte mir weiter, daß das auch sein Vater schon festgestellt habe, als er noch klein war. Also braucht man sich nicht zu wundern, wenn das Spätere schlechter ist als das Frühere; staunen müßte man, wenn's besser würde und ins Gegenteil umschlüge.« Plutarch, ebendort 216 B

Mini-Schwerter

Ein gewisser Demades erklärte, die Schwerter der Spartaner seien so kurz, daß die Zauberkünstler und Wundermänner sie verschluckten. Darauf erwiderte der jüngere Agis: »Und doch treffen die Spartaner ihre Feinde mit diesen Schwertern.« Plutarch, ebendort 216 C

Vorsicht

Anaxandros, der Sohn des Eurykrates, sagte auf die Frage, warum man in Sparta kein Geld an die Staatskasse abführe: »Damit nicht die Leute, die dann darauf achtgeben müßten, verdorben werden.« Plutarch, ebendort 217 B

Gott weiß es

Antalkidas ließ sich auf Samothrake in die Mysterien ein-
weihen. Da fragte ihn der Priester, ob er in seinem Leben
etwas Schlimmeres getan habe. Der aber gab zurück:
»Wenn ich so etwas getan habe, werden's die Götter selbst
wissen.« Plutarch, ebendort 217 C

Verlorene Liebesmüh'

Ein Sophist wollte Antalkidas eine Preisrede auf Herakles
vortragen. Da meinte er: »Wer tadelt ihn denn?«
Plutarch, ebendort 217 D

Weisheit

Jemand äußerte sich kritisch über den Sophisten Hekataios,
weil er, zu einer der gemeinsamen Mahlzeiten der Spartiaten eingeladen, nichts vorgetragen habe. Darauf Archida-
midas: »Du scheinst nicht zu wissen, daß einer, der sich aufs
Reden versteht, auch den rechten Zeitpunkt dafür kennt.«
Plutarch, ebendort 218 B

Anerkennung

Zu jemand, der einen Sänger zur Kithara lobte und die
Kraft seines Ausdrucks bewunderte, sagte Archidamos:
»Bester Freund, was wirst du erst tüchtigen Männern für
Ehren erweisen, wenn du schon einen Kitharöden so her-
aushebst?« Plutarch, ebendort 218 C

Sorge

Dionysios, der Tyrann Siziliens, schickte den Töchtern des Archidamos prächtige Kleidung. Der aber nahm sie nicht an und erklärte: »Ich fürchte, daß mir meine Mädchen unzüchtig vorkommen, wenn sie so etwas anziehen.«

Plutarch, ebendort 218 E

Maßstab

Philipp von Makedonien schrieb an Archidamos, den Sohn des Agesilaos, nach der Schlacht bei Chaironeia einen ziemlich barschen Brief. Jener aber entgegnete: »Wenn Du Deinen Schatten mißt, wirst Du wohl kaum feststellen, daß er länger geworden ist, als er vor Deinem Sieg war.«

Plutarch, ebendort 218 E

Guter Rat

Als Archidamos in Arkadien einmarschierte und erfuhr, daß die Einwohner von Elis zur Unterstützung der Arkader bereit seien, sandte er ihnen folgende Botschaft: »Archidamos an die Männer von Elis: Ruhe ist schön.«

Plutarch, ebendort 219 A

Fernwaffe

Bei der Betrachtung eines Katapult-Geschützes, wie es damals erstmalig aus Sizilien nach Griechenland gebracht worden war, rief Archidamos aus: »Beim Herkules, nun ist's zu Ende mit des Mannes Tapferkeit!«[8]

Plutarch, ebendort 219 A

Urteil der Mutter

Der spartanische General Brasidas war im Kampf für die Freiheit der thrakischen Griechen gefallen. Diese nun sandten Boten nach Sparta, welche seine Mutter, Archileonis, aufsuchten. Sie wollte als erstes wissen, ob Brasidas als Held gestorben sei, und als die Thraker ihn überschwenglich lobten und erklärten, kein anderer Mann lasse sich mit ihm vergleichen, erwiderte sie: »Ihr irrt euch, Fremde, denn Brasidas war zwar ein tüchtiger Mann, doch hat Sparta viele, die besser sind als er.«   Plutarch, ebendort 219 D

Erlaubnis

Als von König Alexander die Botschaft kam, man solle durch förmlichen Beschluß seine Göttlichkeit anerkennen, sagte Damis: »Gestatten wir dem Alexander, wenn er es unbedingt will, sich ›Gott‹ zu nennen.«

Plutarch, ebendort 219 E

Was kann uns schon passieren?

König Philipp von Makedonien war in die Peloponnes einmarschiert. Da sagte jemand zu Damindas. »Die Spartaner laufen Gefahr, daß es ihnen schlimm ergeht, wenn sie sich nicht mit Philipp arrangieren.« Damindas aber erwiderte: »Du Waschlappen, was kann uns schon Schlimmes passieren, wenn wir den Tod verachten?«   Plutarch, ebendort 219 E

Standpunkte

Die Freunde des Lysander verlangten von dem Admiral Kallikratidas die Auslieferung eines Mannes, der sich mit jenem überworfen hatte, um ihn zu töten. Kallikratidas sollte für sein Entgegenkommen fünfzig Talente bekommen. Aber obwohl er das Geld dringend für die Verpflegung seiner Matrosen gebraucht hätte, ging er nicht auf das Angebot ein. Da sagte Kleandros, sein Berater: »Ich hätte das Geld genommen, wenn ich du wäre.« Kallikratidas gab zurück: »Ich auch, wenn ich du wäre.«

Plutarch, ebendort 222 C

Kein Verlust

Als Kallikratidas vor einer Schlacht ein Opfer darbrachte und von dem Zeichendeuter erfuhr, der Opferbrand künde zwar dem Heer einen Sieg, dem General aber den Tod, erschrak er nicht im geringsten und meinte: »Spartas Wohl hängt nicht von einem Mann ab, denn wenn ich falle, erleidet meine Heimat keine Einbuße, wohl aber, wenn ich vor den Feinden zurückweiche.« Darauf ernannte er Kleandros als seinen Stellvertreter, begann die Schlacht und fand im Kampf den Tod.

Plutarch, ebendort 222 F

Nach dem Buchstaben ...

Kleomenes hatte mit den Argivern einen siebentägigen Waffenstillstand geschlossen und hielt sich auch zwei Tage lang an ihn. In der dritten Nacht aber überfiel er die Feinde, die im Vertrauen auf den Vertrag fest schliefen, tötete einen Teil von ihnen und nahm die anderen gefangen. Auf den

Vorwurf, beschworene Vereinbarungen gebrochen zu haben, erwiderte er, er habe nicht zugleich mit den Tagen auch die Nächte beschworen. Im übrigen gelte alles, was man seinen Feinden an Schlimmem zufüge, bei Menschen wie bei Göttern als »der juristischen Nachprüfung entzogen«.

Plutarch, ebendort 223 B

Sparringspartner

Jemand fragte Kleomenes: »So viele Kriege habt ihr mit den Argivern geführt und sie dabei so oft bezwungen; warum habt ihr sie eigentlich nicht ausgerottet?« Jener antwortete: »Wir werden doch die Leute nicht liquidieren, die wir für unseren Nachwuchs als Trainer brauchen können.«

Plutarch, ebendort 224 B

Wunder

Im Haus des Leotychidas hatte sich eine Schlange um den Türriegel geringelt, und die Zeichendeuter erklärten, dies sei ein Wunder, das Außergewöhnliches künde. Darauf Leotychidas: »Das glaub' ich nicht; wenn sich allerdings der Riegel um die Schlange geringelt hätte, dann wär's ein Wunder.«

Plutarch, ebendort 224 E

Auftrag

Gorgo, die Frau des Leonidas, fragte ihren Mann, als er zu den Thermopylen aufbrach, um dort mit den Persern zu kämpfen: »Hast du noch einen Auftrag für mich?« – »Gute Männer heiraten, gute Kinder kriegen!« erwiderte Leonidas.

Plutarch, ebendort 225 A

Angenehm

Bei den Thermopylen sagte einer zu Leonidas: »Man wird
die Sonne vor lauter Perserpfeilen nicht sehen können!« –
»Wie angenehm«, gab Leonidas zurück, »wenn wir im
Schatten mit den Barbaren kämpfen.« Plutarch, ebendort 225 B

Briefwechsel

Xerxes, der Perserkönig, sandte eine Botschaft an Leonidas
des Inhalts: »Du hast die Chance, wenn Du es aufgibst,
Dich gegen die Götter selbst zu stellen, und Dich mir anschließt, die Alleinherrschaft in Griechenland auszuüben.«
Leonidas schrieb zurück: »Wüßtest Du, was das Leben
schön macht, dann wärest Du schon davon abgekommen,
nach fremder Leute Besitz zu streben. Und mir bedeutet
der Tod für Hellas mehr als die Alleinherrschaft über Menschen gleichen Stammes!« Und wieder sandte Xerxes ein
Schreiben an Leonidas: »Liefere die Waffen ab!« Da konterte jener: »Komm und hol sie Dir!« Plutarch, ebendort 225 C

Die Welt will betrogen sein ...

Man machte Lysander Vorwürfe wegen des Bruchs der
Eide, die er in Milet geschworen hatte; er aber sagte: »Kin-
der muß man mit falschen Würfeln übers Ohr hauen und
Männer mit falschen Schwüren.« Plutarch, ebendort 229 B

Schlagendes Argument

Die Leute von Argos stritten sich mit den Spartanern wegen des Grenzverlaufs und erklärten, sie verträten die gerechtere Sache. Da zog Lysander sein Schwert und meinte: »Wer das zu führen weiß, der kann am besten über Grenzen reden.« Plutarch, ebendort 229 C

Alternative

Als Lysander durch das Gebiet der Böotier marschierte, die ihre Neutralität wahren wollten, schickte er eine Delegation zu ihnen, um sich zu erkundigen, ob sein Heer mit aufgerichteten oder mit gesenkten Spießen durch ihr Land ziehen solle. Plutarch, ebendort 229 C

Herrschaft

Pausanias, der Sohn des Pleistonax, wurde gefragt, warum es in Sparta nicht erlaubt sei, eines der alten Gesetze abzuschaffen. »Weil die Gesetze über die Menschen herrschen müssen, nicht die Menschen über die Gesetze!« erwiderte er. Plutarch, ebendort 230 F

Erfahrung

Einer seiner Freunde kritisierte Pausanias, weil er sich abfällig über einen Arzt äußere, obwohl er dessen Kunst nicht auf die Probe gestellt und auch keinen Schaden durch ihn erlitten habe. »Weil ich«, sagte Pausanias, »nicht mehr lebte, wenn ich ihn auf die Probe gestellt hätte.«

Plutarch, ebendort 231 A

Ein Grund zur Freude

Pedaritos wurde nicht in die Elitetruppe der Dreihundert aufgenommen, der anzugehören in Sparta als höchste Ehre galt. Trotzdem ging er heiter und lächelnd davon. Und als ihn die Ephoren zurückriefen und nach dem Grund seiner Heiterkeit fragten, erklärte er: »Weil ich mich für unsere Stadt freue, daß sie dreihundert Bürger hat, die besser sind als ich.«
Plutarch, ebendort 231 B

Unbelehrbar

Ein attischer Redner warf den Spartanern vor, sie seien nicht lern- und bildungsfähig. »Ganz recht«, sprach da Pleistonax, der Sohn des Pausanias, »denn als einzige von allen Griechen haben wir von euch nichts Schlechtes gelernt.«
Plutarch, ebendort 231 D

Wortkarg

Charillos wurde gefragt, warum Lykurg den Spartanern nur so wenige Gesetze gegeben habe. »Leute, die wenig reden«, erklärte er, »brauchen auch nur wenige Gesetze.«
Plutarch, ebendort 232 B

Schleier

Jemand erkundigte sich bei Charillos, warum man in Sparta die Mädchen unverhüllt in der Öffentlichkeit erscheinen lasse, die Frauen aber nur verschleiert. »Weil die Mädchen Männer finden müssen«, sagte Charillos, »und weil die Frauen die ihren behalten sollen.« Plutarch, ebendort 232 C

Hinderungsgrund

Einer seiner Sklaven hatte sich Charillos gegenüber ziemlich unverschämt betragen. »Wenn ich nicht wütend wäre«, sagte er, »dann hätte ich dich bereits erschlagen!«

Plutarch, ebendort 232 B

Die lange Rede

Gesandte von der Insel Samos hatten eine weitschweifige Rede gehalten. Da meinten die Spartaner: »Den Anfang haben wir vergessen, und das Spätere haben wir nicht kapiert, weil wir ja den Anfang vergessen haben.«

Plutarch, ebendort 232 D

Helden

Jemand betrachtete ein Bild, auf dem dargestellt war, wie Spartaner von Athenern hingemetzelt wurden. »Helden sind die Athener«, sagte er. »Ja, auf dem Bild«, entgegnete ein Spartaner, der zufällig dabei war.   Plutarch, ebendort 232 E

Der Unterschied

Ein alter Mann wollte in Olympia bei einem Wettbewerb zusehen, fand aber keinen Sitzplatz. Während er nun da und dort suchend umherging, mußte er sich viele Unverschämtheiten und vielen Spott gefallen lassen – und niemand machte ihm Platz. Als er aber zu den Spartanern kam, da erhoben sich sämtliche Jugendlichen und auch viele von den Erwachsenen und boten ihm ihre Plätze an. Gleich spendeten die versammelten Griechen lauten Beifall und lobten die Höflichkeit der Spartaner über die Maßen. Der Alte aber schüttelte, wie es bei Homer heißt, »sein graues Haupt samt dem grauen Barte«, vergoß Tränen und sprach: »Wie schlecht ist doch die Welt! Da wissen alle Griechen, was richtig ist, aber nur die Spartaner tun es auch.«

Plutarch, ebendort 235 C

Ehre des Alters

Jemand kam nach Sparta und sah, mit welcher Ehrerbietung dort die Alten von den Jüngeren behandelt wurden. »Nur in Sparta«, sprach er da, »lohnt es sich, alt zu werden.«

Plutarch, ebendort 235 E

Noch zu etwas nütze

Ein Mann mit einem Augenleiden zog in den Krieg. Da fragten ihn einige Leute. Wohin willst denn du, in deiner Verfassung, und was willst du noch ausrichten?« – »Wenn ich«, entgegnete der, »auch sonst nichts schaffe, so tauge ich doch noch dazu, das Schwert eines Feindes stumpf zu machen.«

Plutarch, ebendort 235 F

Alles in Ordnung

Ein Spartaner kam nach Athen und sah, wie die Athener Salzfisch und Gemüse verhökerten, Zölle kassierten, Bordelle betrieben und sonstigem unanständigem Erwerb nachgingen, ohne etwas Schlechtes dabei zu finden. Als er nun in seine Heimat zurückkehrte und seine Mitbürger ihn fragten, wie denn die Dinge in Athen stünden, antwortete er. »Alles gut«, womit er ironisch andeutete, daß bei den Athenern alles Mögliche Billigung finde und nichts als schimpflich angesehen werde.   Plutarch, ebendort 236 B

Entweder – oder

Eine Spartanerin reichte ihrem Sohn den Schild mit den Worten: »Kind, entweder *mit* ihm oder *auf* ihm.«[9]

Plutarch, ebendort 241 F

Aus schwach mach stark!

Sokrates und die Sophisten

> SOKRATES: »... das sind die Wolken,
> die höchsten Mächte für uns Müßiggänger:
> die schenken uns die Dialektik
> und die Urteilskraft, die Tricks, die Reden um
> den heißen Brei, die Überrumpelung!«
> (Aristophanes, Die Wolken 316-318[1])

Zwischen Sokrates und den Sophisten gähnt für uns Heutige die tiefe Kluft grundsätzlicher Gegnerschaft: Auf der einen Seite stehen, angeführt von Gorgias und Protagoras, die aalglatten Wortverdreher, deren Kunst darin besteht, »die schwächere Sache zur stärkeren zu machen« (Protagoras), also Schwarz in Weiß und Unrecht in Recht zu verkehren – und auf der anderen der unerbittliche Wahrheitssucher Sokrates, der vorgebliche Weisheit als Scheinwissen entlarvt, indem er bohrende Fragen stellt, der von sich selbst unumwunden zugibt, auch nichts Rechtes zu wissen, und trotzdem durch das Orakel von Delphi als Weisester von allen bezeichnet wurde – vielleicht, weil er die Grenzen menschlichen Wissens erkannt hat.

Doch Aristophanes, sein Zeitgenosse und Mitbürger, warf Sokrates in seiner Komödie »Die Wolken« in einen Topf mit den sophistischen Redekünstlern, ja er machte ihn gar zum ärgsten der ganzen Zunft. Es muß also neben vielem Trennenden auch Gemeinsamkeiten zwischen dem originellen Einzelgänger Sokrates

---

[1] Übersetzung von Manfred Fuhrmann, aus: Aristophanes, Die Wolken. Übersetzt und für Zeitgenossen des späten 20. Jahrhunderts zubereitet von M. Fuhrmann (Lebendige Antike; Artemis-Verlag, Zürich und München 1977).

und der schillernden Aufklärungsbewegung der Sophisten gegeben haben, die Sokrates im übrigen keineswegs pauschal abgelehnt zu haben scheint. Jedenfalls werden die beiden Größten, Gorgias und Protagoras, in den Dialogen des Sokratesschülers Platon mit beachtlichem Respekt behandelt und haben dort recht Gewichtiges zu sagen.

Das ist insofern nicht verwunderlich, als Sokrates und die Sophisten, wenn auch in verschiedener Weise, den Menschen in den Mittelpunkt ihres erzieherischen Bemühens stellten. Dadurch unterschieden sie sich von den Philosophen vor ihnen, die bevorzugt Fragen nach dem Wesen der Welt, den Bausteinen der Materie und den Gesetzen stellten, denen »die Dinge am Himmel« gehorchen.

Ciceros Satz, daß Sokrates die Philosophie vom Himmel herabgeholt habe, bedarf somit einer Ergänzung: Die Sophisten waren ihm dabei behilflich. Sie entsprachen mit ihrem Angebot, ihre Schüler zu »furchtbar guten Rednern« zu machen, den Bedürfnissen einer Epoche, in der die Staatsform der antiken Demokratie sich entwickelte und die Beeinflussung der Massen eine Voraussetzung des politischen Erfolgs wurde. Die überkommenen Normen, die geltenden Gesetze und die Inhalte des Glaubens wurden von den Sophisten »kritisch hinterfragt« und durch Relativismus und Skeptizismus außer Kurs gesetzt. Sokrates dagegen, der durch seine Fragerei den Athenern auf die Nerven ging, blieb den Gesetzen und den Göttern gehorsam – das bewies er, als er sich weigerte, aus dem Gefängnis zu fliehen, und ein offensichtlich ungerechtes Todesurteil hinnahm.

Für Aristophanes, der damals sein Ende noch nicht ahnen konnte, war er ein Gottesleugner, der eigene Gottheiten, die Wolken, einführt und seine Schüler eine besondere Kunst des Kreuz- und Querdenkens lehrt. Die Athener scheinen die Fehldeutung gespürt zu haben – sie erkannten den »Wolken« keinen Preis zu. Weitergewirkt hat die Attacke trotzdem: die Anklage gegen Sokrates lautete auf Gottlosigkeit und »Verderbnis« der Jugend. Wenn man den zweiten Anklagepunkt so versteht, daß die jungen

Leute, die mit Sokrates umgingen, von ihm lernten, wie man mit – oft unangenehmen – Fragen den Dingen auf den Grund geht, dann ist sogar etwas dran: Die Erziehung durch Sokrates machte seine Schüler ganz gewiß nicht zu angepaßten, bequem zu lenkenden Herdenmenschen, sondern zu kritikbereiten »mündigen Bürgern«. Dasselbe erreichten die Sophisten, jedoch mit anderen Methoden und unter Ausschaltung der Moral.

Sokrates auf Schülerfang

Als Xenophon dem Sokrates in einer engen Gasse begegnete, soll dieser ihm einen Stab entgegengehalten und ihn am Weitergehen gehindert haben. Dann fragte er ihn, wo man jedes der Dinge kaufen könne, die der Mensch zum Leben brauche. Xenophon gab ihm Auskunft. Nun aber wollte Sokrates wissen, wo die Menschen zu innerer und äußerer Vollkommenheit gelangen könnten. Darauf wußte Xenophon nichts zu erwidern, und Sokrates sprach zu ihm: »So folge mir nun und erfahre es!« Und von diesem Augenblick an war Xenophon ein Schüler des Sokrates.

Diogenes Laertios II 48

Laß dich sehen!

Sokrates bemerkte einen hübschen jungen Mann, der ziemlich lange schwieg. »Sag doch etwas!« forderte er ihn da auf, »damit ich dich sehen kann.« Apuleius, Florida I 2

Das Loch

Als der Philosoph Antisthenes ein besonders zerrissenes Stück seines schäbigen Mantels nach außen kehrte, damit es alle sehen könnten, sagte Sokrates zu ihm: »Ich sehe, wie aus den Löchern dieses Lappens dein Ehrgeiz funkelt!«

Diogenes Laertios VI 8

Der Weg zum Glück

Man fragte Sokrates, wie jemand reich werden könne. Er antwortete: »Wenn er arm wird an Wünschen.«

Stobaios III 17, 30

Gut versorgt

König Archelaos von Makedonien lud Sokrates zu sich ein und versprach, ihn reich zu machen. Da ließ ihm der Philosoph mitteilen, daß man in Athen vier Liter Getreide um einen Obolos kaufen könne, und außerdem laufe überall Wasser aus den Brunnen. Stobaios IV 33, 28

Gefährliche Lockungen

Sokrates riet dazu, man solle sich vor den Speisen hüten, die zum Essen verführen, selbst wenn man keinen Hunger hat, und vor den Getränken, die man auch ohne Durst zu haben trinkt. Stobaios IV 37, 20

Geschäftig wie Ameisen

Sokrates sagte, seiner Ansicht nach müßten die Götter stets
schallend lachen, wenn sie auf die nutzlose Geschäftigkeit
der Menschen herabblickten. Denn unbedeutend sei alles
Menschenwerk und so wilden Eifer gar nicht wert.

Stobaios IV 34, 69

Der Zuschauer

Im Leben wie im Theater, meinte Sokrates, solle man nur
so lange bleiben, wie es Spaß mache, zuzusehen.

Stobaios IV 53, 39

Prozeß mit einem Esel?

Oft kam es vor, wenn Sokrates sich öffentlich zu irgendwelchen Fragen äußerte, daß er geknufft und geschlagen
wurde. Deswegen lachten die Leute meist über ihn und be-
handelten ihn mit Verachtung. Er aber ertrug all das Böse
mit Gleichmut. Einmal bekam er von jemandem sogar einen Fußtritt versetzt – und ließ sich das gefallen! Als darüber einer staunte, sagte er zu ihm: »Und wenn mich jetzt
ein Esel getreten hätte, würde ich den wohl verklagen?«

Diogenes Laertios II 21

Sokrates als Rezensent

Euripides soll Sokrates das Werk des Heraklit zu lesen gegeben und sich später erkundigt haben, was er davon halte.
»Was ich verstanden habe«, meinte Sokrates, »ist großar-

tig, und großartig ist, wie ich meine, auch das, was ich nicht verstanden habe.«   Diogenes Laertios II 22

Überreiches Angebot

Wenn sich Sokrates das reichhaltige Warenangebot in Athen ansah, sagte er oft zu sich selbst: »Wie viele Dinge gibt es doch, die ich nicht brauche.«   Diogenes Laertios II 25

Lernfähig

Als er gerade die Gelegenheit dazu hatte, lernte Sokrates die Lyra zu spielen, und meinte, es sei ja wohl nicht abwegig, wenn man sich das aneigne, was man noch nicht könne.

Diogenes Laertios II 31

Dilemma

Jemand fragte Sokrates, ob er heiraten solle oder nicht. »Was du auch tust«, erwiderte jener, »du wirst es bereuen.«

Diogenes Laertios II 33

Menschenbildner

Er finde es merkwürdig, sagte Sokrates, wenn die Bildhauer sich größte Mühe gäben, daß das steinerne Abbild dem dargestellten Menschen möglichst ähnlich werde, während sie bei sich selbst wenig darauf achteten, daß sie nicht selbst den Steinen ähnlich würden.

Diogenes Laertios II 33

Blick in den Spiegel

Junge Männer forderte Sokrates dazu auf, sich häufig im Spiegel zu betrachten, damit sie, wenn sie schön seien, sich dieser Schönheit als würdig erweisen könnten, wenn sie aber häßlich seien, durch Bildung die Mängel ihrer äußeren Erscheinung übersehen ließen.   Diogenes Laertios II 33

Motivvergleich

Sokrates sagte, die übrigen Leute lebten, um zu essen, er aber esse, um zu leben.   Diogenes Laertios II 34

Wertvolle Gabe

Aischines sagte zu Sokrates, seinem nachmaligen Lehrer: »Ich bin mittellos und habe sonst nichts; doch mich selbst gebe ich ganz in deine Hände.« Da entgegnete Sokrates: »Und du merkst gar nicht, daß du mir damit das größte Geschenk machst?«   Diogenes Laertios II 34

Ein häusliches Ungewitter

Erst hatte Xanthippe mit ihrem Gatten Sokrates gezankt, dann ihm gar Spülwasser über den Kopf geschüttet. »Sagte ich's nicht«, meinte da der Begossene, »daß Xanthippe auf den Donner gleich den Wolkenbruch folgen läßt?«

                    Diogenes Laertios II 36

Macht der Gewohnheit

»Xanthippe ist unerträglich, wenn sie stänkert«, sagte Alkibiades zu Sokrates. »Aber ich«, erwiderte der, »hab' mich längst daran gewöhnt, genau wie etwa an das dauernde Klappern eines Mühlrads. Übrigens regst auch du dich nicht auf, wenn die Gänse dauernd schnattern.« – »Von denen bekomme ich aber auch Eier und Küken.« – »Und ich bekomme Kinder von Xanthippe.«   Diogenes Laertios II 36

»Gib's ihr!«

Einmal hatte Xanthippe sogar auf offenem Markt den Rock gehoben (und Sokrates das nackte Hinterteil gezeigt). Da meinten seine Bekannten, jetzt müsse er sie ja wohl verprügeln. »Jawohl«, gab Sokrates zurück, »damit ihr, wenn wir zwei uns verdreschen, alle miteinander schreien könnt: ›Gib's ihr, Sokrates! Pack ihn, Xanthippe!‹«
Diogenes Laertios II 37

Sparring

Xanthippe, die Frau des Philosophen Sokrates, soll ziemlich grantig und streitsüchtig gewesen sein; Tag und Nacht machte sie mit ihren Wutausbrüchen und ihrem Weibergezänk ihrem Mann das Leben sauer. Erstaunt über soviel Kratzbürstigkeit dem Ehemann gegenüber, fragte Alkibiades den Sokrates, was der Grund dafür sei, daß er ein so bissiges Weib nicht aus dem Haus jage. »Weil ich mich«, entgegnete der, »während ich im Haus eine solche Frau ertrage, durch permanentes Training daran gewöhne, auch die Unverschämtheit und die Handgreiflichkeiten der Leute da draußen leichter zu ertragen.«   Gellius I 17 1-3

Kosmopolit

Man fragte Sokrates, als was für einen Landsmann er sich bezeichne. »Als Weltbürger«, erwiderte er.

Cicero, Tusculanae disputationes V 108

Die Rede

Als Sokrates sich in Athen vor Gericht verantworten sollte, las ihm Lysias eine von ihm verfaßte Verteidigungsrede vor, damit er sich ihrer beim Prozeß bediene. Sie war unterwürfig und demütig gehalten und wohl geeignet, den drohenden Sturm abzuwenden. Sokrates aber sagte: »Nimm deine Rede bitte wieder mit, denn wenn ich mich dazu überwinden könnte, sie in den entlegensten Steppen Südrußlands zu halten, dann müßte ich selbst zugeben, den Tod verdient zu haben.«

Valerius Maximus VI 4, Ext. 2

Wär's dir anders lieber?

Als die Athener in verbrecherischem Wahnsinn über Sokrates das Todesurteil gesprochen hatten und er bereits mit tapferem Herzen und beherrschter Miene den Giftbecher aus der Hand des Henkers empfangen hatte, ja ihn schon zum Munde führte, da schrie seine Frau Xanthippe unter Weinen und Klagen, er müsse nun unschuldig sterben. »Na und?«, fragte sie Sokrates, »meinst du etwa, es wäre besser für mich, wenn ich nun schuldig in den Tod ginge?«

Valerius Maximus VII 2, Ext. 1

Der Lastträger

Der hervorragende Philosoph Protagoras, dessen Namen Platon in jenem berühmten Dialog verewigte, soll sich in seinen jungen Jahren als Tagelöhner seinen Lebensunterhalt verdient und auf seinem Rücken schwere Lasten geschleppt haben [...]. Einmal trug er eine große Menge Holzklötze, die nur mit einem Stückchen Strick zusammengebunden waren, aus der nächsten Umgebung in seine Heimatstadt Abdera. Da begegnete ihm zufällig Demokrit, der gleichfalls aus Abdera stammte und wegen seiner wissenschaftlichen Leistungen besonderen Respekt verdient. Als er ihn mit seiner Last, die doch sperrig und schwer zusammenzuhalten war, ganz leicht und unbehindert daherkommen sah, ging er auf ihn zu, sah sich die Knüppel an, wie raffiniert sie ineinandergesteckt waren, und forderte ihn auf, sich doch ein wenig auszuruhen. Das tat Protagoras, und Demokrit seinerseits konnte feststellen, daß jene Holzladung, deren Rund die kurze Schnur zusammenhielt, mit geradezu mathematischer Genauigkeit ausbalanciert und stabilisiert war. Er erkundigte sich, wer das Holz so verstaut habe, und als jener erklärte, das habe er selbst getan, verlangte er von ihm, es auseinanderzunehmen und dann erneut auf dieselbe Art zusammenzufügen. Und als Protagoras das geschafft hatte, da staunte Demokrit über die Intelligenz und die Geschicklichkeit des einfachen Menschen und sagte: »Mein Junge, du hast Talent, etwas Vernünftiges zu leisten; daher gibt es für dich wichtigere und bessere Aufgaben, die du mit mir zusammen in Angriff nehmen solltest.« Er nahm ihn gleich mit und behielt ihn bei sich, sorgte für seinen Unterhalt, bildete ihn in der Philosophie aus und machte ihn zu der Geistesgröße, die er später war.

Allerdings war dieser Protagoras doch kein so lupenreiner Philosoph, aber der hellste Kopf unter den Sophisten.

Er bekam jedenfalls von seinen Schülern Jahr für Jahr eine Unmenge Geld und versprach ihnen dafür beizubringen, durch welche Rednertricks sie die schwächere Sache zur stärkeren machen könnten.

Gellius V 3

Fußangeln im Lehrvertrag

Protagoras vereinbarte, wie man sagt, mit seinem Schüler Euathlos ein unglaublich hohes Honorar, und zwar unter der riskanten Bedingung, daß dieser Geldbetrag erst zu zahlen sei, wenn Euathlos seine Meisterprüfung als Anwalt vor Gericht erfolgreich bestanden habe. Als nun Euathlos all die Tricks, mit denen man Richter erweicht und die Gegenpartei aufs Kreuz legt, sowie sämtliche Rhetorenkniffe sich mühelos angeeignet hatte – er war ohnehin ein cleverer Bursche und schlau bis zur Verschlagenheit – da war er es zufrieden, zu wissen, was er hatte wissen wollen, und bekam Lust, sich aus dem Vertrag davonzustehlen. Schlau fügte er einen Hinderungsgrund an den andern und frustrierte seinen Lehrer, denn über lange Zeit hin wollte er weder als Anwalt auftreten noch bezahlen.

Schließlich forderte ihn Protagoras vor Gericht, erläuterte die Bedingungen, unter denen er seine Ausbildung übernommen hatte, beleuchtete das Problem von zwei Seiten und zog daraus den folgenden Doppelschluß: »Wenn ich gewinne«, sagte er, »mußt zu zahlen, denn du bist ja dazu verurteilt. Gewinnst aber du, muß du nichtsdestoweniger zahlen, und zwar aufgrund unseres Vertrags. Du hast dann nämlich deinen ersten Prozeß gewonnen. Also unterliegst du, wenn du siegst, der Vereinbarung, und wenn du verlierst, dem Urteil. Was rechnest du dir also noch für Chancen aus?«

Die Argumentation des Protagoras schien den Richtern

logisch und unwiderleglich. Euathlos aber, als der durchtriebenste Schüler dieses alten Fuchses, stellte jene zweifache Beweisführung glatt auf den Kopf. »Wenn dem so ist«, sagte er, »schulde ich dir unter keinen Umständen das Geld, das du verlangst. Denn entweder siege ich und werde durch das Urteil aus dem Vertrag entlassen, oder ich unterliege und bin gleichfalls frei von jeder Verpflichtung, denn vereinbarungsgemäß brauche ich kein Honorar zu zahlen, wenn ich in diesem meinem ersten Prozeß nicht erfolgreich bin. Also komme ich auf jeden Fall ungeschoren davon: wenn ich verliere, aufgrund der Abmachung, wenn ich aber gewinne, aufgrund des Urteilsspruchs.«

Apuleius, Florida VI 18

Allroundman

Hippias ist unter die Sophisten zu rechnen; er zeigte sich durch die Vielzahl seiner Fertigkeiten allen überlegen, an Gewandtheit des Ausdrucks stand er keinem nach. Er war ein Zeitgenosse des Sokrates und stammte aus Elis; seine Vorfahren kennt man nicht, doch sein Ansehen war groß. Mit irdischen Gütern nicht besonders gesegnet, bewies er geistige Wendigkeit, hatte ein phänomenales Gedächtnis und fand viele Nachahmer.

Dieser Hippias kam einst zur Zeit der Olympischen Spiele nach Pisa, fiel auf durch seine Kleidung und wurde bestaunt wegen der Sorgfalt, mit der sie gearbeitet war. Denn von all dem, was er bei sich hatte, hatte er nichts gekauft, sondern sich alles mit eigener Hand angefertigt, die Kleider und das Schuhwerk, das er trug, dazu den Schmuck, mit dem er Eindruck machte. Sein Hemd war von feinster Webart, dreifacher Quer- und doppelter Purpurfaden – das hatte er ganz allein zu Hause für sich gewebt.

Um den Leib trug er einen Gürtel, mit babylonischem Bildwerk in wundervollen Farben verziert. Auch dabei hatte ihm niemand geholfen. Er hüllte sich in einen weißen Mantel, den er elegant um die Schultern warf. Auch der, so erfuhr man, war sein eigenes Werk. Ebenso hatte er seine Sandalen selbst verfertigt, dazu den Ring an seiner Linken samt einem äußerst arbeitsintensiven Siegel, mit dem er prahlte. Selbst hatte er für dieses Schmuckstück den Ring geformt, die Fassung hergestellt und den Stein eingefügt und graviert – und noch habe ich nicht alles über ihn berichtet; es soll mich nämlich nicht verdrießen, davon zu berichten, was er herzeigte, ohne sich deshalb zu schämen. So renommierte er vor einer großen Menschenmenge damit, sich ein Ölfläschchen gemacht zu haben, das er nun bei sich führte, von reizender Rundung, eleganter Krümmung und faszinierender Glätte. Daneben zeigte er ein respektables Striegelchen, fein gebogen und zu den Enden hin schräg zulaufend, in dessen gekrümmter Höhlung sich zierliche Rippen erhoben. Das schmiegte sich mit dem Griff wie von selbst in die Hand, und der Schweiß floß aus ihm wie ein Bächlein. Wer möchte einen so kunstfertigen, vielseitigen und rundum bewanderten Mann nicht rühmen, der seine Größe seinem aus vielen Quellen gespeisten Wissen verdankte, der durch seine Kenntnis so vieler nützlicher Dinge geradezu ein zweiter Dädalus war![10]   Apuleius, ebendort II 9

Vorsicht: Falle!

Am Saturnalienfest unterhielten wir uns in Athen mit einem charmanten und honetten Gesellschaftsspiel folgendermaßen: Wir trafen uns mit Studienkollegen etwa um die Badezeit, dachten uns verfängliche Fragen aus, die man Sophismen nennt, und spielten sie uns gegenseitig fast wie

Karten zu. Für die Lösung eines Problems war eine Prämie, nämlich ein Sesterz, ausgesetzt; wer mit der Aufgabe nicht klar kam, mußte die gleiche Summe als Buße zahlen. Mit diesem Geld, das wir in einer Spardose sammelten, wurde für alle Teilnehmer am Spiel das Abendessen besorgt. Die Fragen selbst lauteten etwa folgendermaßen: [...] »Was Schnee ist, ist Hagel nicht. Schnee aber ist weiß; also ist Hagel nicht weiß!« Oder – so ähnlich: »Was ein Mensch ist, das ist ein Pferd nicht. Ein Mensch ist aber ein lebendiges Wesen. Also ist ein Pferd kein lebendiges Wesen.« [...] Das Problem bestand jeweils darin, wo in diesen Fangfragen der Trugschluß steckte und wie man ihm mit den Mitteln der Logik beikäme: »Was du nicht verloren hast, das hast du noch. Hörner hast du nicht verloren. Also hast du Hörner!« [...] »Wenn ich lüge und sage, daß ich lüge, lüge ich dann oder sage ich die Wahrheit?«[11]   Gellius XVIII 13, 1-5, und 2, 9 F.

Zu Dionys, dem Tyrannen, schlich Damon, den Dolch im Gewande ...

Von edlen und üblen Alleinherrschern

> »Mahle, Mühle, mahle,
> denn sogar Pittakos mahlte,
> des großen Mytilene Beherrscher.«

Dem Pittakos, von dem in diesem Volksliedchen von der Insel Lesbos die Rede ist und der sich als Sohn mittelloser Einwanderer zuerst als Müllerbursche durchschlagen mußte, gelang es dank seiner Tüchtigkeit und Energie, die Alleinherrschaft in der Inselhauptstadt Mytilene zu erringen. Er zeigte politisches Fingerspitzengefühl und kluge Zurückhaltung in der Ausübung der Macht; daher rechnete man ihn schließlich zum Kreis der Sieben Weisen, dem auch Periander, der »Tyrann« von Korinth, zugezählt wurde.

Es war also an der Wende vom 7. zum 6. vorchristlichen Jahrhundert noch keineswegs so wie heute, daß sich mit dem Begriff Tyrannei ausschließlich negative Assoziationen verbanden – im Gegenteil: Viele der damaligen Tyrannen traten als Sachwalter der »kleinen Leute« auf, mit deren Hilfe sie die bisher herrschenden Aristokraten stürzten; indem sie die wirtschaftliche Lage der großen Masse verbesserten, ihr Brot und Arbeit verschafften, begründeten die Usurpatoren nicht selten erbliche Monarchien. Peisistratos von Athen erwarb sich Verdienste durch die prachtvolle Ausgestaltung der Akropolis, Polykrates von Samos – den wir bereits kennengelernt haben – ließ eine aufwendige Wasserleitung bauen, und Perianders Regierungszeit in Korinth bescherte der Stadt ein regelrechtes Wirtschaftswunder: Handwerk und Handel blühten, und eine Bodenreform zu Lasten der Großgrundbesitzer befreite zahllose verarmte Bauern von der drückenden Sorge um das tägliche Brot. Freilich konnten die sozialen Errungenschaften den Ruf nach mehr Freiheit nicht auf Dauer unterdrücken, und die Vertreibung oder Ermordung eines Kollegen veranlaßte andere Tyrannen, die Zügel härter zu fassen. So entwickelte sich in der Eskalation von Druck und Gegendruck der Typ des skrupellosen, argwöhnischen und grausamen Gewaltherrschers, den wir in Dionysios I. von Syrakus verkörpert sehen und den Schillers populäre Ballade kurzerhand einen »finsteren Wüterich« nennt. Dabei sah Dionysios seine Lebensaufgabe weniger in der Unterdrückung der Syrakusaner als im Kampf gegen Karthago, das die Freiheit der Griechenstädte auf Sizilien ständig bedrohte.

Bei Licht betrachtet, gleichen sich die Karrieren des Polykrates und des Dionysios in vielen Punkten: beide waren nicht zimperlich in der Wahl ihrer Mittel, beide taten sich durch eine ziemliche Rauf- und Raublust hervor, beiden gelang es, erstaunlich hoch zu steigen – doch während der eine ein schlimmes Ende fand, wodurch er zum tragischen Helden wurde, wußte sich der andere 38 Jahre im Besitz der Macht zu behaupten. Er starb, so wird überliefert, an den Folgen eines Trinkgelages, mit dem er einen literarischen Erfolg feierte: In Athen hatte eine von ihm verfaßte Tragödie den ersten Preis im jährlichen Wettbewerb erhalten.

Das bittere Brot des Gestürzten und Verbannten mußte erst ein Sohn, Dionysios II., der zeitweilige Freund des Philosophen Platon, essen, angeblich als Schulmeister in Korinth – er hatte ja nichts anderes gelernt als Menschen zu tyrannisieren.

Im Schutze der Göttin

(Im Verlauf politischer Wirren hatte Peisistratos in Athen die Macht ergreifen können, war aber wieder vertrieben worden. Da bietet ihm ein gewisser Megakles seine Hilfe zu einem neuen Staatsstreich …)

In dem Stadtteil Paianieis gab es eine Frau namens Phye,

die war fast einsachtzig groß und auch sonst hübsch anzusehen. Diese Frau steckten sie in die volle Rüstung eines
Schwerbewaffneten, ließen sie auf einen Wagen steigen und
eine möglichst majestätische Haltung einnehmen. Dann
fuhren sie mit ihr in die Stadt, wobei sie noch Herolde vor-
auseilen ließen, die bei ihrem Eintreffen in Athen immer
wieder das verkündeten, was man ihnen aufgetragen hatte:
»Ihr Athener, empfangt voll Wohlwollen den Peisistratos,
den Athene persönlich vor allen Menschen auszeichnet, indem sie ihn auf ihre Burg zurückführt!« Das also sagten
diese Leute, während sie in der Stadt herumgingen, und
gleich verbreitete sich in allen Vierteln das Gerücht, Athene
führe den Peisistratos heim. Und da die Menschen in der
Stadt glaubten, die Frau sei die Göttin selbst, flehten sie sie
in Gebeten an und nahmen Peisistratos auf, der so die Alleinherrschaft errang.   Herodot I 60

Kein Problem!

Bestimmte Leute suchten die Mutter des Peisistratos bei
ihm schlecht zu machen: sie sei in einen ganz jungen Mann
verliebt und treffe sich heimlich mit ihm, obwohl er Angst
habe und ihren Besuch meist gar nicht wünsche. Darauf lud
Peisistratos den jungen Mann zum Abendessen ein und
fragte ihn danach, wie es ihm geschmeckt habe. »Herrlich«,
erwiderte jener, und der Tyrann meinte: »Das kannst du
Tag für Tag haben, wenn du meiner Mutter gefällst.«

Plutarch, Regum et imperatorum apophthegmata 189 B

Der Kuß

Thrasybulos, der die Tochter des Peisistratos liebte, hatte ihr bei einer zufälligen Begegnung einen Kuß gegeben. Deswegen suchte die Frau des Tyrannen ihn in Harnisch zu bringen; er aber sagte: »Wenn wir die hassen, die uns lieben, was machen wir dann mit denen, die uns hassen?« Und er gab das Mädchen dem Thrasybulos zur Frau.

Plutarch, ebendort 189 C

Für alle Fälle

Einige seiner Freunde hatten sich von Peisistratos, dem Tyrannen von Athen, losgesagt und die Festung Phyle besetzt. Zu denen begab sich Peisistratos und brachte selbst sein Bettzeug mit. Als sie ihn nun fragten, was er vorhabe, sagte er: »Ich möchte euch gern überreden und mit mir nehmen oder, wenn ich das nicht schaffe, bei euch bleiben. Drum bin ich ja mit Sack und Pack gekommen.«

Plutarch, ebendort 189 B

Im Schatten der Angst

Achtunddreißig Jahre war Dionysios Tyrann von Syrakus, im Alter von fünfundzwanzig Jahren hatte er die Macht an sich gerissen – und was für eine schöne, was für eine reiche Stadt hielt er in drückender Knechtschaft! Freilich, man kann bei zuverlässigen Autoren lesen, daß er in seiner Lebensführung äußerst genügsam und bei der Erfüllung seiner Aufgaben ein energischer, einsatzfreudiger Mann war. Doch eben dieser Dionysios soll auch von Natur aus boshaft und ungerecht gewesen sein. Notwendigerweise – das erkennt jeder objektive Betrachter – war er also auch todunglücklich, denn er konnte nicht einmal zu der Zeit seine Ziele erreichen, als er sich für allmächtig hielt. Er, der von ehrbaren Eltern abstammte (wenn auch das in der Überlieferung umstritten ist) und vielfältige Kontakte zu Gleichaltrigen und Verwandten pflegte, ja nach griechischem Brauch auch einige junge Männer als Geliebte hatte, schenkte von diesen allen keinem sein Vertrauen, sondern vielmehr Leuten, die er aus den Sklavenscharen der Reichen ausgewählt und persönlich aus der Sklaverei entlassen hatte, dazu hergelaufenem Gelichter und wilden Barbaren – die stellten seine Leibwache! So hatte er sich wegen seiner ruchlosen Herrschsucht sozusagen selbst in einen Kerker gesperrt! Und das ist noch nicht alles: Um nicht einem Barbier seinen Hals hinhalten zu müssen, brachte er seinen Töchtern das Rasieren bei. So mußten also die Prinzessinnen – was doch eine erniedrigende Tätigkeit ist – wie Friseurgehilfinnen Haupt- und Barthaar des Vaters schneiden. Und sogar diesen nahm er, als sie erwachsen waren, das Rasiermesser weg und wies sie an, ihm mit glühenden Nußschalen die Haare wegzusengen. Frauen hatte er zwei, Aristomache, eine Syrakusanerin, und Doris aus Lokroi. Zu denen schlich er zur Nachtzeit erst, wenn er vorher alles mit peinlicher Gründlichkeit hatte untersuchen lassen. Um seine Schlafstätte hatte er einen breiten Graben ziehen lassen, über den eine kleine Holzbrücke führte. Diese sogar zog er ein, wenn er die Tür des Schlafzimmers verriegelt hatte.

Er hatte auch die Gewohnheit, von einem hohen Turm aus zum Volk zu sprechen, da er nicht auf die allgemeine Rednerbühne zu treten wagte.

Cicero, Tusculanae disputationes V 57-59

Tödliches Lachen

Einmal wollte Dionysios Ball spielen – das tat er nämlich leidenschaftlich gern –, er legte sein Gewand ab und reichte sein Schwert einem jungen Mann, in den er verliebt war. Da sagte jemand aus seiner Umgebung im Scherz: »Wenigstens dem hier vertraust du also dein Leben an!« Der Jüngling lachte; Dionysios aber ließ beide hinrichten, den einen, weil er einen Weg gewiesen habe, wie man ihn aus dem Wege räumen könne, den anderen, weil er durch sein Lachen diesen Worten zugestimmt habe. Als freilich die Strafe vollzogen war, empfand er deshalb Schmerz wie niemals sonst in seinem Leben – er hatte nämlich den umgebracht, den er heftig geliebt hatte.　　　　Cicero, ebendort V 60

Das Schwert des Damokles

Übrigens wußte dieser Tyrann selbst genau Bescheid, wie »glücklich« er war. Als nämlich einer seiner Bewunderer, Damokles, in einer Unterhaltung auf seinen Reichtum, den Glanz seiner Herrschaft, den Überfluß an allen schönen Dingen, die Pracht des Palastes zu sprechen kam und erklärte, nie sei jemand glücklicher gewesen, fragte Dionysios: »Möchtest du also, mein lieber Damokles, da dich dieses mein Leben erfreut, es selbst einmal kosten und mein Glück erfahren?« Das wolle er gern, erwiderte jener. Darauf ließ ihn der Tyrann auf einem goldenen Sofa Platz nehmen, das mit wunderschönen Webarbeiten bespannt und aufs herrlichste bemalt war, und mehrere Tische herrichten, die goldene und silberne Reliefs schmückten. Ferner befahl er, daß ausgewählte Jungen von hervorragender Schönheit sich bei Tische postieren und ihm jeden Wunsch von den Augen ablesen sollten. Parfüms waren da und

Kränze, man zündete Räucherwerk an, und auf den Tischen
türmten sich die ausgesuchtesten Delikatessen. Damokles
meinte, er sei glücklich – doch mitten in all der Pracht befahl Dionysios, ein blitzendes Schwert, das an einem Pfer-
dehaar befestigt war, von der Zimmerdecke so herabzulas-
sen, daß es genau über dem Nacken jenes Glücklichen hing.
Da sah der weder die hübschen Diener mehr an noch das
kunstvoll bearbeitete Tafelsilber; er konnte die Hand nicht
mehr zum Tisch hin strecken, schon rutschten ihm ganz
von selbst die Kränze vom Kopf, und schließlich brachte er
den Tyrannen mit Bitten dahin, ihn gehen zu lassen, weil er
nicht mehr den Wunsch habe, »glücklich« zu sein.[12].

Cicero, ebendort V 61 F.

Die Bürgschaft

Ein Mann namens Phintias, der zur Philosophengemein-
schaft der Pythagoreer gehörte, hatte ein Attentat auf den
Tyrannen Dionysios versucht. Als er dafür bestraft werden
sollte, bat er Dionysios um etwas Zeit, um vorher noch sein
Haus zu bestellen. Er werde, so sagte er, einen seiner
Freunde als Bürgen beibringen. Der Tyrann war verblüfft,
daß es einen so engen Freund geben könne, der sich statt
jenes Mannes ins Gefängnis stecken ließe. Phintias aber rief
einen seiner Bekannten zu sich, Damon hieß er, ebenfalls
Pythagoreer, der sich unverzüglich als Bürge für ihn zur
Verfügung stellte, obwohl er damit sein Leben aufs Spiel
setzte. Nun priesen manche Leute diese übergroße Sympa-
thie zwischen den Freunden, andere aber äußerten sich
abfällig über den verrückten Vorwitz des Bürgen. Zur fest-
gesetzten Stunde lief das ganze Volk zusammen und war
gespannt, ob der Freigelassene sein Wort halten würde.
Schon war die Frist abgelaufen, und alle hatten die Hoffnung aufgegeben, da kam Phintias in allerletzter Sekunde

herbeigerannt, während man schon den Damon zur Hinrichtung führte. Weil nun allen die Freundschaft der beiden
ganz erstaunlich vorkam, erließ Dionysios dem Phintias
seine Strafe und bat die beiden Männer darum, ihn doch als
dritten in ihren Freundesbund aufzunehmen.   Diodor X 4, 3

Es kommt nichts Besseres nach

Während jedermann in Syrakus Dionysios wegen seiner
Brutalität und der unerträglichen Bedrückung der Bürger
von Herzen den Tod wünschte, bat einzig eine uralte Frau
Tag für Tag am Morgen die Götter, daß der Tyrann gesund
bleibe und sie überlebe. Als jener das erfuhr, staunte er über
diese Zuneigung, die er doch gar nicht verdiente, ließ die
Alte kommen und fragte sie, weshalb sie das tue und wodurch er es verursacht habe. Darauf jene: »Ich habe schon
meine Gründe dafür. Denn als ich ein Mädchen war, da
hatten wir einen brutalen Tyrannen, und ich hätte ihn gern
los gehabt. Endlich wurde er umgebracht – aber ein noch
viel abscheulicherer zog nun in die Burg ein und riß die
Macht an sich. Auch in seinem Falle hätte ich viel darum
gegeben, daß es mit seiner Herrschaft zu Ende ginge. Und
jetzt haben wir schon geraume Zeit dich als Herrn – und du
bist noch unerträglicher als deine Vorgänger. Damit nun
nicht ein noch üblerer Typ für dich nachrückt, wenn du
beiseite geräumt wirst, flehe ich bei meinem Haupte um
dein Wohlergehen.« Und Dionysios brachte es nicht über
sich, die Alte für ihre Verwegenheit zu strafen – sie hatte
einfach zu viel Witz!   Valerius Maximus VI 2, Ext. 2

Sicheres Zeichen

Der Tyrann Dionysios ließ von den Syrakusanern Steuern eintreiben. Als er sie nun jammern und flehen und sagen hörte, sie hätten nichts, verlangte er weitere Abgaben und tat dies noch ein zweites und drittes Mal. Als er jedoch höhere Steuern ausschrieb und erfuhr, daß die Leute darüber lachten und auf dem Markt ihre Witze rissen, sagte er: »Schluß damit, denn jetzt haben sie wirklich nichts mehr, wenn sie keine Angst mehr vor mir haben.«

Plutarch, Regum et imperatorum apophthegmata 175 E

Testverfahren

Dionysios war zu Ohren gekommen, daß zwei junge Leute viel Gehässiges über ihn und seine Tyrannei während eines Trinkgelages gesagt hätten. Daraufhin lud er beide zum Abendessen ein. Als er nun sah, wie der eine im Rausch viel albernes Zeug daherredete, der andere aber nur selten und mit Bedacht von den Getränken nippte, ließ er jenen laufen, da er, seinem Wesen nach ein Trunkenbold, ihn im Rausch beleidigt hatte, den anderen aber ließ er hinrichten, da seine böswillige und feindselige Einstellung seiner Meinung nach auf Vorsatz beruhte. Plutarch, ebendort 176 A

Grenzen der Macht

Die Mutter des Dionysios wollte, obwohl sie schon ziemlich betagt war, noch einmal verheiratet werden. Er aber meinte, er könne zwar die Gesetze der Stadt außer Kraft setzen, nicht aber die der Natur. Plutarch, ebendort 175 F

Der Trick

Zu Dionysios kam ein Fremder und erklärte, er werde ihn
ganz allein unterweisen, woran er Attentäter erkennen
könne. Dionysios forderte ihn auf zu sprechen, der aber trat
näher und sagte: »Gib mir ein Talent,[2] damit es so aussieht,
als hättest du die Merkmale der Attentäter erfahren.« Dionysios gab ihm das Geld, tat so, als habe er die Kunst gelernt, und staunte über den Trick, den der Kerl angewandt
hatte.   Plutarch, ebendort 176 A

Es muß noch einen geben ...

Bestimmte Leute machten Dionysios Vorhaltungen, daß er
einem lasterhaften, von seinen Mitbürgern verabscheuten
Menschen Ehre und Auszeichnung zuteil werden lasse.
»Ich möchte doch nur«, sagte der Tyrann, »daß es noch
einen gibt, den man ärger haßt als mich.«
                                         Plutarch, ebendort 176 B

Voraussetzung

Dionysios hatte in Erfahrung gebracht, daß sein Sohn, dem
er die Herrschaft hinterlassen wollte, die Frau eines freien
Mannes verführt hatte. Voll Zorn fragte er ihn, wie er sich
dergleichen könne einfallen lassen. Und als der junge Mann
entgegnete: »Du hattest eben keinen Tyrannen zum Vater!«
sagte Dionysios: »Und du wirst keinen Sohn haben, wenn
du damit nicht aufhörst!«   Plutarch, ebendort 175 D

Vernichtendes Urteil

Der Dichter Philoxenos war von Dionysios in die Steinbrüche von Syrakus geworfen worden, weil er sich abfällig über dessen Dichtungen geäußert hatte. Nach einiger Zeit ließ ihn der Tyrann wieder herausholen, damit er beim Vortrag neuer literarischer Produkte zuhöre. Philoxenos blieb einige Zeit, dann aber erhob er sich und wollte gehen. »Wohin?« fragte Dionysios, und der Dichter antwortete: »In die Steinbrüche.«[13]

Stobaios III 13, 31

Ehrenbürger Boreas

Gegen die Stadt Thurioi segelte Dionysios mit dreihundert Schiffen, voll von Schwerbewaffneten. Doch der Boreas, der Nordwind, blies ihm entgegen, ließ die Schiffe scheitern und vernichtete die gesamte Flotte des Tyrannen. Daraufhin brachten die Thurier dem Boreas Opfer dar, machten ihn durch Stadtratsbeschluß zum Ehrenbürger und wiesen ihm ein Haus und ein Stück Land zu. Außerdem feierten sie ihm fortan alljährlich ein Fest.

Claudius Aelianus, Varia historia XII 61

Plündern mit Pfiff

Dionysios machte es Vergnügen, bei seinen zahllosen Tempelräubereien auch noch Witze zu reißen. Als er das Heiligtum der Proserpina in Lokroi geplündert hatte und seine Flotte mit günstigem Wind übers Meer fuhr, sagte er lachend zu seinen Freunden: »Seht ihr, wie glückliche Fahrt die Unsterblichen den Religionsfrevlern gewähren?« Dem Olympischen Zeus nahm er seinen schweren goldenen

Umhang ab, womit ihn der Tyrann Gelon aus der Kartha-
gerbeute geschmückt hatte. Er gab ihm dafür einen Woll-
mantel und erklärte, im Sommer sei ein goldener nur eine
Last, im Winter aber eiskalt, einer aus Wolle dagegen passe
viel besser zu jeder Jahreszeit.

Ebenso ließ er dem Asklepios zu Epidauros seinen goldenen Bart abnehmen, weil er es unangebracht fand, daß man
seinen Vater Apollon bartlos, ihn selbst aber bärtig sehe.

Auch die silbernen und goldenen Tische schaffte er aus
den Tempeln fort, und weil auf ihnen nach griechischem
Brauch die Worte standen: *den gütigen Göttern*, erklärte er,
er nehme nur die Güte der Götter in Anspruch.

Desgleichen nahm er sich die goldenen Bilder von Sie-
gesgöttinnen, Opferschalen und Kränze, die die Götterbil-
der in ihren ausgestreckten Händen hielten, und sagte, er
stehle sie nicht, nein, er nehme sie in Empfang, denn es sei
ja wohl dumm, wenn man von den Göttern zwar gute Gaben erbitte, sie aber nicht nehme, wenn sie einem hingehal-
ten würden.   Valerius Maximus I 1, Ext. 3

Verfrühte Freude

Dionysios stellte sich krank und ließ das Gerücht aus-
streuen, er liege im Sterben. Das veranlaßte viele Menschen
zu lauten Freudenausbrüchen – doch plötzlich erschien der
Tyrann mit seiner Leibwache, ließ alle, die gejubelt hatten,
verhaften und verurteilte sie zum Tode.   Polyainos V 2, 16

Tränen des Mitleids

Alexander, der Tyrann von Pherai, galt als ausnehmend grausam. Als nun einmal der Dichter Theodoros in der Tragödie »Merope« mit großer Leidenschaft die Hauptrolle spielte, kamen dem Tyrannen die Tränen, er erhob sich und verließ das Theater. Später entschuldigte er sich bei Theodoros und erklärte, er sei nicht aus Geringschätzung ihm gegenüber weggegangen und habe ihn keineswegs kränken wollen, doch er habe sich geschämt bei dem Gedanken, daß er fähig sei, für den Schauspieler, dessen Qual doch nicht wirklich sei, Mitleid zu empfinden, für seine Untertanen jedoch nicht.

Claudius Aelianus, ebendort XIV 40

Furcht und Liebe

Alexander von Pherai liebte seine Gattin Thebe grenzenlos. Trotzdem schickte er, wenn er vom Abendessen in ihr Gemach ging, seine aus ihm gut bekannten Thrakern bestehende barbarische Leibwache mit gezückten Schwertern voraus und ließ sich nicht eher auf Thebes Lager nieder, als bis es von seinen Leuten gründlich durchsucht war. Ihn hatte wohl eine erzürnte Gottheit damit bestraft, daß er weder seinem Verlangen noch seiner Angst gebieten konnte! Im übrigen setzte, was Anlaß seiner Furcht war, ihr auch ein Ende: Alexander wurde nämlich von Thebe umgebracht, die ihm einen Seitensprung übel nahm.

Valerus Maximus IX 13, Ext. 3

Menschenbildner

Griechische Philosophen nach Sokrates

»Als der Philosoph Aristipp, bei einem Schiffbruch an die Küste von Rhodos verschlagen, im Sand geometrische Figuren bemerkte, soll er seinen Begleitern zugerufen haben: ›Kopf hoch, Leute! Ich sehe da Spuren von Menschen!‹

Dann begab er sich unverzüglich in die Stadt Rhodos, kam geradewegs ins Gymnasion, hielt dort einen Vortrag über ein Thema aus der Philosophie und wurde dafür so gut honoriert, daß er nicht nur sich selbst neu einkleiden konnte, sondern auch in der Lage war, seine Gefährten mit Kleidung und den übrigen lebenswichtigen Dingen auszustatten. Als aber seine Begleiter in die Heimat zurückkehren wollten und ihn fragten, was sie von ihm zu Hause ausrichten sollten, gebot er ihnen folgendes: ›Sagt den Leuten, sie sollen ihren Kindern solchen Besitz auf ihren Lebensweg mitgeben, daß er sich auch aus einem Schiffbruch retten läßt. Denn das erst bietet den Menschen Sicherheit, dem weder die Stürme des Schicksals noch politische Umwälzungen noch Krieg und Verwüstungen etwas anhaben können!‹«

Vitruvius VI praefatio

Seit Sokrates und den Sophisten ist es das vornehmste Ziel der griechischen Denker, Wissen zu vermitteln und Verhalten zu formen, denn – und das will auch unsere kleine Geschichte lehren – der Mensch wird für sie erst zum Menschen durch Erziehung.

Hätte beispielsweise Aristipp an der ihm unbekannten Küste, an der er gestrandet war, nur die Abdrücke nackter Menschenfüße vorgefunden, dann hätte er sich die besorgte Frage stellen müssen, ob die Bewohner dieses Stücks Erde vielleicht der Gewohnheit huldigten, Fremde in den Kochtopf zu stecken oder ihnen sonstwie übel mitzuspielen. Da der Philosoph aber Kreise, Dreiecke und andere Figuren im Sande sieht, hält er es für gewiß, daß hier gebildete Exemplare der vielgestaltigen Gattung homo sapiens auf

*geometrischem Weg ein mathematisches Problem gelöst haben –
vermutlich sogar Griechen, denn diese zwang ihr kompliziertes
Zahlsystem zu dieser Art von »Rechnen«. Und er geht nicht fehl
in seiner Annahme, macht mit einem Vortrag Furore und kann
feststellen, daß das von ihm erworbene Wissen besser als Bargeld
ist: Stolz kassiert er ein stattliches Honorar, wofür ihn Sokrates
wohl getadelt hätte. Die ihm folgenden Philosophengenerationen
fanden es jedoch nicht mehr anrüchig, sich beschenken oder bezahlen zu lassen, und schlossen ebenso wie die einst deshalb angegrif-
fenen Sophisten Lehrverträge ab.*

*Wenn dann jemand wissen wollte, was die Philosophie denn
eigentlich »bringe«, hatten sie ganz verschiedene Auskünfte zur
Hand, etwa: »Selbstbewußtes Auftreten gegenüber jedermann«
oder »Wenn alle Gesetze aufgehoben würden, bliebe doch das Leben der Philosophen sich gleich.« (Diogenes Laertios II 68)*

*Die große Zahl solcher Aussprüche und kleiner Geschichten
wie der eingangs mitgeteilten, die uns überliefert sind, deutet auf
ein hohes Interesse der griechischen und – mit Einschränkungen –
auch der römischen Gesellschaft an Bildungsfragen; entsprechend
bedeutend war auch die Rolle, die Philosophen in ihr spielten,
entsprechend vielfältig das Angebot an Lehren und Belehrung.
Dabei war es grundsätzlich eine Privatangelegenheit der Eltern,
ob sie ihren Kindern »höhere« Bildung angedeihen ließen oder
nicht, und Platons Akademie oder der »Garten« Epikurs waren
nichts weniger als staatlich geförderte Hochschulen. Doch vielleicht war gerade das Fehlen behördlich festgelegter Lehrpläne und
Prüfungsordnungen eine der Voraussetzungen für die anregende
und fruchtbare, bisweilen mit großer Emphase geführte Dauerdis-
kussion zwischen den einzelnen konkurrierenden »Schulen«, den
Akademikern und Skeptikern, Stoikern und Epikureern, Peripa-
tetikern und Kynikern, die auch in den Schriften des griechisch
gebildeten Römers Cicero noch nachklingt.*

Besseres Wissen

Aristipp wurde von dem Tyrannen Dionysios gefragt, warum die Philosophen zu den Türen der Reichen gingen, diese aber nicht zu denen der Philosophen. »Weil die Philosophen wissen, was sie nötig haben, die Reichen jedoch nicht.« Diogenes Laertios II 69

Defizite

Aristipp meinte, es sei besser, bettelarm als ungebildet zu sein, denn dem Bettler fehle es nur an Geld, dem Ungebildeten aber an Humanität. Diogenes Laertios II 70

Was ist Reichtum?

Jemand mokierte sich darüber, daß man die Philosophen stets in den Häusern der Reichen sehe. »Auch die Ärzte«, erwiderte Aristipp, »trifft man in den Häusern der Kranken an. Trotzdem will wohl niemand lieber die Rolle des Kranken als die des Arztes spielen.« Diogenes Laertios II 70

Wichtiger Unterschied

Einmal fuhr Aristipp zu Schiff nach Korinth und geriet wegen eines schweren Sturms ziemlich außer Fassung. Da sagte jemand zu ihm: »Wir einfachen Leute haben keine Angst, aber euch Philosophen werden die Knie weich.« – »Es ist nicht die gleiche Art von Seele«, erwiderte Aristipp, »um die wir beide uns sorgen müssen.« Diogenes Laertios II 71

Nutzen

Ein Anwalt hatte für Aristipp einen Prozeß geführt und gewonnen. Da sagte er zu Aristipp: »Na, und was hat dir in dieser Sache dein Lehrer Sokrates genützt?« – »Daß das«, meinte jener, »was du zu meinen Gunsten vorgebracht hast, wahr war.«   Diogenes Laertios II 71

Väter und Söhne

Irgendwer wollte von Aristipp wissen, worin denn nun sein Sohn durch die empfangene Bildung besser geworden sei. »Wenn auch sonst in nichts«, sagte der Gefragte, »so jedenfalls im folgenden: Er wird nicht im Theater wie ein Stein auf dem Stein sitzen.« Ein anderer wollte seinen Sohn zum Unterricht bei Aristipp anmelden. Der aber verlangte ein Honorar von 500 Drachmen.[2] »Dafür kann ich mir ja einen Sklaven kaufen!« rief der Vater. »Kauf ihn nur«, gab Aristipp zurück, »dann hast zu zwei.«   Diogenes Laertios II 72

Ein Test

Jemand fragte Aristipp, worin sich ein Gebildeter von einem Ungebildeten unterscheide. »Schicke beide«, riet jener, »nackt zu Leuten, die sie nicht kennen, und du wirst es erfahren.«   Diogenes Laertios II 73

Ausgleich

Die Tochter des Philosophen Stilpon führte ein ziemlich lockeres Leben. Jemand sprach ihn daraufhin an und sagte, sie mache ihm Schande. »Nicht mehr, als ich ihr Ehre mache«, gab Stilpon zurück.

Diogenes Laertios II 114

Schadenersatz

Als Demetrios, der Sohn des Antigonos, Stilpons Heimatstadt Megara eroberte, kümmerte er sich darum, daß das Haus des Philosophen nicht zerstört wurde. Auch sollte ihm das, was Plünderer mitgenommen hatten, ersetzt werden; er solle, empfahl ihm Demetrios, einfach eine schriftliche Aufstellung vorlegen. Stilpon aber erklärte, er vermisse nichts: Niemand habe seine Bildung fortgetragen, und Verstand und Wissen habe er auch noch.

Diogenes Laertios II 115

Das Wundertier

Man sagt, Stilpon habe die Leute in Athen so fasziniert, daß sie sogar aus den Werkstätten zusammenströmten, um ihn zu sehen. »Stilpon«, sagte da einer zu ihm, »sie bestaunen dich wie ein Wundertier!« – »Keineswegs«, entgegnete der, »sondern wie einen wirklichen Menschen.«

Diogenes Laertios II 119

Berufswahl

Platon, der Sohn des Ariston, zeigte zunächst großes Interesse an der Dichtkunst und verfaßte ein Epos. Das verbrannte er jedoch, weil er es für mangelhaft hielt: Beim Vergleich mit den Werken Homers hatte er feststellen müssen, daß es in vielen Punkten hinter dem Vorbild zurückblieb.

Nun verlegte er sich auf das Schreiben von Tragödien, verfaßte auch eine Folge von vier Stücken und wollte sich damit an einem Wettbewerb beteiligen. Er hatte sogar schon den Schauspielern ihre Textbücher ausgehändigt – da traf er vor dem Dionysosfest (an dem die Stücke aufgeführt werden sollten) den Sokrates und hörte ihm zu. Er konnte sich dem Zauber seiner Persönlichkeit nicht entziehen und trat nicht nur von dem gerade laufenden Wettbewerb zurück, sondern gab die tragische Dichtung ganz auf und vertiefte sich in die Philosophie.

Claudius Aelianus, Varia historia II 30

Philosoph zu verkaufen

Seine erste Reise nach Sizilien unternahm Platon, um die Insel und die Krater des Ätna zu besichtigen. Damals bestimmte ihn Dionysios, der Sohn des Hermokrates, der damals als Tyrann herrschte, zu einer Begegnung. Platon diskutierte mit ihm über das Problem der Tyrannei und erklärte, das, was ihm nur nütze, sei deshalb keineswegs besser; es müsse auch von höherer moralischer Qualität sein.

Damit verärgerte er den Tyrannen, und dieser sprach wütend: »Dein Gerede ist senil!« – »Du aber sprichst wie ein Despot!« entgegnete Platon und brachte den Tyrannen völlig in Rage. Zunächst zeigte er größte Neigung, ihn zu töten, doch verzichtete er darauf, weil sich Dion und Aristomenes für den Philosophen einsetzten. Dafür übergab er ihn dem Spartaner Pollis, der sich gerade in diplomatischer Mission bei ihm aufhielt: der sollte ihn als Sklaven verkaufen. Und tatsächlich nahm ihn der mit fort nach Aigina und verkaufte ihn. *Diogenes Laertios III 18 F.*

Nichts in der Wut!

Als einmal Platons Bekannter Xenokrates bei ihm eintrat, bat ihn der Philosoph, doch bitte seinen Sklaven zu verprügeln; er selbst könne es nicht, denn er sei wütend.

Zu einem anderen seiner Sklaven sagte er einmal: »Du wärst schon ausgepeitscht worden, wenn ich nicht zornig wäre.« *Diogenes Laertios III 38*

Hoffnungsloser Fall

Ein Mensch, der weder von Musik noch von Mathematik noch von Astronomie eine Ahnung hatte, wollte den Unterricht bei Xenokrates besuchen. Der aber wies ihn ab: »Geh wieder, denn so bekommst du die Philosophie nie in den Griff.«[14] *Diogenes Laertios IV 10*

...Schweigen ist Gold

Während eines Gesprächs, in dem viele böse Worte fielen, bewahrte allein Xenokrates tiefstes Schweigen. Man fragte ihn nach dem Grund, und er erklärte: »Es hat mich schon manchmal ein Wort gereut, aber noch nie mein Schweigen.« *Valerius Maximus VII 2, Ext. 6*

Der Playboy

Ein junger Athener namens Polemon, ebenso verschwenderisch wie verkommen, hatte nicht nur Spaß am süßen Leben, sondern ruinierte lustvoll seinen Ruf. Dieser Polemon verließ einmal ein Gelage – nicht nach Sonnenuntergang, sondern am hellen Morgen! – und kam auf dem Heimweg am Haus des Philosophen Xenokrates vorbei. Als er die Tür offen sah, drängte er sich in den Hörsaal, den eifrige Studenten bis auf den letzten Platz füllten. Polemon war schwer betrunken, troff von Pomade, hatte Kränze auf dem Kopf und trug ein ziemlich durchscheinendes Gewand. Doch sein provozierendes Eindringen genügte ihm noch nicht, sondern er ließ sich nieder in der Absicht, den herrlichen Vortrag und die klugen Lehren in trunkener Ausgelassenheit zu verulken. Alle anderen zeigten berechtigte Entrüstung, allein Xenokrates verzog keine Miene, sondern wechselte das Thema und begann über Mäßigung und Abstinenz zu sprechen. Die Eindringlichkeit seiner Worte zwang Polemon dazu, wieder etwas Vernunft anzunehmen: Zuerst riß er sich den Kranz vom Kopf und warf ihn auf den Boden, dann barg er den nackten Arm unter seinem Umhang, mit der Zeit verlor sich auch seine vom Gelage noch übrige Heiterkeit, und schließlich verzichtete er völlig auf sein Playboydasein. So wurde er durch die Wunderkur eines einzigen Vortrags geheilt und aus einem üblen Schlemmer zum bedeutenden Philosophen – sein Geist hatte eben nur einen Trip ins süße Leben unternommen und sich dort nicht häuslich eingerichtet.

Valerius Maximus VI 9, Ext. 1

They never come back

Arkesilaos wurde gefragt, warum aus den übrigen Philo-
sophenschulen so viele Leute zu den Epikureern überliefen,
während umgekehrt keiner von diesen abspringe. »Weil
man«, erklärte er, »zwar aus Männern Kastraten machen
kann, aber aus Kastraten keine Männer.«

Diogenes Laertios IV 43

Die Wahrheit über mich!

Bion von Borysthenes wurde (offensichtlich im Spott) von
König Antigonos gefragt:
»Mann, wer bist du, woher? Wo sind deine Heimat und
Eltern?« Bion merkte, daß ihn jemand angeschwärzt hatte,
und erklärte: »Mein Vater war ein Freigelassener, der hatte
die Gewohnheit, sich mit dem Ärmel zu schneuzen« (womit Bion erkennen ließ, daß jener mit Stockfischen gehandelt hatte); »er stammte aus Borysthenes, Gesicht hatte er
keines, dafür 'ne Schrift im Gesicht, als Andenken an die
Grausamkeit seines früheren Besitzers. Meine Mutter aber
war von der Sorte, wie sie ein solcher Mensch eben auf-
treibt, nämlich aus einem Bordell. Später hat mein Vater
bei der Steuer irgendein krummes Ding gedreht und wurde
samt Familie in die Sklaverei verkauft. Dabei kam ich an
einen Redelehrer – ich war noch ganz jung und ein hüb-
scher Bursche. Der hinterließ mir bei seinem Tod sein
ganzes Vermögen. Ich aber verheizte seine Schriften, machte den Rest zu Kleingeld, ging nach Athen und wurde Philosoph.
Siehe nun, solchen Geschlechts, solchen Blutes kann ich
mich rühmen!
Soviel also über mich. Nun sollen Persaios und Philoni-

des es aufgeben, über mich Informationen zu sammeln:
Mach du dir ein Bild von mir nach meinem Bericht!«

Diogenes Laertios IV 46 F.

Besitz

Über einen reichen Geizhals sagte Bion: »Der besitzt seinen
Besitz nicht, sondern wird von ihm besessen.« Überhaupt,
so meinte er, sorgten sich die Geizigen um ihre Schätze wie
um ihr Eigentum, hätten aber – genau so, wie wenn sie
anderen gehörten – keinen Nutzen davon.

Diogenes Laertios IV 50

Leere Worte

Ein Schwätzer hatte lange Zeit auf Aristoteles eingeredet
und erkundigte sich schließlich: »Ich bin dir doch hoffentlich nicht mit meinem Gerede auf die Nerven gegangen?« –
»Bei Gott, nein!« entgegnete der Gefragte. »Ich habe überhaupt nicht auf dich geachtet.«   Diogenes Laertios V 20 F.

Vox populi

Antisthenes riet den Athenern, sie sollten durch Volksbe-
schluß alle Esel zu Pferden machen. Da man diesen Vorschlag für baren Unsinn hielt, fügte der Philosoph hinzu:
»Bei euch kann man doch auch General werden, ohne eine
blasse Ahnung von irgend etwas, nur durch Handaufhe-
ben!«   Diogenes Laertios VI 8

Der Gesprächspartner

Antisthenes wurde gefragt, was er von der Philosophie eigentlich profitiert habe. »Ich verdanke ihr«, sagte er, »die Fähigkeit, mit mir selbst zu verkehren.«

Diogenes Laertios VI 6

Ein Grund zur Sorge

»Viele Leute loben dich!« sagte jemand zu Antisthenes. »Was«, fragte der zurück, »habe ich da nur falsch gemacht?«

Diogenes Laertios VI 8

Es lohnt sich nicht

König Alexander fragte den Philosophen Krates, ob er seine Heimatstadt wieder aufbauen lassen solle. »Wozu das?« fragte Krates. »Vermutlich kommt bald ein zweiter Alexander und zerstört sie wieder.«

Diogenes Laertios VI 93

Altklug

Ein ganz junger Bursche stellte zu irgendeinem Problem ausgesprochen altkluge Fragen. Da ließ ihn der Stoiker Zenon in einen Spiegel blicken und wollte wissen, ob zu so einem Gesicht schon die Attitüde des Forschers passe.

Diogenes Laertios VII 19

Verdächtige Gesundheit

Der Stoiker Kleanthes sah sich durch große Armut dazu
veranlaßt, Lohnarbeiten nachzugehen. So schöpfte er nachts
in den Gärten Wasser – weshalb man ihn auch den Brun-
nenleerer nannte –, untertags aber studierte er. Wie es heißt,
wurde er sogar vor Gericht gefordert, um eine Erklärung
für seine ungewöhnlich robuste Konstitution abzugeben.
Man ließ ihn frei, als er den Gartenbesitzer, für den er
schöpfte, und die Lebensmittelhändlerin, für die er Gerste
zerstampfte, als Zeugen beibrachte.   Diogenes Laertios VII 168

...und kein bißchen weise

Kleanthes führte häufig Selbstgespräche und schimpfte dabei kräftig auf sich ein. Das hörte sein Schüler Ariston und
fragte: »Mit wem streitest du eigentlich?« Lachend erwiderte Kleanthes: »Mit einem alten Knacker, der zwar graue
Haare, aber noch keinen Verstand hat.«

Diogenes Laertios VII 171

Gut pariert!

Man warf Kleanthes vor, er sei ängstlich. »Drum mache ich
auch nur wenige Fehler!« gab er zurück.

Diogenes Laertios VII 171

Schwierige Frage

Wie es heißt, verlegte sich Epikur auf die Philosophie, weil
er von den Schulmeistern eine schlechte Meinung bekommen hatte. Die waren nämlich nicht in der Lage gewesen,
ihm zu erklären, was der Dichter Hesiod unter dem Chaos
verstanden habe.   Diogenes Laertios X 2

Er hieb den Knoten entzwei

Alexander der Große

In griechischen Augen waren seine Eltern halbe Barbaren: Der Vater, Philipp, König der zivilisationsfernen Makedonen, war ein trickreicher, skrupelloser und gewalttätiger Politiker, gegen dessen Versuche, den griechischen Stadtstaaten seinen Willen aufzuzwingen, der große Redner Demosthenes vergeblich die Wortgewalt seiner »Philippischen Reden« setzte – und Olympias, eine Königstochter aus dem erst recht entlegenen Epirus und die Mutter Alexanders, zeigte eine so dämonische Wildheit und ausgeprägte Neigung zu ekstatischen und orgiastischen Kulten, daß es nach dem Bericht des Plutarch sogar Philipp vor ihr gegraut haben soll.

Doch der Sohn dieser Eltern entsprach in so hohem Maße griechischen Idealvorstellungen, daß er die Gegner der makedonischen Vorherrschaft bald durch den Zauber seiner Persönlichkeit für sich gewann: Schön war er wie ein junger Gott, sportlich durchtrainiert, furchtlos, ja verwegen – und dank dem Unterricht des Aristoteles, des bedeutendsten Philosophen seiner Zeit, auch hochgebildet.

So schien sich in ihm all das zu vereinigen, was die für jugendliche Schönheit, körperliche Tüchtigkeit und geistige Überlegenheit schwärmenden Griechen Καλοκἀγαϑία, »Schönundtüchtigsein«, nannten. Daß Alexander auch die negativen Charakterzüge Philipps und der Olympias geerbt hatte, daß er im Bedarfsfall zu äußerster Brutalität fähig war, zur Trunksucht neigte und eine beängstigende Unberechenbarkeit an den Tag legte, das trat nur von Fall zu Fall in Erscheinung und konnte den Strahlenglanz der Verklärung nicht trüben, der sich nach seinem frühen Tod um ihn legte und seine an sich schon übermenschliche Leistung, die Eroberung des persischen Großreichs und seinen Zug bis an die Grenzen der damals bekannten Welt, bis ins Phantastische und

Märchenhafte steigerte. Vielleicht war es ein Glück für Alexan-
der, daß er auf dem Gipfel des Erfolgs und in der Blüte der Jugend
sterben mußte – man versuche sich nur einmal einen gealterten,
gichtgeplagten, schrulligen und vereinsamten Alexander vorzu-
stellen, ähnlich jenem Preußenkönig Friedrich, dem die Ge-
schichte gleich ihm, aber wohl mit geringerem Recht, den Beina-
men »der Große« gab!

»Nur unter meinesgleichen!«

Den jungen Alexander fragten Leute aus seiner Umgebung, ob er sich nicht am Wettlauf in Olympia beteiligen
wolle – er war nämlich ein schneller Läufer. »Wenn ich«,
gab er zurück, »damit rechnen könnte, Könige als Konkurrenten zu haben.«   Plutarch, Alexander 4

»Was bleibt mir noch zu tun!«

Immer wenn gemeldet wurde, Philipp habe eine berühmte
Stadt erobert oder in einer Schlacht einen vielbeachteten
Sieg errungen, vernahm das Alexander ohne besondere Be-
geisterung und sagte zu den Jungen seines Alters: »Kamera-
den, alles will mein Vater vorweg erledigen, und mir läßt er
keine Möglichkeit übrig, mit euch zusammen noch eine
große und glänzende Tat zu vollbringen!« Plutarch, ebendort 5

Kuhkopf

Als Philonikos aus Thessalien König Philipp das berühmte
Pferd Bukephalos (»Kuhkopf«) zum Kauf anbot, begab
sich die Hofgesellschaft auf freies Feld, um das Roß zu prü-

fen. Es schien aber störrisch und absolut unlenkbar zu sein, da es weder einen Reiter duldete noch auf das beruhigende Zureden von Philipps Leuten reagierte, sondern vielmehr allesamt abwarf. Darüber geriet Philipp in Wut und befahl, es als durch und durch wild und ungebärdig fortzubringen. Alexander aber, der dabei war, sagte: »Was für ein Pferd machen diese Leute kaputt, weil sie es in ihrem Unverstand und ihrer Feigheit nicht richtig behandeln können.« Zunächst schwieg Philipp dazu, doch als Alexander ihm weiter in den Ohren lag und sich zunehmend mehr erregte, meinte er: »Du kritisierst ältere Leute, als ob du etwas besser wüßtest oder eher mit einem Pferd zurecht kämest!« – »Mit diesem«, gab Alexander zurück, »könnte ich jedenfalls besser umgehen als jeder andere.« – »Und wenn du es nicht schaffst, was soll dann die Strafe für deine vorlauten Bemerkungen sein?« – »Ich zahle den Kaufpreis des Pferdes!« Die Hofgesellschaft lachte, dann wurden wechselweise die Summen hinterlegt, um die die Wette ging. Alexander aber lief rasch zu dem Pferd, ergriff den Zügel und wendete es der Sonne zu, anscheinend, weil er gemerkt hatte, daß es vor der Bewegung seines eigenen Schattens scheute. Ein kurzes Stück rannte er nun neben dem Pferd her und streichelte es. Wie er aber sah, daß es von Energie nur so sprühte, ließ er sacht seinen Mantel fallen, sprang auf und hielt sich oben in sicherem Schenkelschluß. Dann nahm er Zaum und Zügel ein wenig fester und brachte es ohne Schlag und Sporenstich dazu, hochzusteigen. Als er aber feststellte, daß das Pferd nicht mehr bockte, sondern davonrennen wollte, ließ er ihm die Zügel schießen und sprengte los, wobei er es mit energischerem Zuruf und mit den Hacken noch ansporntte. Die Leute um Philipp verharrten zunächst in angstvollem Schweigen. Als Alexander aber wendete und stolz und froh zurückgeritten kam, da jubelten alle anderen ihm zu, doch sein Vater hatte Tränen der Freude in den Augen, küßte ihn beim Absteigen auf die Stirn und sagte: »Mein Sohn, such dir ein Reich, das zu dir paßt, denn Makedonien ist für dich zu klein.«

Plutarch, ebendort 6

Unwiderstehlich

In der Absicht, den Gott über den Feldzug gegen die Perser zu befragen, begab sich Alexander nach Delphi; doch zufälligerweise kam er zur Zeit der »Schwarzen Tage«, an denen es nicht gestattet ist, ein Orakel zu geben. Zuerst schickte er Leute, um die Seherin herbeirufen zu lassen. Als diese sich weigerte und sich auf das Gesetz berief, ging er selbst hin und schleppte sie gewaltsam zum Tempel. Sie aber sprach, von seinem unbeugsamen Willen bezwungen: »Unwiderstehlich bist du, Knabe!« Nachdem Alexander das vernommen hatte, sagte er, er brauche kein weiteres Orakel, sondern habe bereits den Spruch bekommen, den er von ihr verlangt habe.

Plutarch, ebendort 14

Startkapital

Obwohl Alexander zu Beginn des Feldzugs nur ganz begrenzte Geldmittel zur Verfügung hatte, ging er nicht eher an Bord seines Schiffs, als bis er sich über die wirtschaftlichen Verhältnisse seiner Gefährten informiert und den einen mit einem Stück Ackerland, den anderen mit einem Dorf, wieder andere mit den Einkünften aus einer Siedlung oder einem Hafen bedacht hatte. Schon war nahezu das gesamte Königsgut vergeben und verschrieben, da fragte Perdikkas: »Was, mein König, behältst du für dich?« – »Die Hoffnungen«, erwiderte Alexander.

Plutarch, ebendort 15

Der Gordische Knoten

(Nach dem ersten Sieg über ein persisches Heer am Granikos fallen Alexander weite Teile Kleinasiens zu.)

Er besetzte auch die Stadt Gordion, wo nach der Sage in grauer Vorzeit Midas Herr war, und sah den weltberühmten Wagen mit seiner Verschnürung aus Kornelkirschenbast und hörte auch die Geschichte davon, an welche die Barbaren fest glaubten, daß es demjenigen, der die Knüpfung löse, vom Schicksal bestimmt sei, Herrscher der bewohnten Erde zu werden. Nach dem Bericht der meisten Gewährsleute waren die Enden der Bastschnüre nicht zu sehen und diese außerdem vielfach in verwirrenden Windungen miteinander verschlungen; daher sei es Alexander unmöglich gewesen, den Knoten zu entwirren, und er habe ihn mit dem Schwert zerhauen.   Plutarch, ebendort 18

Alexander und sein Arzt Philippos

(Ein längerer Aufenthalt in Kilikien unterbrach Alexanders Vormarsch.)

Ursache der Verzögerung war eine Krankheit, die sich Alexander nach Ansicht mancher Historiker durch Überanstrengung zugezogen hatte, nach der Meinung anderer aber durch ein Bad in dem Fluß Kydnos, bei dem er sich schwer erkältete.

Nun wagte es von den übrigen Ärzten keiner, ihn zu behandeln, denn sie hielten das Risiko des Mißerfolgs für größer als die Chance der Rettung und fürchteten, im Fall des Versagens von den Makedonen verklagt zu werden. Philippos aus Akarnanien aber sah zwar, daß es schlimm um Alexander stand, vertraute aber auf seine Freundschaft mit dem König und fand außerdem, es wäre doch furchtbar, wenn er trotz der Gefährdung Alexanders selbst ein Risiko scheute und nicht, bei dem Versuch zu helfen, auch das Äußerste wagte. Also mischte er eine Arznei und redete Alexander zu, sie ungescheut zu trinken, wenn er daran interessiert sei, wieder Kraft zu bekommen für den Krieg. In diesem Augenblick traf ein Brief von Parmenion aus dem Heerlager ein, in dem der König zur Vorsicht aufgefordert wurde: Philippos sei von Dareios dazu beredet worden, für reiche Geschenke und die Heirat mit einer seiner Töchter Alexander aus dem Weg zu räumen. Der las den Brief, zeigte ihn keinem seiner Freunde und steckte ihn unter das Kopfkissen. Als nun die Zeit da war und Philippos mit dem Gefolge des Königs eintrat und die Medizin in einem Becher brachte, gab ihm Alexander den Brief, er selbst aber nahm das Mittel voll Zuversicht und ohne eine Spur von Argwohn, so daß sich ein erstaunlicher und hochdramatischer Anblick bot, als der eine las und der andere trank. Danach blickten sich beide an, doch nicht in gleicher Weise: Alexander heiter und voll Wohlwollen und Vertrauen für Philippos, jener aber empört über die Verleumdung: Bald rief er die Götter als Zeugen an und erhob die Arme zum Himmel, bald warf er sich auf Alexanders Lager und beschwor ihn, guten Mutes zu sein und ihm Glauben zu schenken. Die Wirkung des Mittels, das kraftvoll Alexanders Leib durchdrang, war anfänglich sehr heftig, so daß er die Stimme verlor und nur noch undeutliche und ganz schwache Zeichen seiner Wahrnehmungsfähigkeit gab, als ihn eine Ohnmacht überkam. Aber schnell brachte ihn Philippos wieder auf die Beine; er kam zu Kräften und zeigte sich den Makedonen, deren Mutlosigkeit erst wich, als sie Alexander wiedersahen.   Plutarch, ebendort 19

Ein Königswort soll nie gebrochen sein!

Die Stadt Lampsakos verdankte ihre Rettung einem klugen Einfall des Philosophen Anaximenes.

Denn als Alexander in wilder Entschlossenheit daran ging, die Stadt dem Erdboden gleichzumachen, sah er vor den Mauern seinen ehemaligen Lehrer Anaximenes auf sich zukommen. Da es nun offensichtlich war, daß er versuchen würde, durch seine Bitten den Zorn des Königs zu brechen, schwor Alexander, er werde gewiß nicht das tun, was jener verlange.

Da sprach Anaximenes: »Ich bitte dich darum, Lampsakos zu vernichten!«

Durch seine rasche und kluge Reaktion bewahrte der Philosoph die altberühmte Stadt vor dem Untergang, dem sie schon bestimmt war. Valerius Maximus VII 3, Ext. 4

Ungeheure Aufgabe

Anaxarchos, ein Vertrauter Alexanders, sprach unter Berufung auf seinen Lehrer Demokrit davon, daß es unzählige Welten gebe. »Ach, ich Armer!« rief da der König; »ich habe noch nicht einmal eine einzige erobert!«

Valerius Maximus VIII 14, Ext. 2

Herr Kollege

Eine aufrichtige, treffende Antwort bekam Alexander von einem Seeräuber, den man gefangen vor ihn führte. Denn als der König den Kerl fragte, was ihm denn einfalle, daß er das Meer unsicher mache, sprach der mit trotzigem Freimut: »Dasselbe wie dir, der du die Welt unsicher machst.

Doch weil ich es mit meinem einzigen Schiffchen tue, heiße ich Räuber; du kommst mit einer Riesenflotte, darum nennt man dich General.[15]   Augustinus, De civitate dei IV 4

Die besten Köche

Seinen Magen hielt Alexander unter schärfster Kontrolle; das ließ er auch sonst oft erkennen, besonders aber durch das, was er zu Ada sagte, die er als Mutter angenommen und zur Königin von Karien gemacht hatte. Diese wollte etwas Gutes für ihn tun und schickte ihm täglich viele Delikatessen und feines Gebäck, schließlich sogar die augenscheinlich fähigsten Köche und Bäcker. Er aber erklärte, die brauche er nicht, denn sein Lehrer Leonidas habe ihm tüchtigere Köche mitgegeben, für das Frühstück einen Nachtmarsch und für das Abendessen ein karges Frühstück.

Plutarch, Alexander 22

»Wenn ich du wäre ...«

Dareios schickte briefliche Botschaft an Alexander und Vertraute, die ihn baten, zehntausend Talente als Lösegeld für die Gefangenen zu nehmen, dazu alles Land diesseits des Euphrats, ferner eine seiner Töchter zu heiraten und sein Freund und Verbündeter zu werden. Alexander unterrichtete seine Umgebung von dem Angebot, und Parmenion meinte: »Ich jedenfalls, wenn ich Alexander wäre, ich nähme das an!« Darauf Alexander: »Bei Zeus, ich auch, wenn ich Parmenion wäre!«   Plutarch, ebendort 29

Siegen wie ein König

(Bei Gaugamela stellte sich der Perserkönig Dareios zur letzten Schlacht.)

Als die älteren von Alexanders Freunden und besonders Parmenion die ganze Ebene von den Wachtfeuern der Barbaren erleuchtet sahen und vernahmen, wie dumpfer Lärm und Stimmengewirr aus dem Lager wie von einem unendlichen Meer herüberhallten, staunten sie über die Menge der Feinde und sprachen miteinander davon, wie gewaltig schwer es sei, in offenem Feld eine solche Masse im Sturmangriff zu werfen. Deshalb suchten sie dem König, der gerade vom Opfer kam, einzureden, er solle nachts angreifen und so mit dem Mantel der Finsternis das Schrecklichste an dem bevorstehenden Kampf verhüllen. Er aber sprach das denkwürdige Wort: »Ich stehle den Sieg nicht!«

Plutarch, ebendort 31

Ein Helm voll Wasser

Die Verfolgung des Dareios gestaltete sich strapaziös und langwierig – Alexander ritt in elf Tagen 3300 Stadien weit![16] –, und sehr viele von seinen Leuten hielten nicht mehr durch, vor allem wegen des Wassermangels. Da nun begegneten ihm Makedonen, die Wasser in Schläuchen auf Mauleseln vom Fluß heranbrachten. Sie sahen Alexander, der in der Mittagshitze argen Durst litt, füllten rasch einen Helm und brachten ihm den. Er aber erkundigte sich, für wen sie das Wasser herschafften. »Für unsere eigenen Söhne«, entgegneten sie, »doch wenn du am Leben bleibst, werden wir andere in die Welt setzen, falls wir jene verlieren.« Er hörte sich das an und nahm den Helm in die Hände. Dann sah er sich um und bemerkte, daß alle Reiter um ihn mit gesenkten Köpfen nach dem Trunk schielten. Da gab er ihn zurück, ohne davon getrunken zu haben, bedankte sich bei den Leuten und sagte: »Würde ich als einziger trinken, dann könnten diese da mutlos werden.« Als die Reiter seine Selbstbeherrschung und seine Großmut erkannten, riefen sie laut, er solle sie nur getrost weiter führen, und peitschten auf ihre Pferde ein: Sie seien nicht müde, hätten keinen Durst und glaubten überhaupt, keine Sterblichen zu sein, solange sie einen solchen König hätten.   Plutarch, ebendort 42

Der Meisterschütze

Der angeblich beste Bogenschütze der Inder war in makedonische Gefangenschaft geraten. Da man von dem Mann sagte, er könne mit dem Pfeil durch einen Fingerring schießen, forderte ihn Alexander auf, seine Kunst zu zeigen. Der Inder aber wollte nicht; Alexander geriet in Wut und befahl, ihn hinzurichten. Denen, die ihn zum Tode führten, sagte der Mann, er habe viele Tage lang keine Gelegenheit zum Üben gehabt und daher befürchtet, er könne versagen. Als Alexander das erfuhr, staunte er und entließ den Schützen reich beschenkt, weil er eher zum Sterben bereit gewesen war als dazu, seinen Ruhm aufs Spiel zu setzen.

Plutarch, Regum et imperatorum apophthegmata 181 B

Ein Wort genügt

Nach der siegreichen Schlacht gegen den Inderkönig Poros fragte Alexander diesen: »Wie soll ich dich nun behandeln?« – »Königlich!« entgegnete Poros. »Und weiter?« wollte Alexander wissen. »Nichts weiter. In dem einen Wort ist alles enthalten.«

Da staunte Alexander über die Klugheit und den Mut des Inders und gab ihm ein größeres Herrschaftsgebiet, als er vorher besessen hatte.

Plutarch, ebendort 181 E

Der König stirbt

Auf dem Sterbebette sagte Alexander zu seiner Umgebung, er sehe schon im Geiste die gewaltigen Leichenspiele, die für ihn stattfinden würden.

Als er dann gestorben war, meinte der Redner Demades: »Mich erinnert das Heer der Makedonen, das nun keinen Führer mehr hat, an den geblendeten Kyklopen.«

Plutarch, ebendort 181 E/F

Der Aussteiger

Diogenes, der »Hund« in der Tonne

> . . . Diogenes schaut aus dem Faß
> und spricht: »Ei, ei, was soll denn das?«

Wilhelm Buschs Bildergeschichte »Diogenes und die bösen Buben von Korinth«, aus der diese beiden Verse stammen, gehört gewiß nicht zu seinen Glanzleistungen; wenn wir sie trotzdem zitieren, so deshalb, weil die Rezeption durch einen Karikaturisten sicher ein besseres Indiz für den Bekanntheitsgrad einer antiken Persönlichkeit ist als ihre Erwähnung in der Fachliteratur. Und tatsächlich wird auch heute noch einem mit antiker Philosophie nur oberflächlich Vertrauten zu diesem Gegenstand neben Sokrates am ehesten Diogenes in den Sinn kommen, Diogenes, dessen Leben eine einzige Provokation war, der die geltenden sozialen Normen durch Verachtung und ätzenden Spott zu erschüttern suchte, der seinen Zeitgenossen ein Dasein in äußerster Bedürfnislosigkeit vorlebte, der sich durch sein »hündisches« Verhalten in trotzigem Stolz zu dem Spottnamen bekannte, den ihm der Versammlungsort seiner Anhänger – das Gymnasium Kynosarges – und seine für die meisten Beobachter »schamlose« Lebensweise verschafft hatten: Kyon, der Hund. Kynikoi, »Hundlinge«, hießen später alle, die ihm nachzueifern suchten und auf offenem Markt mit deftigem Vokabular und »zynischem« Witz die angebliche Torheit der vielen attackierten, die anders, bürgerlicher lebten als sie.

Der Kynismos als typische Protestler- und Aussteigerbewegung präludierte die Epoche des Hellenismus, in der sich die ehedem fast unauflöslichen Bindungen des griechischen Menschen an seine Polis, also an seine überschaubare kleinstädtische Heimat, lockerte; die Stoiker, die manche von den Vorstellungen des Diogenes übernahmen, betrachteten sich ähnlich wie er als Weltbürger.

Die infolge des Alexanderzugs und der Bildung großer Reiche einsetzende Wirtschaftsblüte der griechischen Welt mit ihren negativen Begleiterscheinungen gab den Kynikern starken Auftrieb – Bedürfnislosigkeit läßt sich am ehesten dort predigen, wo viele Bedürfnisse vorhanden sind bzw. durch reiche Konsumangebote geweckt werden. So suchten Diogenes und seine Nachfolger auch keineswegs wie Eremiten die Einsamkeit, sondern vielmehr die großen Städte auf, wo sie immer ein Publikum für ihre verbalen Rundumschläge hatten.

Es kam auch nicht von ungefähr, daß Diogenes seine Tonne – genauer: einen Pithos, ein großes tönernes Vorratsgefäß – in Korinth bezog, einer Hafenstadt, an zwei Meeren gelegen und von weltbekannter Unmoral.

Als Rom zur Weltmacht aufstieg, mußte mancher erfolgsgewohnte Vater erleben, daß sein Sohn sich plötzlich verweigerte, Haar und Bart lang wachsen ließ, sein Äußeres vernachlässigte, irgendwo auf dem nackten Boden schlief und seinen Haß gegen das Besitzbürgertum laut in die Welt hinausschrie. Vor solchen Bürgerschreck-Philosophen warnt Seneca seinen Freund Lucilius im 5. Sendbrief und erklärt, so radikales Auftreten sei keine Werbung für die Philosophie, sondern entfremde ihr die Menschen.

Das 2. Jahrhundert n. Chr., dessen Anfang von Jahrzehnten des Friedens und des Wirtschaftswachstums gekennzeichnet war, brachte eine regelrechte Renaissance des Kynismus, von dem wohl auch das junge Christentum nicht ganz unbeeinflußt blieb.

Damals wurde der von den Literaten seiner eigenen Zeit kaum beachtete, vielleicht auch mit Absicht stillschweigend übergangene Diogenes idealisiert und zum Vorbild erhoben, damals – fast fünfhundert Jahre nach seinem Tod – suchte man sein skurriles Wesen, seine Schlagfertigkeit und seine radikale Kritik des Überkommenen in einer Fülle von Apophthegmata (witzigen Aussprüchen) und Anekdoten zu fassen. Wieviel davon einen wahren Kern hat und was späte Erfindung ist, läßt sich kaum entscheiden. Immerhin zeigt die Untersuchung der Quellen, daß man Diogenes nicht

selten die gleichen Aussprüche in den Mund legte, die man auch
von anderen als originell empfundenen Philosophen erzählte.

Der Dickkopf

Als Diogenes (aus seiner Heimatstadt Sinope am Schwarzen Meer) nach Athen kam, suchte er den Antisthenes auf.
Der aber wies ihn fort, da er grundsätzlich keine Schüler
annahm. Doch Diogenes bezwang ihn durch seine Hart-
näckigkeit. So hielt er, als jener einmal drohend den Stock
schwang, den Kopf hin und sagte: »Schlag nur zu, denn du
wirst keinen so derben Prügel finden, daß du mich damit
von dir fernhalten könntest, so lange du über irgendein
Thema sprichst.« Seitdem durfte er sich als Schüler des Antisthenes betrachten und strebte nach einem Leben in Bedürfnislosigkeit – er war nämlich aus seiner Heimat verbannt.   Diogenes Laertios VI 21

Das Vorbild

Wie Theophrast erzählt, sah Diogenes einmal einer Maus
zu, wie sie hin- und herlief, aber dabei nach keiner Bettstatt
suchte, keine Angst vor der Dunkelheit hatte und auch
nicht sehnsüchtig nach dem verlangte, was landläufig als
Hochgenuß gilt. Da wußte er auf einmal, wie er sich in
seiner Lage zu verhalten hatte.   Diogenes Laertios VI 22

Der Mensch, das rätselhafte Wesen

Wenn er Steuerleute, Ärzte oder Philosophen betrachte, sagte Diogenes, dann sei für ihn der Mensch das klügste aller Lebewesen, sehe er jedoch Traumdeuter, Wahrsager und Leute, die auf sie hörten, oder auch solche, die ihre hohe Stellung oder ihr Reichtum mit eitlem Dünkel erfülle, dann könne er sich nichts Dümmeres vorstellen als den Menschen.

Diogenes Laertios VI 24

Was ihr wollt

Als er einmal über einen ernsten Gegenstand sprach und ihm niemand Aufmerksamkeit schenkte, begann er plötzlich wie ein Vogel zu zwitschern. Gleich umdrängten ihn die Leute, er aber machte ihnen Vorwürfe, daß sie sich bei jeder Art von Narrheit begeistert einfänden, während sie für wirkliche Probleme nur mattes Interesse zeigten.

Diogenes Laertios VI 27

Die spinnen, die Menschen!

In der Kunst, sich gegenseitig das Wasser abzugraben oder dem anderen ans Schienbein zu treten, so meinte Diogenes, herrsche ein lebhafter Wettbewerb unter den Menschen. Dagegen sei niemand darauf erpicht, ein rundum tüchtiger Kerl zu werden. Staunen müsse man auch über die Schulmeister, die die Leiden des Odysseus studierten und gar nicht merkten, wie dreckig es ihnen selber gehe. Die Musiker aber wüßten die Saiten der Lyra zu stimmen, ihr Seelenleben dagegen sei höchst disharmonisch. Die Astronomen wiederum starrten die Sonne und den Mond an und sähen nicht, was vor ihren Füßen sei – und dann die Redner! Sie entwickelten wilden Eifer, zu *sagen*, was recht sei – nur *tun* wollten sie's nie!

Diogenes Laertios VI 27-28

Was man tun sollte

Diogenes lobte die Leute, die mit dem Gedanken umgingen zu heiraten und es dann doch bleiben ließen, die eine Seereise planten, aber nicht abreisten, die mit einer politischen Karriere liebäugelten und darauf verzichteten, die es sich überlegten, ob sie Kinder aufziehen sollten, und dann doch keine aufzögen, die sich mit den Mächtigen arrangieren wollten, es aber nicht täten.

Diogenes Laertios VI 29

Kenntnisse

Als Diogenes in Gefangenschaft geraten war und als Sklave verkauft werden sollte, fragte man ihn, was er eigentlich verstehe. Er erwiderte: »Menschen beherrschen!« Zu dem Ausrufer aber sagte er: »Frag doch nach, ob da einer ist, der sich einen strengen Herrn anschaffen will!«

Diogenes Laertios VI 29

Rechte Lage

»Wie willst du begraben werden?« wurde Diogenes gefragt. »Legt mich aufs Gesicht!« – »Wie denn das?« – »Weil sowieso bald alles auf den Kopf gestellt werden wird.«

Diogenes Laertios VI 32

Wohin denn sonst?

Jemand lud Diogenes in ein prächtig ausgestattetes Haus ein und sagte, er dürfe da nicht ausspucken. Diogenes räusperte sich kräftig und spuckte dem anderen voll ins Gesicht. »Einen passenderen Ort«, erklärte er, »hab' ich nicht gefunden.« Diogenes Laertios VI 32

Nein, ihr nicht!

»Hallo, ihr Menschen!« rief Diogenes einmal mit Stentorstimme. Schon kamen die Leute angerannt, er aber jagte sie mit seinem Stock weg und sagte: »Nach Menschen hab' ich gerufen, nicht nach Drecksäcken!« Diogenes Laertios VI 32

Endspurt

»Du bist ein alter Mann«, bekam Diogenes zu hören, »du solltest dir also etwas weniger zumuten!« – »So?« fragte er zurück, »sollte ich also beispielsweise auch beim Hundertmeterlauf am Ende langsamer werden und mich nicht vielmehr ganz besonders anstrengen?« Diogenes Laertios VI 34

Besiegt

Einmal sah Diogenes einen kleinen Jungen aus der hohlen Hand trinken. Da holte er seinen Becher aus dem Ranzen und warf ihn weg mit den Worten: »Nun hat mich ein Kind an Bedürfnislosigkeit übertroffen.« Diogenes Laertios VI 37

Bescheidene Bitte

Auf dem Isthmos von Korinth fand eine gesamtgriechische Konferenz statt, die den Feldzug gegen die Perser beschloß und König Alexander zum Anführer wählte. Bei diesem fanden sich viele Politiker und Philosophen ein und brachten ihre Freude über diese Entscheidung zum Ausdruck. Alexander erwartete, daß auch Diogenes von Sinope das tun werde, zumal er sich in der Umgebung von Korinth aufhielt. Als aber der, ohne sich im geringsten um Alexander zu scheren, ruhig im Kraneion blieb, begab sich der König persönlich zu ihm. Diogenes lag eben in der Sonne. Als eine solche Menge Menschen herankam, richtete er sich ein wenig auf und blickte Alexander scharf an. Dieser grüßte ihn freundlich, sprach ihn an und fragte, ob er zufällig irgend etwas nötig habe. »Nur wenig«, erwiderte Diogenes: »Geh mir aus der Sonne!«

Wie man berichtet, war Alexander so beeindruckt und verblüfft von dem Stolz und der Seelengröße dieses Mannes, der ihm eben seine völlige Geringschätzung bewiesen hatte, daß er, während seine Umgebung beim Weggehen lachte und spöttelte, die Worte sprach: »Auf jeden Fall möchte ich, wenn ich nicht Alexander wäre, Diogenes sein.«   Plutarch, Alexander 14

Die Fangfrage

Es ist nett zu berichten, wie sich Diogenes einmal revanchierte, als ihm ein Debattierkünstler aus Platons Umgebung eine solche[17] Fangfrage vorlegte, um ihn auf die Schippe zu nehmen. Jener fragte nämlich: »Was ich bin, das bist du doch nicht?« Diogenes nickte. »Ich aber«, setzte der andere hinzu, »bin ein Mensch!« Auch dem stimmte Diogenes zu, der Dialektiker seinerseits aber folgerte: »Also bist du kein Mensch!« – »Das allerdings«, meinte Diogenes, »stimmt jetzt nicht mehr. Wenn du die Sache in Ordnung bringen willst, mußt du bei mir anfangen!«   Gellius 13, 7-8

Hoffnungsschimmer

Jemand hielt eine lange Vorlesung; endlich ließ er am letzten Stück der Buchrolle unbeschriebenen Papyrus sehen. »Mut, Leute!« meinte da Diogenes, »ich sehe Land!«
                                        Diogenes Laertios VI 38

Astronaut

Zu einem, der sich über Himmelserscheinungen verbreitete, sagte Diogenes: »Seit wann bist du wieder herunten vom Himmel?«   Diogenes Laertios VI 39

Der zweite Eingang

Ein verkommener Kastrat hatte an seinem Haus die Inschrift anbringen lassen: »Nichts Schlechtes komme hier herein!« – »Aber der Hausbesitzer«, fragte sich Diogenes, »wo soll denn der ʼreinkommen?«   Diogenes Laertios VI 39

Mitesser

Mäuschen schlüpften auf den Tisch des Diogenes. »Da schau her!« rief jener, »sogar Diogenes füttert Schmarotzer durch!«   Diogenes Laertios VI 40

Die Definition

»Der Mensch«, so hatte Platon definiert, « ist ein zweibeini-
ges Lebewesen ohne Federn.« Die Definition trug ihm Anerkennung ein, Diogenes aber rupfte einen Hahn, brachte
ihn in Platons Hörsaal und sagte: »Das ist also Platons
Mensch!« Aus diesem Grunde wurde die Definition noch
um den Begriff »mit flachen Nägeln« erweitert.

Diogenes Laertios VI 40

Der rechte Zeitpunkt

Jemand wollte wissen, wann man das Frühstück einnehmen solle. »Wenn du reich bist«, erklärte Diogenes, »wann
du Lust hast; wenn du aber arm bist, dann, wenn du was zu
beißen hast.« Diogenes Laertios VI 40

Von Schafen und Kindern

In Megara sah Diogenes die Schafe in ihrer Wolle herum-
laufen, die Kinder aber splitterfasernackt. »Also«, folgerte
er, »ist's besser, der Schafbock als der Sohn eines Megarers
zu sein.« Diogenes Laertios VI 41

Vorsicht!

Jemand hatte Diogenes mit einem Balken gestoßen und
dann gerufen: »So gib doch acht!« – »Wieso?« fragte jener,
»willst du mich nochmals stoßen?« Diogenes Laertios VI 41

Schwieriges Unternehmen

Diogenes zündete am hellen Tag eine Lampe an. »Ich suche einen Menschen!« erklärte er.

Als er einmal das Bad verließ, wurde er gefragt, ob viele Menschen drin seien. »Nein«, erwiderte er. Ein anderer aber wollte wissen, ob sich ein großer Haufen Leute dort aufhalte. Zu dem sagte Diogenes: »Allerdings!«

Diogenes Laertios VI 40/41

Geldbuße

Ein gewisser Meidias versetzte Diogenes einige Ohrfeigen und sagte: »Dreitausend Drachmen Schmerzensgeld liegen für dich auf der Bank!« Darauf legte am folgenden Tag Diogenes Boxhandschuhe[18] an, schlug den Meidias übel zusammen und meinte: »Dreitausend Drachmen Schmerzensgeld liegen für dich auf der Bank!« *Diogenes Laertios VI 42*

Was ist Glück?

Oft verkündete Diogenes lautstark, die Götter hätten den Menschen im Grunde das Leben leicht gemacht. Das aber sei über der Suche nach Süßigkeiten, Parfüms und dergleichen glatt in Vergessenheit geraten. Deshalb sagte er auch einmal zu jemandem, der sich von seinem Sklaven die Schuhe anziehen ließ: »Ganz glücklich bist du noch nicht – wenn du dich nicht auch noch von ihm schneuzen läßt! Na ja, das passiert spätestens dann, wenn dir die Hände gelähmt sind!« *Diogenes Laertios VI 44*

Die kleinen Diebe fängt man ...

Einmal beobachtete Diogenes, wie ein paar hohe religiöse Würdenträger einen Verwaltungsangestellten abführten, der aus dem Tempelschatz eine Schale gestohlen hatte. »Die großen Diebe«, meinte da Diogenes, »führen einen kleinen ab.«

Diogenes Laertios VI 45

Grünzeug

Einmal standen Kinder in der Nähe des Diogenes und sagten: »Wir passen schon auf, daß du uns nicht beißt!« Da erwiderte er: »Nur keine Bange, meine Kleinen: So junges Gemüse frißt kein Hund!«

Diogenes Laertios VI 45

Handgriffe

Einmal onanierte Diogenes auf offenem Markt und meinte dazu: »Wenn man doch auch den Bauch mit ein bißchen Fummeln dazu bringen könnte, keinen Hunger mehr zu haben.«

Diogenes Laertios VI 46

Hündisch

Bei einer Einladung warfen einige Leute dem Diogenes Knochen hin, wie einem Hund. Der aber hob das Gewand und pißte diese Menschen an, genau wie ein Hund.

Diogenes Laertios VI 46

Das Dreckbad

Beim Anblick einer verschmutzten Badestube fragte sich Diogenes: »Wo machen sich wohl die Leute, die hier baden, hinterher sauber?«

Diogenes Laertios VI 47

Musik wird störend oft empfunden ...

Ein unbeholfener Zitherspieler wurde allgemein kritisiert; nur Diogenes fand Worte der Anerkennung für ihn. »Wieso das?« wurde er gefragt und erklärte: »Weil er trotz seinem Ungeschick musiziert und sich nicht auf den Straßenraub verlegt.«

Einen anderen Zitherspieler, dem die Zuhörer ständig fortliefen, grüßte Diogenes mit den Worten: »Guten Tag, Herr Gockelhahn!« – »Wie bitte?« fragte der, und Diogenes erklärte: »Wenn du singst, haut's doch alle aus den Federn!«

Diogenes Laertios VI 47 F.

Urteil

»Die Leute von Sinope«, warf jemand dem Diogenes vor, »haben dich mit der Verbannung bestraft.« – »Ich aber«, erwiderte der Philosoph, »ich habe sie zum Bleiben verurteilt!«

Diogenes Laertios VI 49

Baumaterial

Jemand wollte von Diogenes wissen, warum Sportler so stumpfsinnig seien. »Weil sie ihren Körperbau nur Schweineschnitzeln und Rindersteaks verdanken.«

Diogenes Laertios VI 49

Training

Einmal versuchte Diogenes, eine Statue um Geld anzupumpen. »Warum tust du das?« wurde er daraufhin gefragt. »Ich übe gerade Abblitzen!«   Diogenes Laertios VI 49

Entweder – oder

Als Diogenes jemanden anbettelte – das tat er in erster Linie, weil es ihm wirklich sehr schlecht ging –, sagte er:
»Wenn du schon 'mal einem was gegeben hast, dann gib
auch mir; hast du aber noch keinen beschenkt, dann mach
mit mir den Anfang!«   Diogenes Laertios VI 49

Früchte

Einst sah Diogenes Frauen, die sich an einem Ölbaum er-
hängt hatten. »Wenn doch«, kommentierte er diesen Anblick, »alle Ölbäume solche Früchte trügen!«[19]

Diogenes Laertios VI 52

Wer braucht wen?

Man riet Diogenes, doch nach seinem entlaufenen Sklaven
Manes zu suchen. Er aber erwiderte: »Nein, denn es wäre
doch komisch, wenn zwar Manes ohne mich auskäme, ich
aber nicht ohne den Manes!«   Diogenes Laertios VI 55

Einleuchtende Begründung

Auf die Frage, warum die Leute zwar Bettler beschenkten, aber nicht die Philosophen, gab Diogenes die Antwort: »Weil sie damit rechnen, auch einmal blind oder lahm zu werden. Daß sie aber Philosophen werden könnten, damit rechnet keiner!«
Diogenes Laertios VI 56

Das große Tor von Myndos

Als Diogenes einmal nach Myndos kam und sah, wie groß das Tor und wie klein die Stadt war, sagte er: »Leute von Myndos, haltet euer Tor gut verschlossen, sonst entwischt euch am Ende eure Stadt!«
Diogenes Laertios VI 57

Lastenausgleich

An den dickbäuchigen Redner Anaximenes wandte sich Diogenes mit der Bitte: »Gib doch uns armen Teufeln was von deinem Bauch ab! Dir bringt's Erleichterung, und wir haben was davon!«
Diogenes Laertios VI 57

Der Salzhering

Während Anaximenes einmal einen Vortrag hielt, hielt Diogenes einen Salzfisch in die Höhe und lenkte so die Zuhörerschaft ab. Anaximenes wurde wütend, Diogenes aber meinte: »Ein lumpiger Salzhering hat die Vorlesung bei Anaximenes gesprengt!«
Diogenes Laertios VI 58

Standpunkte

Platon bemerkte, wie Diogenes seinen Kohl am Brunnen spülte, kam heran und flüsterte: »Hättest du den Tyrannen Dionysios ein bißchen hofiert, dann bräuchtest du jetzt keinen Kohl zu waschen.« Diogenes aber antwortete ebenso leise: »Und wenn du es über dich gebracht hättest, Kohl zu spülen, hättest du keinen Dionysios hofieren müssen.«

Diogenes Laertios VI 58

Was kümmert's mich?

»Die meisten lachen über dich«, sagte jemand zu Diogenes. »Na und? Über die lachen vielleicht die Esel. Aber die geben nichts auf die Esel, und ich nichts auf jene Leute.«

Diogenes Laertios VI 58

Votivkapelle

Als einer die Votivgaben bestaunte, die aus Seenot Gerettete im Heiligtum von Samothrake aufgestellt hatten, meinte Diogenes: »Es wären noch viel mehr, wenn auch die *nicht* Geretteten etwas gestiftet hätten.«   Diogenes Laertios VI 59

Überredungskunst

Diogenes versuchte, einen grämlichen Menschen anzupumpen. »Erst mußt du mich überreden«, sagte der. »Wenn ich das könnte«, entgegnete Diogenes, »dann hätte ich dich bereits überredet, dich aufzuhängen.«

Diogenes Laertios VI 59

Der Hund

Einst trat Alexander vor Diogenes und sprach: »Ich bin Alexander, der große König.« – »Und ich«, erwiderte jener, »ich bin Diogenes der Hund.«

Leuten, die wissen wollten, warum man ihn »den Hund« nenne, erklärte er: »Wenn mir einer was schenkt, dann wedle ich mit dem Schweif; wer mir nichts gibt, wird angebellt, und die Schufte, die beiße ich.«   Diogenes Laertios VI 60

Beim Frühstück

Diogenes verzehrte auf dem Marktplatz sein Frühstück; die Umstehenden aber riefen fortwährend: »Du Hund, du Hund!« Da entgegnete er: »Ihr seid die Hunde, weil ihr mich umdrängt, während ich frühstücke!«

Ein Kritiker mißbilligte es, daß Diogenes auf dem Markt sein Essen zu sich nahm. Darauf jener: »Aber auf dem Markt krieg' ich auch Hunger.«   Diogenes Laertios VI 58/61

... pater saepe incertus

Diogenes sah, wie der Bub einer Dirne Steine in die Volksmenge warf. »Paß nur auf«, warnte er ihn, »sonst triffst du deinen Vater.«   Diogenes Laertios VI 62

Neuer Trick

Ein ungeschickter Ringkämpfer war, wie Diogenes feststellen mußte, plötzlich als Arzt tätig. »Warum das?« fragte er. »Etwa, um die, die dich einmal besiegt haben, nun aufs Kreuz zu legen?«   Diogenes Laertios VI 62

Würdiger Empfänger

Einige Leute sprachen sich anerkennend aus über jemanden, der Diogenes etwas hatte zukommen lassen. Der aber fragte: »Und mich lobt ihr nicht als einen, der's verdient, was zu kriegen?«
Diogenes Laertios VI 62

Philosophie macht frei

Jemand wollte wissen, was für einen Gewinn Diogenes von der Philosophie gehabt habe. »Wenn schon sonst keinen, so doch den«, entgegnete er, »auf jede Wendung des Schicksals vorbereitet zu sein.« Die Frage nach seiner Herkunft beantwortete er so: »Ich bin ein Weltbürger.«
Diogenes Laertios VI 63

Der Anfang der Wissenschaft

»Nichts weißt du«, warf einer dem Diogenes vor, »und trotzdem philosophierst du!« Darauf Diogenes: »Selbst wenn ich nur so tue, als wüßte ich was, ist das schon eine Art Philosophie!«
Diogenes Laertios VI 64

Unnötig

Jemand stellte Diogenes seinen Sohn vor – als möglichen Schüler – und bemerkte dazu. Er ist hochbegabt und sittlich absolut gefestigt.« – »Wozu«, fragte Diogenes, »braucht er dann mich?«
Diogenes Laertios VI 64

Gegen den Strom

Diogenes ging ins Theater, während ihm die Menschen eben entgegenströmten. »Warum machst du das?« fragte man ihn. »So will ich's immer halten«, entgegnete er, »in meinem ganzen Leben.« Diogenes Laertios VI 64

Zweck verfehlt

»Ich eigne mich nicht zum Philosophen«, sagte einer, doch Diogenes tadelte ihn: »Warum lebst du dann überhaupt, wenn du kein Interesse daran hast, ein schönes Leben zu führen?« Diogenes Laertios VI 65

Letzte Gelegenheit

Einen Verschwender bettelte Diogenes um eine ganze Mine an, also um einen stattlichen Geldbetrag. »Warum«, wollte der wissen, »verlangst du von mir so viel und von den anderen nur einen lächerlichen Obolos?« – »Weil ich«, erklärte Diogenes, »damit rechne, von den anderen noch öfter etwas zu kriegen. Ob ich aber von dir jemals noch etwas bekomme, das liegt im Schoße der Götter.«

Diogenes Laertios VI 67

Ein schlechter Rat

Den Speusippos hatte eine Lähmung der Beine befallen, und Diogenes riet ihm, seinem Dasein ein Ende zu machen. Jener aber erwiderte: »Wir leben nicht mit den Beinen, sondern mit dem Verstand.« Stobaios IV 52, 17

Die Checkliste

Diogenes wurde gefragt, welches die besten Menschen seien. »Diejenigen«, erwiderte er, »die Reichtum, Ruhm, Lust und Leben verachten und andererseits erhaben sind über Armut, Geringschätzung, Mühsal und Tod.«

Stobaios IV 29, 57

Hurra!

Wenn Diogenes ein Unglück traf, rief er gewöhnlich: »Bravo, Schicksal, daß du dich einem Mann gestellt hast!« Auch zeigte er in solchen Situationen durch Pfeifen seine innere Heiterkeit. Stobaios IV 44, 71

Sicherheit

Diogenes sah einen unfähigen Bogenschützen. Sogleich setzte er sich unmittelbar neben das Ziel mit den Worten: »Damit er mich nicht trifft!« Diogenes Laertios VI 67

Leiche mit Stock

Diogenes verlangte, ihn nach seinem Tod unbestattet liegenzulassen. »Zum Fraß für die Vögel und wilden Tiere?« entsetzten sich seine Freunde. »Keineswegs«, entgegnete er. »Ihr sollt einen Stock neben mich legen, womit ich sie verscheuchen kann.« – »Wie willst du das schaffen? Du spürst doch nichts mehr!« – »Was schaden mir dann die Bisse der wilden Tiere, wenn ich nichts mehr spüre?«

Cicero, Tusculanae disputationes I 104

Der Tod des Diogenes

Über seinen Tod gehen die Nachrichten auseinander. Manche berichten, er habe sich beim Abnagen eines rohen Ochsenfußes die Cholera geholt und sei so gestorben, andere, er habe den Atem verhalten [...], wieder andere, er sei bei dem Versuch, an Hunde einen Tintenfisch auszuteilen, ins Bein gebissen worden und ums Leben gekommen, weil die Schlagader verletzt war. Diogenes Laertios VI 76 F.

Noch so einen Sieg . . .

Könige und Herrscher in der Nachfolge
Alexanders des Großen

»Als der Dichter Hermodotos König Antiochos als ›Sohn des Sonnen-
gotts‹ in seinen Gedichten pries, meinte der: ›Davon weiß der Bursche
nichts, der mein Nachtgeschirr ausleeren muß.‹«
Plutarch, Regum et imperatorum apophthegmata 182 B

Alexander hatte damit begonnen, sich als Göttersohn zu fühlen
und entsprechend verehren zu lassen; die sogenannten Diadochen
(»Nachfolger«), die sein Riesenreich in blutigen Kämpfen unter
sich aufteilten, folgten auch darin ihrem großen Vorgänger, daß sie
sich weit über Menschliches zu erheben trachteten. Diese Neigung
wurde auch nicht geringer, als eine schwächere Generation, die
»Epigonen«, in die Fußstapfen eines Antiochos von Syrien oder
Ptolemaios von Ägypten trat.

Doch während an den Höfen der Mächtigen bezahlte und
selbsternannte Lobredner deren Ruhm verkündeten, ließen andere
sich den Blick hinter die glänzende Fassade nicht nehmen und
spießten lustvoll die kleinen Schwächen der angeblich Großen
auf. Damit erfüllten sie eine ähnliche Aufgabe wie der Sklave, der
hinter siegreichen römischen Generalen auf dem Triumphwagen
stand und ihnen ins Ohr flüsterte: »Denke daran, daß du ein
Mensch bist!«

Die Menschlichkeit der Übermenschen erkannten die Zeitge-
nossen vor allem in deren Scheitern: Da zieht Demetrios mit dem
Beinamen Poliorketes (»Städtestürmer«) gegen das kleine Rho-
dos. Riesig ist der Aufwand an Material, Maschinen von unge-
ahnter Größe werden eingesetzt – doch Rhodos hält stand und
wird später aus dem zurückgelassenen Belagerungsschrott seinen
berühmten Koloß errichten.

König Pyrrhus von Epirus, ein Verwandter Alexanders und heute noch sprichwörtlich wegen seiner verlustreichen Siege über die Römer, wollte im Westen das erreichen, was dem großen Makedonen im Osten gelungen war. Das kühne Vorhaben mißlang, und der kriegerische König fand einen in den Augen der Zeitgenossen wenig glorreichen Tod: In einer umkämpften Stadt schleuderten Frauen Ziegel von den Dächern – und einer davon traf Pyrrhus.

Krieg mit einem Toten?

Die seit ältester Zeit berühmte Insel Rhodos und die wunderschöne, reichgeschmückte Stadt auf ihr belagerte und berannte Demetrios, der namhafteste Heerführer seiner Epoche, der seinem Geschick und Einfallsreichtum bei der Herstellung von Belagerungsmaschinen den Beinamen Poliorketes verdankte. Bei jener Belagerung nun machte er Anstalten, ein öffentliches Gebäude außerhalb des Mauerrings, in dem nur eine kleine Besatzung lag, anzugreifen, zu zerstören und niederzubrennen. In diesem Bauwerk aber befand sich ein weltweit bekanntes Bild des Ialysos von der Hand des bedeutenden Malers Protogenes; dieses prachtvolle und tadellose Kunstwerk gönnte Demetrios in seiner Wut den Rhodiern nicht. Diese jedoch schickten Gesandte zu ihm mit folgender Botschaft: »Was, zum Henker, hat es für einen Sinn, wenn du diesen Bau niederbrennst und dabei das Gemälde vernichtest? Denn wenn du uns alle bezwingst und diese ganze Stadt einnimmst, dann fällt dir durch deinen Sieg auch das Bild in die Hand, und zwar völlig unbeschädigt. Schaffst du es aber nicht, uns durch die Belagerung zur Kapitulation zu zwingen, dann solltest du bitte bedenken, ob es nicht schimpflich für dich wäre, mit dem toten Protogenes Krieg zu führen, da du die Rhodier nicht besiegen konntest.« Als Demetrios dies von den Gesandten vernommen hatte, brach er die Belagerung ab und verschonte das Bild und die Stadt. Gellius XV 31

Auch ein Denkmal

Als Demetrios mit den Rhodiern Waffenstillstand geschlossen hatte, ließ er den »Städtegreifer« (einen riesigen Belagerungsturm) bei ihnen zurück; er sollte ein Denkmal seiner ungeheuren Anstrengungen und des Heldenmuts der Rhodier sein.

Plutarch, Regum et imperatorum apophthegmata 183 A

Fürstlicher Dank

Die Athener waren von Demetrios abgefallen, er aber eroberte die Stadt zurück, die bereits schwer unter Nahrungsmangel litt. Sogleich berief Demetrios eine Volksversammlung ein und verkündete eine Getreidespende. Bei seiner Rede unterlief ihm jedoch ein Aussprachefehler und einer von den Leuten, die da saßen, rief ihm zu, wie das Wort richtig lauten mußte. »Nun«, entgegnete Demetrios, »für diese Korrektur geb' ich euch noch weitere 5000 Scheffel drauf!« Plutarch, ebendort 183 B

Verständlicher Wunsch

Antigonos sah sich einmal gezwungen, zur Winterzeit in einer Gegend zu kampieren, in der es am Nötigsten fehlte. Darüber schimpften einige seiner Soldaten – sie hatten nämlich keine Ahnung, daß er ganz in der Nähe war. Er

aber schob mit seinem Stock eine Zeltbahn beiseite und rief:
»Es wird euch leid tun, wenn ihr zum Weiterschimpfen
nicht sofort auf Distanz geht!«   Plutarch, ebendort 182 C

Im Dilemma

Der Kyniker Thrasyllos verlangte von Antigonos eine
Drachme.[2] »Das ist keine Gabe für einen König«, erwiderte
der. »Dann gib mir ein Talent!« – »Das ist keine Gabe für
einen Kyniker!«   Plutarch, ebendort 182 E

Weisheit des Alters

Alle Welt wunderte sich, daß Antigonos im Alter mit Güte
und Gelassenheit an die Probleme heranging. »Früher«, erklärte er da, »ging's mir um Macht; jetzt brauche ich Anerkennung und Wohlwollen.«   Plutarch, ebendort 182 A

Seines Volkes erster Diener

Als Antigonos feststellen mußte, daß sein Sohn mit den
Untergebenen allzu rüde und hochfahrend umsprang, sagte
er zu ihm: »Du weißt wohl nicht, mein Junge, daß unsere
Königsherrschaft nur eine ruhmvolle Form von Sklaverei
ist?«   Claudius Aelianus, Varia historia II 20

Nutzen der Krankheit

Antigonos war lange krank gewesen; als er sich wieder auf-
rappelte, meinte er: »Nichts ist ganz schlecht – und diese
Krankheit hat mich daran erinnert, daß wir Sterblichen uns
nicht zu viel einbilden sollten.«　　　Plutarch, ebendort 182 B

Gegengewicht

Antigonos, der Sohn des Demetrios, beabsichtigte eine
Seeschlacht gegen die Admirale des Ptolemaios. Als ihm
sein Steuermann sagte, der Feind habe viel mehr Schiffe,
entgegnete er: »Und mich selber, gegen wie viele davon
setzt du mich?«　　　Plutarch, ebendort 183 C

Planmäßig

Einmal mußte Antigonos vor anrückenden Feinden zu-
rückweichen. Da erklärte er, er fliehe mitnichten, er suche
nur eine günstige Stellung auf, und die sei nun eben weiter
hinten.　　　Plutarch, ebendort 183 D

Der Maßstab

Der Sohn eines tapferen Vaters, der selbst offensichtlich
kein besonders guter Soldat war, verlangte von Antigonos
dasselbe Einkommen, wie es sein Vater bezogen hatte.
»Mein guter Junge«, meinte da Antigonos, »ich zahle Sold
für gute Männer, nicht für gute Väter!«

Plutarch, ebendort 183 D

Köpfe und Würfel

Ein Ptolemaios – der wievielte es war, tut nichts zur Sache – saß gerade beim Würfelspiel und unterbrach es auch nicht, als einer vor ihn trat und die Namen von Verurteilten samt dem vorgesehenen Strafmaß vorlas; der König sollte bei den Todeskandidaten einen Vermerk machen. Seine Gattin Berenike aber nahm dem Sklaven die Liste weg und ließ sie nicht weiter verlesen. Sie erklärte vielmehr, über das Schicksal eines Menschen müsse man mit gesammelter Aufmerksamkeit nachdenken und nicht bei irgendeiner Freizeitbeschäftigung. Der Fall von Würfeln und von Köpfen sei schließlich nicht zu vergleichen.

Ptolemaios freute sich über diese Worte und würfelte danach nie mehr, wenn es um Kopf und Kragen eines Menschen ging. Claudius Aelianus, Varia historia XIV 43

Pyrrhussiege

Als König Pyrrhus in zwei Schlachten die Römer besiegt, dabei aber viele seiner Freunde und von den Hauptleuten verloren hatte, sagte er: »Noch so ein Sieg über die Römer, und es ist aus mit uns!« Plutarch, ebendort 184 C

Nacht der langen Messer

Pyrrhus wurde von seinen beiden kleinen Söhnen gefragt, wem er die Herrschaft hinterlasse. Er antwortete: »Dem, der das schärfere Messer hat!« Plutarch, ebendort 184 C

Das war noch gar nichts!

Einmal wurde Pyrrhus hinterbracht, daß bei einem Gelage in Tarent recht unehrerbietig über ihn gesprochen worden sei. Er ließ die Teilnehmer an dem Fest zu sich bringen und fragte, ob sie das gesagt hätten, was ihm zu Ohren gekommen war. Darauf antwortete einer von den Leuten: »Wäre uns nicht der Wein ausgegangen, dann wäre, was man dir gemeldet hat, der reinste Spaß gewesen im Vergleich zu dem, was wir noch sagen wollten.« Eine so witzige Entschuldigung für Reden im Rausch und ein so offenes Geständnis der Wahrheit verwandelte den Zorn des Königs in Heiterkeit. Valerius Maximus V 1, Ext. 3

Wie du mir . . .

Pyrrhus marschierte in die Peloponnes ein und traf in Arkadien Abgesandte der Spartaner. Diese empfing er mit großer Höflichkeit und versprach, er werde seine eigenen Söhne in Sparta erziehen lassen, damit sie die von Lykurg geschaffene Ordnung kennenlernten. Das meldeten die Boten in Sparta, Pyrrhus aber griff die Stadt an. Da hielten ihm die Spartaner vor, daß er ganz anders handle, als er angekündigt habe. Pyrrhus aber meinte lachend: »Ihr pflegt ja auch nicht vorher davon zu reden, wenn ihr in den Krieg ziehen wollt. Seid mir also nicht böse, wenn ich gegen euch Spartaner einen spartanischen Trick angewandt habe.«

Polyainos VI 6, 2

Das Ende des Pyrrhus

König Pyrrhus von Epirus war von dem Argiver Aristeus zu Hilfe gerufen worden und rückte in Argos ein. Da sammelten sich die Einwohner der Stadt bewaffnet auf dem Marktplatz, die Frauen aber besetzten die Dächer der Häuser, bewarfen die Epiroten von oben und suchten sie am Vordringen zu hindern. Dabei fiel auch Pyrrhus, dieser gewaltige Heerführer: ein Ziegel hatte ihn am Kopf getroffen! Die Frauen von Argos aber gewannen in Griechenland höchsten Ruhm, weil solch ein Kriegsheld nicht durch Männer, sondern durch Frauen ums Leben gekommen war. Polyainos VIII 68

Ein Doppelgänger des Diogenes?

Der Kyniker Demonax

Im 2. nachchristlichen Jahrhundert, also während der schon erwähnten Renaissance des Kynismos, soll Diogenes in der Person eines gewissen Demonax aus Kypros einen Nachahmer gefunden haben, dessen Witz und Schlagfertigkeit sich mit der des Vorbilds durchaus messen konnte. Doch wenn es schon nicht so recht sicher ist, ob Diogenes all das, was er gesagt haben soll, auch gesagt hat, so steht es um die Authentizität der Demonax-Anekdoten noch schlimmer: Sie fließen nämlich alle aus einer einzigen Quelle, einer Biographie, die Lukian von Samosata, ein dem Kynismos zugeneigter Literat und Satiriker, verfaßt haben soll. Da diese – möglicherweise Lukian nur zugeschriebene oder untergeschobene – Schrift den einzigen Beleg für die Existenz des Demonax darstellt, darf man auch diese selbst in Zweifel ziehen: Unter Umständen ist der wohlklingende Name nur der Kristallisationskern, um den sich schon seit langem weitererzählte witzige Geschichten sammelten.

Der Zuhörer

Einem Redner, der sich ganz miserabel präpariert hatte, riet Demonax zu energischer Übung. Der entgegnete: »Ich führe ständig Selbstgespräche!« Darauf Demonax: »Dann hältst du diese deine Reden offensichtlich vor einem idiotischen Zuhörer.« Lukian, Leben des Demonax 36

Grabschrift

Ein jämmerlicher Dichter namens Admet sagte zu Demonax, er habe einen Einzeiler verfaßt, der nach seinem letzten Willen auf sein Grabmal geschrieben werden solle (übrigens ist's gar nicht verkehrt, den Vers selbst hier zu bringen):

> Erde nahm auf den Leib des Admet,
> zu Gott ging er selber.

Als Demonax das hörte, mußte er lachen und meinte: »Die Grabschrift ist so schön, lieber Admet, daß ich wollte, sie wäre bereits draufgeschrieben!«   Lukian, ebendort 44

Bocksmelker

Einmal beobachtete Demonax, wie zwei Möchtegern-Philosophen ohne eine Spur von Sachverstand sich über ein Problem stritten: Der eine stellte unsinnige Fragen, und der andere gab Antworten, die nichts mit der Sache zu tun hatten. Da meinte Demonax: »Kommt es euch, meine Freunde, nicht auch so vor, daß der eine von den beiden da einen Bock zu melken versucht und der andere ein Sieb darunterhält?«   Lukian, ebendort 28

Das schöne Gewand

Als Demonax einmal sah, wie stolz ein römischer Adliger auf die Breite seines Purpurstreifs war, neigte er sich zu dessen Ohr, faßte das Gewand und sprach, wobei er darauf zeigte: »Das hat vor dir jedenfalls ein Schaf getragen, ein wirkliches Schaf.«   Lukian, ebendort 41

Der Barbar

Ein gewisser Polybios, dem Bildung völlig abging und der außerdem noch ein gräßliches Griechisch sprach, warf sich in die Brust mit den Worten: »Der Kaiser hat mich mit dem römischen Bürgerrecht geehrt.« – »Hätte er dich doch«, gab Demonax zurück, »lieber zum Griechen als zum Römer gemacht!«

Lukian, ebendort 40

Kämpfer

Ein schon ziemlich betagter und beleibter Römer führte Demonax vor, wie er in voller Rüstung auf einen Übungspfahl einschlug, und fragte: »Na, wie hab’ ich deiner Meinung nach gekämpft?« – »Ganz prima«, entgegnete Demonax, »jedenfalls, solange du es mit einem Gegner aus Holz zu tun hast.«

Lukian, ebendort 38

Zuständigkeit

Demonax hatte sich über einen Sportler lustig gemacht, der sich nach einem Sieg in Olympia in einem grellbunten Gewand sehen ließ.[20] Darauf hatte ihm der mit einem Stein einen Schlag verpaßt, daß das Blut floß. Die Anwesenden waren darüber so empört, als hätten sie selbst einen Hieb abbekommen, und schrien, man müsse sofort ins Amtsgericht gehen. »Nein, meine Herren«, meinte da Demonax; »nicht ins Amtsgericht, sondern zu einem Doktor!«

Lukian, ebendort 16

Ein Messer bis nach Smyrna

Von Witzbolden und Weichlingen, Trotteln
und zerstreuten Professoren

Schon bei der Biographie des Demonax wurde die Vermutung
geäußert, daß es sich dabei um eine verkappte Sammlung zunächst
»herrenloser« witziger Aussprüche handeln könne. Derartige Zu-
sammenstellungen scheinen in hellenistischer Zeit sehr beliebt
gewesen zu sein, gingen aber leider bis auf verstreute Reste verlo-
ren. Immerhin lassen sich viele dieser Witze drei Hauptgruppen
zuordnen:

Zur ersten gehören diejenigen, die unter dem Namen einer als
geistreich und schlagfertig bekannten Persönlichkeit liefen, etwa
unter dem des Athener Sängers und Zitherspielers Stratonikos;
die zweite macht sich über bestimmte Personengruppen lustig, vor
allem über den »scholastikos«, den Stubengelehrten, der durch
seine Weltfremdheit zeigt, daß – wie Heraklit sagte – Vielwisserei
noch keinen Verstand bringt; zur dritten sind jene Schildbürgerge-
schichten zu rechnen, die man schon in der Antike von den Be-
wohnern bestimmter Städte erzählte. Beispielsweise galten die
Leute aus Kyme oder aus Abdera als besonders beschränkt.

Gottesgaben

Stratonikos war aufgefordert worden, sich doch den Vortrag eines anderen Sängers zur Kithara anzuhören. Danach
sprach er: »Das eine zwar gab ihm der Vater Zeus, doch das
andre versagt' er.« – »Wie meinst du das?« wollte jemand
wissen, und Stratonikos erklärte: »Schlecht die Kithara zu
spielen, das gab er ihm, aber schön zu singen, das hat er ihm
versagt.«   Athenaios VIII 350 D

Glaube

Als einmal ein herabfallender Balken einen schuftigen Menschen erschlug, meinte Stratonikos: »Männer, es will mir scheinen, als gäbe es Götter – wenn's aber keine gibt, so gibt es auf alle Fälle Balken!«[21]   Athenaios VIII 350 D

Mit göttlichem Beistand

Stratonikos hatte in seinem Unterrichtsraum neun Bilder der Musen, eins von Apollo und außerdem zwei Schüler. Als ihn nun jemand fragte, wie viele Schüler er habe, erwiderte er: »Mit Beistand der Götter: zwölf.«

Athenaios VIII 348 D

Die Wette

In Maroneia wettete Stratonikos mit seinen Saufkumpanen, er könne, auch wenn man ihn mit verbundenen Augen herumführe, stets angeben, wo in der Stadt er sich gerade befinde. Man machte die Probe aufs Exempel und fragte nach einiger Zeit den Stratonikos: »Wo sind wir jetzt?« Der erklärte: »Vor 'ner Kneipe!« Er hatte die Wette gewonnen, denn Maroneia besteht praktisch nur aus Kneipen.

Athenaios VIII 351 E

Sicherheit

Stratonikos wurde gefragt, welche Schiffe er für die sichersten halte, die langen oder die breiten. Er erwiderte: »Die, die man an Land gezogen hat.«   Athenaios VIII 350 B

Vorsichtshalber

Stratonikos wollte sich zur Ruhe begeben; vorher befahl er aber einem Sklaven, laufend Trinkbares heranzuschaffen. »Nicht, weil ich Durst habe«, meinte er dazu, »sondern damit ich keinen kriege.« Athenaios VIII 349 B

Arbeit? Nein danke!

Ein Mann aus Sybaris hatte eine Reise über Land gemacht. Dabei, so berichtete er, habe er Leuten bei der Feldarbeit zugesehen – und vom bloßen Hinschauen einen Bruch bekommen. Ihm entgegnete einer seiner Zuhörer: »Und ich, wie ich dir zuhörte, Seitenstechen.«[22]

Timaios von Tauromenion bei Athenaios XII 518 D

Lust auf den Heldentod

Ein anderer Sybarit war nach Sparta gekommen und dort zum Essen eingeladen worden. Als er nun, auf hartem Holz ausgestreckt, mit ihnen die Mahlzeit einnahm, sagte er, er habe früher immer Bauklötze gestaunt, wenn er von der Tapferkeit der Spartaner hörte. Nun aber glaube er, sie seien auch nicht anders als andere Leute, denn vermutlich zöge der ärgste Schlappschwanz es vor, den Heldentod zu sterben, als ein solches Leben auszuhalten. Athenaios XII 518 E

Das Rosenbett

Smindyrides aus Sybaris brachte es in der Kunst des süßen Lebens besonders weit – es war ja die Hauptbeschäftigung aller Sybariten, ihr Leben mit Schwelgerei und Zerstreuung zu verbringen, und Smindyrides war ihnen in dieser Kunst noch etwas über. Der also legte sich auf Rosenblätter zum Schlafen, und als er sich wieder erhob, erklärte er, er habe auf diesem Lager Blasen am ganzen Körper bekommen!

Claudius Aelianus, Varia historia IX 24

Tanzende Pferde

Auch das ist ein Höhepunkt sybaritischen Lebensgenusses: Sie dressierten ihre Pferde, so daß sie während ihrer Feste zu Flötenklängen tanzten! Das wußten die Leute aus Kroton, und als sie gegen Sybaris in den Krieg zogen [...], ließen sie den Pferden mit Flöten aufspielen. Sie hatten nämlich auch Flötisten im Heer dabei. Und sobald jene die Musik vernahmen, fingen sie nicht nur zu tanzen an, sondern liefen zu den Krotoniaten über und brachten ihre Reiter mit.

Athenaios XII 19

Das Schiff

In Akragas auf Sizilien hat ein Haus den Namen »Das Schiff«, und zwar aus folgendem Grund:

Einige junge Männer hielten in diesem Haus ein Gelage ab und tranken sich dabei einen so gewaltigen Rausch an, daß sie in ihrem Wahn glaubten, sie führen auf einem Schiff und der Sturm tobe heftig über das Meer. Dadurch gerieten sie derart in Panik, daß sie alle Möbel und Decken aus dem

167

Haus warfen – ins Meer, wie sie glaubten, um ihr durch den Sturm in Seenot geratenes Schiff zu erleichtern. Das hatte, so kam es ihnen vor, der Steuermann geraten. Inzwischen kamen vor dem Haus viele Leute zusammen und machten sich über das her, was aus den Fenstern geworfen worden war. Aber das tat dem wahnsinnigen Treiben der jungen Leute keinen Abbruch. Am folgenden Tag kam die Polizei ins Haus und stellte die Zecher, die immer noch seekrank waren, zur Rede. Die antworteten auf die Fragen der Beamten, sie hätten mit einem schweren Sturm zu kämpfen gehabt und seien gezwungen gewesen, alles Entbehrliche von ihrer Ladung über Bord zu werfen. Die Polizisten staunten nicht schlecht über so viel Verrücktheit – da sprach sie einer von den Trinkern, wiewohl er dem Anschein nach der älteste von ihnen war, folgendermaßen an: »Ihr Herren Meergötter, aus Angst hab' ich mich unter den Bodenbrettern der Kajüte versteckt, um so weit wie möglich drunten im Schiff zu sein.«

Die Beamten zeigten Verständnis für das ungewöhnliche Treiben der jungen Männer, verlangten aber nachdrücklich, sie sollten nicht noch mehr Wein in sich hineinpumpen. Dann ließen sie sie laufen. Die aber riefen allesamt, sie würden sich dankbar zeigen: »Wenn wir«, sagten sie, »glücklich einen Hafen erreichen und uns aus dem wildbewegten Meer retten können, dann werden wir euch Standbilder in unserer Heimatstadt neben denen der Meergötter aufstellen, da ihr uns offensichtlich gerettet habt durch euer segensreiches Erscheinen.«

Seitdem also heißt dieses Haus »Das Schiff«.

Timaios von Tauromenion bei Athenaios II 37 B-E

Gewissenhaft

Der zerstreute Herr Professor war am Zäpfchen operiert worden; daher hatte ihm der Art zu sprechen verboten. Also trug er seinem Sklaven auf, an seiner Stelle die Leute zu begrüßen, die ihm guten Tag wünschten. Danach aber sagte er selbst zu jedem von ihnen: »Nimm's nicht als Unhöflichkeit auf, wenn dich mein Sklave statt meiner begrüßt! Mir hat nämlich der Arzt verboten zu reden.«   Philogelos 7

Die Lampe

Der zerstreute Herr Professor gab bei einem Silberschmied eine Lampe in Auftrag. Als der wissen wollte, wie groß er sie machen solle, entgegnete er: »Zirka für acht Leute.«

Philogelos 1

Schiff in Gefahr

Der zerstreute Herr Professor sah auf einem Fluß einen mit Getreide schwer beladenen Lastkahn und sagte: »Wenn der Fluß jetzt auch nur ein bißchen steigt, säuft der Kahn ab!«

Philogelos 66

...rechnen kann er!

Der zerstreute Herr Professor wollte verreisen, da sagte ein Bekannter zu ihm: »Bitte, kauf für mich doch zwei fünfzehnjährige Sklaven.« Jener antwortete: Wenn ich davon keine kriege, kaufe ich dir einfach einen dreißigjährigen.«

Philogelos 12

Ausrede

Dem zerstreuten Professor, der sich im Ausland aufhielt, hatte ein Freund geschrieben, er solle Bücher für ihn kaufen. Der aber vergaß den Auftrag. Als er nun heimkam und dem anderen begegnete, sagte er: »Den Brief, den du mir wegen der Bücher geschrieben hast, hab' ich dummerweise nicht bekommen.«   Philogelos 17

Heiliger Eid

Der zerstreute Professor wäre beinahe ertrunken, als er schwimmen wollte. Da schwor er sich, nicht eher wieder ins Wasser zu gehen, bevor er das Schwimmen gut erlernt habe.   Philogelos 2

Ein schweres Problem

Von Zwillingsbrüdern war der eine gestorben. Als nun der zerstreute Professor dem überlebenden begegnete, erkundigte er sich: »Sag mal, bist jetzt du tot – oder dein Bruder?«
                                                        Philogelos 29

Verläßliche Zeugen

Der zerstreute Professor begegnete einem Bekannten und sagte: »Ich habe gehört, du seist gestorben.« Der erwiderte: »Aber ich bin, wie du siehst, noch am Leben!« Darauf der Professor: »Allerdings ist der Mann, der mir das erzählt hat, bei weitem glaubwürdiger als du.«   Philogelos 22

Sein letzter Wille

Dem Schiff des zerstreuten Professors drohte der Untergang. Da bat er um Schreibtäfelchen, um sein Testament machen zu können. Philogelos 30

Warte nur!

Unser Professor besuchte einen kranken Bekannten und fragte ihn nach seiner Krankheit. Als ihm der andere keine Antwort gab, geriet er in Wut und drohte: »Hoffentlich werd' ich auch bald krank: dann sag' ich auch nichts zu dir!« Philogelos 34

Wunder der Natur

Der zerstreute Professor sah auf einem Feld, das ihm gehörte, einen tiefen Brunnen und erkundigte sich, ob das Wasser gut sei. Die Landarbeiter erklärten: »Allerdings; auch deine Eltern haben daraus getrunken.« – »Was müssen die für Hälse gehabt haben«, wunderte sich jener, »daß sie aus solcher Tiefe trinken konnten.« Philogelos 51

Weinschwund

Der zerstreute Herr Professor hatte Aminäerwein[23] besorgt und das Vorratsgefäß versiegelt. Sein Sklave aber bohrte es unten an und holte sich Wein heraus. Der Professor staunte nicht schlecht, daß die Siegel unverletzt waren und der Wein trotzdem weniger wurde. Als ihm aber jemand den Rat gab: »Sieh doch einmal nach, ob man nicht unten abgelassen hat!« ließ er diesen Menschen abblitzen: »Du Voll-idiot«, sagte er, »nicht unten fehlt Wein, sondern oben!«

Philogelos 263

Zum Probieren

Der zerstreute Herr Professor wollte sein Haus verkaufen; darum nahm er einen Stein davon mit und ließ ihn sehen.

Philogelos 41

Armes Huhn

Zwei Professoren gingen zusammmen spazieren. Da sah der eine von ihnen ein schwarzes Huhn und sagte: »Lieber Freund, diesem Huhn ist wahrscheinlich der Hahn verstor-ben.«

Philogelos 39

Man gebe mir eine Chance!

Ein junger Studiker schrieb an seinen Vater aus Athen und fügte, stolz auf seinen Lernfortschritt hinzu: »Ich wollte, du hättest bei meiner Heimkehr einen Kapitalprozeß am Hals, damit ich dir zeigen könnte, was ich für ein Redner gewor-den bin!«

Philogelos 54

Nutzen der Wissenschaft

Ein durchtriebener Studiker befand sich in Geldverlegen-heit und mußte seine Bücher verkaufen. Da schrieb er nach Hause: »Freu dich mit mir, Papa, denn schon ernähren mich meine Schriften!«

Philogelos 55

Die Monde

Ein Studiker erblickte den Mond und fragte seinen Vater, ob auch die Leute in den anderen Städten solche Monde hätten.   Philogelos 49

Relativ ähnlich

Ein Studiker sah ein Zwillingspaar, dessen große Ähnlichkeit die Leute bestaunten. Er aber meinte: »Der da ist jenem nicht so ähnlich wie jener dem da!«   Philogelos 101

Das Experiment

Der Herr Professor hörte davon, daß ein Rabe über zweihundert Jahre alt werden könne. Also kaufte er sich einen Raben und fütterte ihn, um der Sache auf den Grund zu gehen.   Philogelos 253

Tierschutz

Ein Professor debattierte mit zwei Kollegen, und einer von ihnen vertrat die Ansicht, es sei eigentlich nicht recht, wenn man ein Schaf schlachte, das uns doch reichlich mit Milch und Wolle versorge. »Allerdings«, meinte der andere; »dann darf man aber auch keine Kuh töten, die ebenfalls Milch gibt und außerdem den Pflug zieht.« Also, so folgerte nun der Professor, sei es auch nicht zu billigen, wenn man ein Schwein umbringe, dem man doch die Blut- und Leberwürste verdanke.   Philogelos 103

Stichhaltiger Grund

Ein Witzbold beobachtete, wie ein Lehrer seinen Schülern lauter Unsinn beibrachte. Er trat an ihn heran und fragte, warum er nicht das Zitherspielen lehre. »Das versteh' ich nicht«, entgegnete jener. »Warum hältst du dann Schulunterricht? Davon hast du doch auch keine Ahnung.«

Philogelos 140

Die rechte Rasur

Ein Witzbold wurde von einem geschwätzigen Friseur gefragt: »Wie soll ich dich rasieren?« Jener erwiderte: »Stumm!«

Philogelos 148

Na so was!

Jemand begegnete dem Herrn Professor und sagte: »Der Sklave, den du mir verkauft hast, ist gestorben.« – »Na so was«, erwiderte der. »Solange er bei mir war, hat er nie dergleichen getan.«

Philogelos 136

Ersatzlösung

Ein Abderit war einem anderen einen Esel schuldig, hatte aber keinen. Da ersuchte er ihn darum, ihm doch zwei Halbesel (so nennt man in Griechenland die Maultiere) geben zu dürfen.

Philogelos 127

Ach so!

Ein Abderit sah einen Kastraten, der sich mit einer Frau unterhielt, und erkundigte sich bei ihm, ob er mit ihr verheiratet sei. Der aber sagte: »Wir Eunuchen können doch gar keine Frau haben.« Darauf der Abderit: »Ach so, dann ist's also deine Tochter!«   Philogelos 115

Raffiniert

Ein Geizhals schrieb sein Testament und setzte – sich selbst als Erben ein.   Philogelos 104

Reklame

Ein Mann aus Kyme verkaufte Honig. Schon näherte sich ein Kunde, kostete und meinte. »Der ist ja prima!« – »Allerdings«, meinte der Kymäer; ich würde ihn auch gar nicht verkaufen, wenn mir nicht eine Maus 'reingefallen wäre.«

Philogelos 173

Allzu taktvoll

Ein Mann aus Kyme war schwer erkrankt, und der Arzt hatte ihn aufgegeben. Als er nun wider Erwarten wieder genesen war, ging er dem Herrn Doktor aus dem Wege. Da der ihn nach dem Grund fragte, meinte er. »Du sagtest doch, ich würde sterben; nun geniere ich mich, daß ich noch am Leben bin.«   Philogelos 174

Letzter Ausweg

Zu einem grantigen Arzt kam ein Patient und sagte: »Herr Doktor, ich kann weder liegen noch stehen; auch sitzen geht nicht.« »Dann«, meinte der Arzt, »bleibt dir nichts übrig, als dich aufzuhängen.« Philogelos 183

Gute Idee

Ein Mann aus Kyme wurde beim Schwimmen von einem Wolkenbruch überrascht. Flugs tauchte er unter, um nicht naß zu werden. Philogelos 164

Vorsichtig

Ein Mann aus Kyme kaufte Fenster und fragte, ob das auch wirklich welche für die Südseite seien. Philogelos 165

So ein Pech!

Ein Mann aus Kyme ritt auf seinem Esel an einem Garten vorbei. Da sah er, wie sich der Zweig eines Feigenbaums über die Mauer reckte, voll von reifen Feigen. Er griff nach dem Ast, der Esel ging unter ihm durch, und er hing zwischen Himmel und Erde. Als man ihn fragte, was denn mit ihm passiert sei, erklärte er: »Ich bin vom Esel gefallen.«

Philogelos 174

Zu viel verlangt

Zu einem Schiffskoch aus Sidon (dessen Einwohner als ebenso beschränkt galten wie die von Kyme oder Abdera) sagte ein Passagier: »Ach leih mir doch ein Messer, nur bis Smyrna.« Der aber entgegnete: »Ich hab' kein Messer, das bis dorthin langt!«   Philogelos 137

Toller Service

Ein ungeschickter Friseur mußte die Leute, die er geschnitten hatte, tüchtig mit Pflastern bekleben. Als sich einer deshalb bei ihm beschwerte, meinte er: »Undankbarer Mensch, was du dich nur aufregst! Für einen Denar hab' ich dich rasiert, und für vier Denare kriegst du Pflaster!«
Philogelos 198

Trauerfall

Zu einem Säufer, der sich gerade in der Kneipe betrank, kam einer und sagte: »Du, deine Frau ist gestorben.« Kaum hatte der andere das gehört, wandte er sich an den Wirt und gab seine Bestellung auf: »Chef, ab sofort nur noch dunklen Wein.«   Philogelos 227

Die Mitgift

Ein Hungerleider gab einem anderen Hungerleider seine Tochter zur Frau. Als er gefragt wurde, welche Mitgift sie bekomme, meinte er: »Ich geb' ihr ein Haus, von dem schauen die Fenster zur Bäckerei 'raus!«   Philogelos 219

Zeit der Helden

Die frühe römische Republik

»Darauf sollte (bei der Lektüre meines Werks) jeder im eigenen Interesse mit gespannter Aufmerksamkeit achten, welches die Lebensart und welches die (damals herrschenden) moralischen Grundsätze waren, dazu, durch was für Männer und aufgrund welcher Eigenschaften sowohl im Inneren wie nach außen die Macht gewonnen und gemehrt wurde. Sodann sollte mein Leser mitverfolgen, wie infolge des Nachlassens der strengen Zucht auch das sittliche Empfinden sozusagen erschlaffte, wie die öffentliche Moral immer mehr ins Wanken geriet, wie dann der jähe Zusammenbruch einsetzte, bis sich der heutige Zustand einstellte, in dem wir weder die Laster, an denen wir kranken, noch die dagegen ergriffenen Maßnahmen mehr aushalten können.«

Livius, Praefatio 9

Der hoffnungslose Zustand, den Livius in Kontrast zur so viel besseren Vergangenheit setzt, das sind nicht die tatsächlich chaotischen Verhältnisse der ausgehenden Republik sondern die des beginnenden Kaisertums: Augustus hatte nach einem Jahrhundert der Selbstzerfleischung den inneren und äußeren Frieden gebracht, der öffentliche und private Wohlstand wuchs rapide, Literatur und Wissenschaften blühten. Trotzdem glaubt Livius nicht mehr daran, daß die von Augustus versuchte moralische Erneuerung Roms gelingen könnte: Die Krankheit sitzt zu tief und die von ihr zerfressenen Leiber sind bereits zu schwach, um kräftige Medikamente vertragen zu können. Voll Wehmut wendet sich der Historiker dem lange Vergangenen zu, um bei seiner Betrachtung wenigstens für eine Weile die triste Gegenwart vergessen zu können: Welches Heldentum, welche hohen moralischen Grundsätze erfüllten jene Männer, die Rom aus kleinen Anfängen zu hoher Macht führten! Daß die Frühzeit der römischen Republik mangels verläßlicher Überlieferung in einer Mischung aus Dichtung,

Wahrheit und Stilisierung erst ziemlich spät die heroischen Züge annahm, die Livius bewundert, sieht er nicht oder will er nicht sehen.

Er hängt vielmehr, wie viele andere römische Autoren auch, einer Utopie an, wobei er freilich nicht nach fernen Inseln oder in die Zukunft den Blick richtet, sondern rückwärts in die eigene Vergangenheit.

Nun ist es gewiß eine allgemein menschliche Eigenschaft, das Gewesene für besser zu halten als das Gegenwärtige und mit Skepsis oder gar mit ausgeprägtem Pessimismus dem, was noch kommen wird, entgegenzusehen; trotzdem ist der Grad der Idealisierung der Vorzeit und die Konsequenz, mit der jene »retrospektive Utopie« gepflegt wurde, bei den Römern besonders ausgeprägt, vielleicht, weil diese Gesellschaft schon mit ihrer Bezeichnung für die Ahnen, maiores, zum Ausdruck brachte, daß diese »größer« seien als die Späteren. Daß von solcher Überlegenheit auch etwas Lähmendes und Bedrückendes ausgehen kann, darf wohl angenommen werden.

Der Linkshänder

(Als die Römer ihren letzten König vertrieben hatten, wandte sich dieser mit der Bitte um Hilfe an die Etrusker Porsinna, der bald mit einem großen Heer Rom belagerte.)

Darüber empfand Mucius, ein junger Mann aus vornehmem Hause, heftigen Schmerz, denn solange das römische Volk unter der Herrschaft von Königen in sklavischer Abhängigkeit lebte, war es in keinem Krieg und durch keine Feinde einer Belagerung ausgesetzt, nun aber, da es die Freiheit gewonnen hatte, wurde es von denselben Etruskern bedrängt, deren Heere es oft zersprengt hatte. Um seiner Empörung Luft zu machen, plante Mucius irgendeine große und kühne Tat und hatte zuerst vor, auf ganz persönliches Risiko ins Lager der Feinde einzudringen. Dann aber kamen ihm Bedenken, es könnten ihn, wenn er ohne Auftrag durch die Konsuln und ohne Wissen aller sich auf den Weg machte, die römischen Wachtposten zufällig festnehmen und als Überläufer in die Stadt zurückbringen, deren damalige Situation eine solche Tat wahrscheinlich machte. Daher wandte er sich an den Senat und sprach: »Senatoren, ich beabsichtige, über den Tiber zu gehen und, wenn es möglich sein sollte, ins Lager der Feinde vorzustoßen, und zwar nicht, um Beute zu machen oder um dem Feind Plünderungen heimzuzahlen; ich habe, wenn mir die Götter beistehen, Größeres im Sinn.« Die Senatoren billigten sein Vorhaben, und er verbarg ein Schwert unter der Kleidung und ging. Als er sein Ziel erreicht hatte, postierte er sich im ärgsten Gedränge nahe dem Feldherrnsitz des Königs. Dort wurde gerade den Soldaten ihre Löhnung ausbezahlt, und der Sekretär, der neben dem König saß, war fast ebenso prächtig gekleidet und sehr beschäftigt, auch wandten sich die Soldaten in der Regel an ihn. Mucius aber scheute sich zu fragen, wer von beiden Porsinna sei, damit er sich nicht durch seine Unkenntnis verriete. So ließ er seine Hand vom blinden Zufall führen und erschlug den Schreiber statt des Königs.

Dann bahnte er sich mit blutigem Dolch durch die verängstigte Menge seinen Weg, wurde aber von der Leibwache des Königs, die auf den Lärm hin herbeigeeilt war, zurückgeschleppt und vor den Richterstuhl des Königs gestellt. Selbst in einer so bedrohlichen Lage, erweckte er noch mehr Furcht, als er empfand. »Römer bin ich«, sprach er, »Gaius Mucius nennen sie mich. Als Feind wollte ich den Feind erschlagen und sehe nun dem Tod mit der gleichen Unerschrockenheit entgegen, wie ich sie beim Attentat zeigte. Heldenhaft zu handeln und zu leiden ist Römerart. Und ich bin nicht der einzige, der dir gegenüber so eingestellt ist: Lang ist hinter mir die Reihe derer, die nach gleichem Ruhm streben. Richte dich also, wenn es dir Spaß macht, auf eine Bedrohung von der Art ein, daß du stündlich um dein Leben kämpfen mußt, daß du stündlich einen bewaffneten Feind in der Vorhalle deines Palastes findest! Einen solchen Krieg erklären wir dir, die jungen Männer Roms. Du magst kein Heer, keine Schlacht fürchten; nur dir allein gilt der Kampf, und mit einzelnen wirst du es zu tun haben!« Als nun der König, gleichermaßen wütend wie entsetzt vor der Gefahr, unter Drohungen befahl, Mucius mit Feuerbränden zu foltern, wenn er nicht rasch erklärte, von welchen Anschlägen er da in dunklen Andeutungen spreche, erwiderte jener: »Gib nun acht, damit du siehst, wie wenig ihr Leib denen gilt, die großen Ruhm vor Augen haben!« Zugleich hielt er die rechte Hand in ein Kohlebekken, das man für ein Opfer angezündet hatte. Und während er die Hand, gleich als ob ihn das gar nichts anginge, verkohlen ließ, geriet der König wegen des unerhörten Ereignisses ganz außer sich. Er sprang von seinem Sitz auf, ließ den jungen Mann von den Altären wegführen und sprach: »Geh du nur, der du in deinem Wagemut mehr an dir als an mir wie ein Feind gehandelt hast! Ich würde dich wegen deiner Tapferkeit auf das höchste rühmen, wenn sie meinem Lande diente. So kann ich dich nur gehen lassen, frei, los und ledig von den Folgen deiner Tat.« Darauf sagte Mucius, um sich gewissermaßen erkenntlich zu zeigen für diese Gnade. »Da Tapferkeit bei dir Anerkennung findet, sollst du aus Gefälligkeit von mir erfahren, was du durch Drohungen nicht aus mir herauspressen konntest: Dreihundert hervorragende junge Römer sind wir, die geschworen haben, dir auf solche Weise nach dem Leben zu trachten. Mich traf das Los als ersten; die übrigen werden, wenn die Reihe an sie kommt, zur Stelle sein und auf ihre

Chance warten, wie immer es mir auch erging.« Dann durfte Mucius gehen. Er erhielt später wegen des Verlusts seiner rechten Hand den Beinamen »der Linkshänder«.

Livius II 12

Das Opfer

Als mitten auf dem Forum von Rom sich plötzlich ein riesiger Erdspalt öffnete, verkündete ein Orakel, das man befragt hatte, dieser Spalt könne nur durch das gefüllt werden, wodurch sich Rom am meisten auszeichne. Curtius, ein junger Mann von größtem Mut und höchstem Adel, deutete den Spruch so: Roms Ruhm beruhe auf der kriegerischen Tüchtigkeit seiner Männer. Daher bestieg er sein Pferd im Schmuck seiner Rüstung, gab dem Tier heftig die Sporen und stürzte sich mit ihm in jenen Schlund. Die Bürger warfen ihm zur Ehre um die Wette Opfergaben nach, und dann gewann die Erde ihr altes Aussehen zurück.

Große Heldentaten erfüllten später mit ihrem Glanz das Forum, doch gibt es kein herrlicheres Beispiel für Opferbereitschaft gegenüber dem Vaterland als die Tat des Curtius.

Valerius Maximus V 6, 2

Die Macht einer Mutter

Coriolan, ein Mann von bedeutenden Fähigkeiten, voll hochfliegender Pläne und sehr verdient um den Staat, wurde Opfer einer absolut ungerechtfertigten Verurteilung und flüchtete zu den Volskern, die damals mit den Römern verfeindet waren.

Tüchtigkeit erfreut sich überall hoher Wertschätzung. Daher erhielt er dort, wohin er gekommen war, um Unterschlupf zu finden, bald den Oberbefehl, und es kam dahin, daß seine Mitbürger, die ihn als hilfreichen Heerführer nicht hatten haben wollen, ihn als einen General kennenlernten, der sie um ein Haar ins Verderben gestürzt hätte: In rascher Folge schlug er die römischen Heere, und durch seine Siege machte er Schritt um Schritt den Kriegern der Volsker die Bahn nach Rom frei.

Daher sah sich jenes Volk, das Leistung so ungern anerkennt, gezwungen, den als Verbannten anzuflehen, den es als Angeklagten nicht geschont hatte.

Man schickte eine Delegation zu ihm, die um Gnade bitten sollte: sie erreichte nichts. Dann wurden die Priester mit den Abzeichen ihrer Würde zu ihm gesandt und kehrten ebenfalls erfolglos wieder heim.

Fassungslos war nun der Senat, in Panik versetzt das Volk, Männer ebenso wie Frauen jammerten über die drohende Katastrophe. Da begab sich Veturia, Coriolans Mutter, ins Lager der Volsker; mit sich führte sie seine Frau Volumnia und seine Kinder.

Als sie der Sohn erblickte, rief er aus: »Vaterland, du hast mich bezwungen und meinen Zorn gestillt, als du die für dich bitten ließest, die mich geboren hat. Um ihretwillen sei dir deine Schuld erlassen, auch wenn du meinen Haß verdienst.«

Auf der Stelle zog er seine Streitmacht aus dem römischen Gebiet ab. So ließ sein Herz, das doch voll war von Schmerz über das erlittene Unrecht, von Hoffnung auf einen mit Händen greifbaren Sieg, von Scham darüber, daß er seinen Auftrag nicht ausführte, und von Furcht vor dem Tode, sich nun ganz von Mutterliebe erfüllen, und deren Anblick allein ließ auf den schrecklichen Krieg heilsamen Frieden folgen.[24]   Valerius Maximus V 4, 1

Schläge für den Lehrer

Als der Konsul Camillus die Stadt Falerii belagerte, führte
der dortige Schulmeister sehr viele Jungen aus den vornehmsten Familien anscheinend zu einem Spaziergang vor
das Tor – und brachte sie ins Lager der Römer. Nun stand
es außer Zweifel, daß ihre Gefangennahme den Behaup-
tungswillen der Falisker brechen und sie zur Kapitulation
veranlassen würde. Trotzdem faßte in dieser Situation der
Senat den Beschluß, die Jungen in ihre Heimatstadt zurück-
zuschicken. Dabei sollten sie ihren gefesselten Lehrer mit
Rutenschlägen vor sich her treiben. Durch ein so korrektes
Verhalten gewann Rom die Herzen derer, deren Mauern
nicht hatten erstürmt werden können, denn die Falisker
öffneten den Romern ihre Tore, eher durch deren Großzü-
gigkeit als durch ihre Waffen besiegt.   Valerius Maximus VI 5, 1

Rettendes Schnattern

(In Italien war ein gallischer Stamm eingefallen und hatte
die Römer an dem Flüßchen Allia geschlagen. Rom war
von den Eindringlingen besetzt, nur das Kapitol hielt noch
stand.)
   Doch die Burg von Rom, das Kapitol, war in äußerster
Gefahr, denn die Gallier hatten entweder dort, wo der Bote
aus Veji durchgekommen war, eine menschliche Fußspur
entdeckt oder selbst festgestellt, daß der Fels beim Tempel-
chen der Carmenta leicht zu ersteigen war. So schickten sie
im Dämmer der Nacht zuerst einen Unbewaffneten voraus, der den Pfad erkunden sollte, und gaben dann an
schwierigen Stellen die Waffen von Mann zu Mann weiter,
hielten und stützten sich gegenseitig und zogen einander
hoch, wenn es das Gelände erforderte. So kamen sie unter

derartigem Stillschweigen nach oben, daß sie nicht nur von den Wachen unbemerkt blieben, sondern nicht einmal die Hunde weckten, die doch bei nächtlichen Geräuschen so gern Laut geben.

Die Gänse aber konnten sie nicht täuschen. Sie waren der Juno heilig, daher hatte sie die Besatzung trotz schlimmstem Nahrungsmangel nicht geschlachtet, und dieser Enthaltsamkeit verdankte sie nun ihre Rettung. Das Schnattern und Flügelschlagen der Gänse weckte nämlich den Marcus Manlius, der vor drei Jahren Konsul gewesen war und im Krieg Bedeutendes geleistet hatte. Unverzüglich ergriff er seine Waffen, alarmierte die übrigen Römer und stieß, während jene noch ängstlich durcheinanderliefen, einen Gallier, der schon ganz oben war, mit dem Schildbuckel wieder hinab.

Dessen Sturz brachte die unmittelbar Nachfolgenden zu Fall und verwirrte die übrigen, so daß sie ihre Waffen wegwarfen. Während sie sich an die Felsen klammerten, erschlug sie Manlius. Mittlerweile hatten sich auch die restlichen Römer gesammelt und vertrieben mit Speerwürfen die Feinde von den Felsen: In völliger Auflösung polterte das ganze Kommando in die Tiefe! Livius V 47 1-6

Wehe den Besiegten!

Die Besatzung des Kapitols war erschöpft vom Postenstehen und von durchwachten Nächten und hatte doch all die Plagen, die einen Menschen treffen können, ertragen – außer dem Hunger: das ließ die Natur nicht zu. Tag für Tag hielt man Ausschau, ob vom Diktator etwa Hilfe komme (er hatte das zersprengte römische Heer in der Stadt Veji gesammelt), doch mit der Zeit schwand auch die Hoffnung, nicht nur die Nahrung dahin, und wenn die Soldaten auf Wache zogen, dann brachen ihre geschwächten Körper fast unter der Last der Rüstungen zusammen.

Also verlangte die Mannschaft, man solle entweder kapitulieren oder, unter welchen Bedingungen auch immer, sich loskaufen, zumal die Gallier recht deutlich erkennen ließen, daß sie um keinen besonders hohen Preis zur Aufgabe der Belagerung zu bewegen seien. Man hielt eine Senatssitzung ab und erteilte den Militärtribunen den Auftrag, Verhandlungen zu führen. Bei einer Unterredung mit dem Gallierhäuptling Brennus brachte der Militärtribun Quintus Sulpicius die Sache zu einem Abschluß, und 1000 Pfund Gold wurden als Preis für das Volk festgesetzt, das schon bald über die Völker der Welt herrschen sollte.

Zu dem an sich schon höchst schimpflichen Vorgang kam noch folgende empörende Niedertracht: Die Gallier benützten falsche Gewichte, und als der Tribun sich dagegen verwahrte, warf der unverschämte Gallierfürst noch sein Schwert in die Waagschale und sprach das für Römer unerträgliche Wort: »Wehe den Besiegten!« Livius V 48, 6-9

Zweikampf zu dritt

Über Valerius Maximus, der den Beinamen Corvinus erhielt, weil ihn ein Rabe (corvus) im Kampf unterstützte, stimmen die Berichte der angesehenen Autoren völlig überein.

Der wirklich erstaunliche Sachverhalt wird in den Annalen folgendermaßen dargestellt:

Ein junger Mann aus der gens Valeria[25] wurde unter dem Konsulat des Lucius Furius und Appius Claudius Militärtribun. Zu dieser Zeit hatten ungeheure Heerscharen der Gallier das pomptinische Land (in Latium) besetzt, und die wegen der Gewalttätigkeit und großen Zahl der Feinde tief beunruhigten Konsuln mußten sich mit ihrem Heer zum Kampf stellen.

Da trat großspurig der Anführer der Gallier hervor, ein Riese von Gestalt. Seine Waffen glänzten von Gold, in der Hand schwang er einen Speer, voll hochmütiger Verachtung blickte er auf alles herab und verlangte, wenn jemand aus dem ganzen römischen Heer den Mut habe, mit ihm zu kämpfen, dann solle er nur kommen und sich ihm stellen.

Und während die übrigen noch zwischen Furcht und Scham schwankten, holte sich der Tribun Valerius von den Konsuln zuerst die Erlaubnis, gegen diesen Gallier kämpfen zu dürfen, der sich in so maßloser Überheblichkeit brüstete. Dann ging er ihm furchtlos und besonnen entgegen, die beiden trafen aufeinander, blieben stehen, wurden schon handgemein – und da geschah das Wunder!

Ganz plötzlich flog ein Rabe heran, ließ sich auf dem Helm des Tribunen nieder und nahm von da aus den Kampf auf. Besonders hatte er es auf Gesicht und Augen des Feindes abgesehen.

Immer wieder stürzte er sich auf ihn, suchte ihn zu verwirren, zerkratzte ihm mit seinen Krallen die Hand, nahm ihm mit seinen Flügelschlägen die Sicht und flog, wenn er sich so recht ausgetobt hatte, auf den Helm des Tribunen zurück.

Und so besiegte dieser vor den Augen der beiden Heere durch eigene Tapferkeit und dank der Hilfe des Vogels den wilden Führer der Feinde, tötete ihn und erhielt aus diesem Grund den Beinamen Corvinus. Das geschah im Jahre 405 nach Gründung der Stadt. Der vergöttlichte Augustus ließ übrigens dem Corvinus eine Statue auf dem von ihm angelegten Markt aufstellen. Auf deren Haupt ist das Bild eines Raben und erinnert so an den denkwürdigen Kampf, den ich eben beschrieben habe. Gellius IX 11

Ein Held wird ausgepeitscht

Quintus Fabius Rullianus, der Kommandeur der Reiterei, hatte gegen den Befehl des Diktators Papirius das Heer in den Kampf geführt. Obgleich er dabei die Samniten völlig zersprengte, ließ der Diktator bei seiner Rückkehr ins Lager – unbeeindruckt von seiner Tapferkeit, seinem Erfolg, seiner edlen Abstammung – die Ruten holen und ihn entkleiden. Was für ein befremdliches Schauspiel! Rullianus, dem Reiteroberst, dem Sieger hatte man die Kleider vom Leibe gerissen, und nun bot er nackt seinen Leib den Liktoren dar, daß sie ihn mit ihren Schlägen zerfetzten, daß die Geißelhiebe die eben im Kampf empfangenen Wunden wieder aufbrechen ließen und das herausströmende Blut den gerade errungenen herrlichen Siegeslorbeer bespritzte! Durch seine dringenden Bitten verschaffte das Heer dem Fabius die Möglichkeit, sich nach Rom zu flüchten. Dort flehte er vergeblich den Senat um Hilfe an: Papirius bestand trotzdem auf dem Vollzug der Todesstrafe. Deshalb sah sich der Vater des Fabius, der selbst Diktator und dreimal Konsul gewesen war, dazu veranlaßt, die Sache vor das Volk zu bringen und kniefällig die Volkstribunen um Unterstützung seines Sohns anzuflehen. Aber auch das tat der unnachsichtigen Strenge des Papirius keinen Abbruch. Als schließlich sämtliche Bürger und die Tribunen sich auf das Bitten verlegten, schwor er, er erlasse nicht dem Fabius seine Strafe, sondern füge sich nur dem Volk und der Macht der Tribunen. Valerius Maximus II 7, 8

Disziplin über alles

Du, Torquatus, ließest als Konsul im Latinerkrieg deinen
Sohn, weil er, herausgefordert von Geminus Maecius, dem
Führer der Leute von Tusculum, ohne dein Wissen zum
Kampf angetreten war, trotz seinem rühmlichen Sieg und
der herrlichen Beute vom Liktor abführen und wie ein Opfertier hinschlachten – du hieltest es für besser, daß ein Vater einen tapferen Sohn verliere als daß es dem Vaterland an
soldatischer Disziplin fehle![26]   Valerius Maximus II 7, 6

Gift für König Pyrrhus?

Als König Pyrrhus in Italien stand und eine erste sowie eine
weitere Schlacht erfolgreich geschlagen hatte und die Römer arg in Bedrängnis waren und ein beträchtlicher Teil der
Italiker sich schon auf die Seite des Königs geschlagen
hatte, da kam ein Mann aus Ambrakia namens Timochares,
ein Vertrauter des Königs Pyrrhus, heimlich zum Konsul
Fabricius, verlangte eine Belohnung und versprach, wenn
man sich in diesem Punkt geeinigt habe, den König durch
Gift zu töten. Das sei leicht, so sagte er, da beim Gelage
seine Söhne die Becher kredenzten.

Fabricius informierte in dieser Angelegenheit den Senat.
Der aber schickte Boten an den König mit dem Auftrag, sie
sollten zwar den Timochares nicht verraten, jedoch den
König ermahnen, er solle sich besonders in acht nehmen
und sich vor einem Anschlag aus seiner nächsten Umgebung schützen.

Das steht so, wie hier berichtet, im Geschichtswerk des
Valerius Antias. Claudius Quadrigarius aber schreibt in seinem dritten Buch, nicht Timochares, sondern Nikias sei
zum Konsul gekommen, und es seien auch nicht vom Se-

nat, sondern von den Konsuln Boten gesandt worden; Pyrrhus habe daraufhin dem römischen Volk seinen Dank und seine Anerkennung ausgesprochen und sämtliche Gefangenen, die er damals bei sich hatte, neu eingekleidet und heimgeschickt. Konsuln waren damals Gaius Fabricius und Quintus Aemilius. Der Brief aber, den sie in dieser Angelegenheit an den König Pyrrhus sandten, lautete nach dem Bericht des Claudius Quadrigarius folgendermaßen:

»Die römischen Konsuln entbieten König Pyrrhus ihren Gruß. Tief empört über Deine beständigen Übergriffe haben wir den Wunsch, Dich bis aufs Messer zu bekriegen. Es schien uns jedoch selbstverständlich und ein Gebot der Fairneß, auf Dein Wohlergehen zu achten, damit wir jemanden haben, den wir in Waffen niederkämpfen können. Zu uns kam Nikias, Dein Vertrauter, um sich eine Belohnung für den Fall auszubitten, daß er Dich heimlich umbrächte. Wir aber ließen ihn wissen, daß das nicht unser Wunsch sei; er solle sich also deswegen keine Vorteile erhoffen. Gleichzeitig schien es uns richtig, Dich zu informieren, damit man nicht anderswo – wenn etwas Derartiges eintreten sollte – auf die Idee kommt, das sei auf unsere Veranlassung geschehen. Es mißfällt uns außerdem, im Kampf Kopfprämien oder üble Tricks einzusetzen. Wenn Du nicht achtgibst, liegst Du bald auf der Nase!«[27]

Gellius III 8

Fabricius und der Elefant

Fabricius kam zu Pyrrhus, um über die Freilassung der Gefangenen zu verhandeln. Da bot ihm der König viel Gold an, er aber nahm es nicht. Am folgenden Tag ließ Pyrrhus seinen größten Elefanten von Fabricius unbemerkt heranbringen: Plötzlich war er hinter ihm und ließ sein Trompeten hören. Fabricius aber wandte sich lächelnd um und sagte: »Mich hat weder gestern dein Gold noch heute das Vieh da aus der Fassung gebracht.«

Plutarch, Regum et imperatorum apophthegmata 195 A

Der Angstgegner

Hannibal

»Hannibal, Sohn des Hamilkar, Karthager. Wenn es stimmt, was sowieso niemand bezweifelt, daß das römische Volk allen übrigen Völkern an kriegerischer Tüchtigkeit überlegen ist, dann läßt sich nicht bestreiten, daß Hannibal im selben Maß die übrigen Heerführer an Klugheit übertraf, wie das römische Volk sämtliche Nationen an Tapferkeit hinter sich läßt. Denn sooft er sich in Italien mit ihm im Kampfe maß, ging er stets als der Überlegene daraus hervor. So hätte er wahrscheinlich die Römer niederringen können, hätten ihm nicht die eigenen Leute aus Neid und Gehässigkeit Steine in den Weg gelegt. Doch die Obstruktion der vielen siegte über die Tüchtigkeit des einen Mannes.« Cornelius Nepos, Hannibal 1

In dieser Würdigung, die der römische Historiker Cornelius Nepos im 1. Jahrhundert v. Chr. seiner Hannibalbiographie voranstellte, wird das Gefühl der Unterlegenheit deutlich, das die sieggewohnten Römer empfanden, als ihnen die von Hannibal über die Alpen geführte karthagische Invasionsarmee im zweiten Punischen Krieg (218-201) eine Niederlage nach der anderen beibrachte. Daß der Feind, der in der mörderischen Schlacht bei Cannae (216) ein zahlenmäßig weit überlegenes römisches Heer einkesselte und größtenteils vernichtete, am Ende tapferer sei als die Römer, konnte und wollte man nicht zugeben. Lieber begründete man Hannibals Siege mit dessen trickreicher Raffinesse, die den nach ihrem Selbstverständnis geraden, ehrlichen und biederen Römern sowieso höchst suspekt war. Viele der Geschichten, die man später von Hannibal erzählte, betonen gerade diese Eigenschaft des großen Karthagers. Auch der eingangs zitierte Cornelius Nepos widmet solchen Anekdoten breiten Raum, während er Hannibals Siegeszug durch Italien nur knapp und reichlich trocken darstellt.

Die folgende Episode soll sich nach Hannibals Niederlage und Flucht aus Karthago ereignet haben:

Gold für die Göttin

(Auf seiner Flucht) kam Hannibal nach Kreta in die Stadt Gortyn, um dort zu überlegen, wo er noch Zuflucht finden könnte. Doch in seiner ungewöhnlichen Schlauheit erkannte er sofort, daß er, wenn er sich nichts einfallen ließe, in großer Gefahr sei wegen der Geldgier der Kreter. Er führte nämlich beträchtliche Mittel bei sich und wußte, daß darüber Gerüchte im Umlauf seien; also faßte er folgenden Plan: Er füllte eine Reihe von Krügen mit Blei und bedeckte es ganz oben mit Gold und Silber. Diese Krüge deponierte er in Anwesenheit der Stadtväter von Gortyn im Tempel der Artemis, wobei er vorgab, er vertraue sein Vermögen dem Schutz der Kreter an. Diese krochen auf den Leim; er aber füllte die Bronzestandbilder, die er bei sich hatte, mit seinem Geld und stellte sie scheinbar achtlos im Vestibül seines Hauses auf. Die Behörden von Gortyn ließen unterdessen den Tempel scharf bewachen, nicht so sehr vor sonstigen Leuten als vor Hannibal, damit er nicht ohne ihr Wissen seine Habe abholte und mit sich fortnähme. So rettete Hannibal sein Vermögen und führte die Kreter hinters Licht. Cornelius Nepos, Hannibal 9

Giftbomben

(Von Kreta war Hannibal zu König Prusias von Bithynien gekommen, den er sofort gegen die Römer und ihre Verbündeten aufzuhetzen suchte.) Mit Prusias verfeindet war Eumenes, der König von Pergamon, ein ganz spezieller Freund der Römer. Man kämpfte zu Wasser und zu Lande, und hier wie dort war Eumenes wegen seines Bündnisses mit Rom überlegen. Um so lebhafter war Hannibals Wunsch, ihn in die Knie zu zwingen, denn er wußte, daß alles weitere für ihn einfacher sein würde, wenn erst Eumenes ausgeschaltet sei. Um ihn zu beseitigen, dachte er sich folgenden Trick aus: Innerhalb weniger Tage sollte zur See die Entscheidung fallen, und der Feind verfügte über mehr Schiffe. So mußte Hannibal eine Kriegslist anwenden, da er materiell unterlegen war. Er befahl daher, möglichst viele Giftschlangen zu sammeln und sie lebendig in Tonkrüge zu stecken. Als er davon eine große Menge beisammen hatte, rief er an dem Tag, an dem er die Schlacht schlagen wollte, seine Matrosen zusammen und befahl ihnen, sie sollten sich bei ihrem Angriff ganz auf das Schiff des Eumenes konzentrieren und sich im übrigen damit begnügen, die anderen abzuwehren. Das würden sie leicht schaffen mit Hilfe der vielen Schlangen. Er werde sie im übrigen wissen lassen, auf welchem Schiff der König fahre. Wenn sie den gefangennehmen oder töten könnten, werde ihnen das, so versprach er, klingenden Lohn eintragen.

Nach solcher Anfeuerung der Soldaten ließen beide Kontrahenten ihre Flotte zum Gefecht auslaufen. Als die Schiffe sich schon in Linie formiert hatten, doch ehe noch das Signal zum Losschlagen gegeben war, schickte Hannibal einen Boten mit den Abzeichen des Parlamentärs in einem Kahn los, um seinen Leuten zu zeigen, wo sich Eumenes aufhalte. Sobald der Bote zu den Schiffen der Feinde kam, einen Brief vorwies und erklärte, er suche den König, wurde er gleich zu diesem gebracht, da niemand daran zweifelte, daß etwas über einen Friedensschluß in dem Brief stehe. Der Bote nun, der seinen Leuten das Schiff des Befehlshabers deutlich bezeichnet hatte, kehrte dorthin zurück, von wo er gekommen war. Eumenes jedoch fand in dem Brief, als er ihn öffnete, nichts als Spott und Hohn. Darüber wunderte er sich zwar und konnte sich keinen vernünftigen Grund dafür denken, eröffnete aber trotzdem unverzüglich den Kampf. Als nun die Flotten aufeinander stießen, griffen die Bithynier nach Hannibals Weisung allesamt das Schiff des Eumenes an. Da der ihrem Ansturm nicht standhalten konnte, suchte er sein Heil in der Flucht. Das wäre ihm nicht gelungen, wenn er sich nicht zu seinen Truppen zurückgezogen hätte, die in nächster Nähe an der Küste postiert waren. Als nun die übrigen pergamenischen Schiffe ihren Gegnern ziemlich hart zusetzten, schleuderten diese plötzlich die schon erwähnten Tonkrüge auf sie, was zunächst nur Gelächter bei den Kämpfenden auslöste – man konnte ja nicht erkennen, wozu sie gut sein sollten. Als aber die Pergamener ihre Schiffe voller Schlangen sahen, gerieten sie über den unerhörten Vorfall in Panik, da sie ja nicht wußten, wovor sie sich am ehesten in acht nehmen sollten, wendeten ihre Schiffe und zogen sich zu ihrem Flottenstützpunkt zurück. So bezwang Hannibal durch seinen guten Einfall die militärisch überlegenen Pergamener; er hat ja nicht nur damals, sondern oft auch anderwärts im Landkrieg mit gleicher Raffinesse seine Gegner geschlagen.

Cornelius Nepos, ebendort 10-11

Wird das auch reichen?

Als sich Hannibal bei König Antiochos aufhielt, zeigte ihm dieser auf dem Paradeplatz das ungeheure Heer, das er für den Krieg mit dem römischen Volk aufgestellt hatte, und ließ die Truppen exerzieren, die im Schmuck von Gold und Silber exotischen Blumen glichen. Auch ließ er Sichelwagen vorfahren und die Elefanten samt den Gefechtstürmen auftreten, dazu die Reiterei, die mit den Beschlägen ihres Zaumzeugs, ihrer Sättel und des Hals- und Brustschmucks die Augen blendete. Stolz auf den Anblick eines so großen und so herrlich geschmückten Heers sah der König Hannibal an und sagte: »Glaubst du, daß man damit ins Feld ziehen kann und daß dies alles für die Römer reicht?« Da erwiderte Hannibal, indem er sich über die Feigheit und Untauglichkeit der kostbar ausgestatteten Soldaten lustig machte: »Das reicht, das reicht sogar völlig für die Römer, auch wenn sie ganz unvorstellbar habgierig sind.«

Gellius V 5

Der Spinner

Als Hannibal nach seiner Vertreibung aus Karthago nach Ephesos zu König Antiochos als Flüchtling gekommen war, wurde er, der weltweit berühmte, von seinen Gastgebern dazu eingeladen, sich einen Vortrag des Philosophen Phormion anzuhören, falls er dazu Lust habe. Hannibal erwiderte, das sei ihm ganz recht, und da redete nun der Referent wortgewaltig mehrere Stunden lang über die Pflichten eines Generals und über das Kriegswesen. Da die übrigen Zuhörer von dem Vortrag höchst angetan waren, fragten sie Hannibal nach seinem eigenen Urteil über jenen Philosophen. Darauf soll der Karthager, zwar nicht in bestem Griechisch, aber doch deutlich genug erwidert haben, er habe schon viele alte Narren gesehen, aber noch keinen, der ärger spinne als Phormion – und damit hatte er, weiß Gott, recht; was wäre nämlich anmaßender und typischer für einen geschwätzigen Narren als der Versuch, einem Hannibal, der so viele Jahre lang mit dem römischen Volk, dem Sieger über alle Völker, gekämpft hat, militärische Ratschläge zu erteilen – und diesen Versuch unternahm ein Mensch aus Griechenland, der nie einen Feind im Felde, nie ein Heerlager gesehen und nie auch nur im geringsten politische Verantwortung getragen hatte![28]

Cicero, De oratore II 75 F.

Der größte General

Der Historiker Claudius Quadrigarius[27] berichtet, Publius Scipio Africanus, der Sieger über Hannibal, habe sich in Ephesos mit seinem ehemaligen Gegner unterhalten, und teilt auch eines der Gespräche mit:

Als Scipio fragte, wen Hannibal für den größten Heerführer halte, nannte dieser Alexander, den Makedonenkönig, weil dieser mit geringer Mannschaft unübersehbar große Heere zersprengt und weil er entlegenste Gebiete, die aufsuchen zu dürfen menschliches Hoffen übersteige, durchzogen habe. Auf die Frage, wen er an zweite Stelle setze, sagte er: »Pyrrhus!« Dieser habe als erster Anweisungen zur Anlage eines Lagers gegeben, und außerdem habe niemand mit größerem Geschick seine Lagerplätze gewählt und Posten aufgestellt. Auch habe er eine derartige Fähigkeit besessen, Menschen für sich einzunehmen, daß die italischen Völker seine Herrschaft, also die eines Königs aus der Fremde, der des römischen Volkes vorzogen, das schon so lange die führende Macht in diesem Gebiet gewesen war. Als Scipio weiter wissen wollte, wen Hannibal für den drittgrößten halte, erwiderte dieser: »Ohne Zweifel mich selbst!« Da mußte Scipio lachen und bemerkte: »Was würdest du denn sagen, wenn du mich besiegt hättest?« – »Dann allerdings«, gab Hannibal zurück, »würde ich mich über Alexander und über Pyrrhus und über sämtliche anderen Heerführer stellen.«

Scipio war von dieser mit punischem Raffinement verklausulierten Antwort und dem darin verborgenen unverhofften Kompliment sehr beeindruckt – Hannibal hatte ihn ja aus der Schar der Generäle als sozusagen unvergleichlich herausgehoben.[29]

Livius XXXV 14

Der Fachmann

Hannibal hielt sich als Verbannter bei König Prusias von Bithynien auf und suchte diesen zu einer Schlacht zu veranlassen. Der aber meinte, die Eingeweide der Opfertiere rieten ihm nicht dasselbe. »Willst du damit sagen«, erkundigte sich Hannibal, »daß du einem lächerlichen Stück Kalbfleisch mehr Glauben schenkst als einem alten General?«

Valerius Maximus III 7, Ext. 6

Im übrigen bin ich dafür ...

Der ältere Cato und seine Zeitgenossen

»Er war ohne Zweifel eine kantige Persönlichkeit und liebte es, seine Meinung sarkastisch und mit maßloser Offenheit zu sagen, doch war er unerschütterlich gegenüber den Leidenschaften, von kompromißloser Unbestechlichkeit und verachtete gute Beziehungen und Reichtum. In seiner Bedürfnislosigkeit und in seiner Fähigkeit, Anstrengung und Gefährdung zu ertragen, war er geradezu ein Mann von Eisen ...«   Livius XXXIX 40

Marcus Porcius Cato, der späteren Generationen als das Inbild altrömischer Wesensart galt, machte es seinen Mitbürgern nicht leicht, mit ihm auszukommen. Seine strengen Moralvorstellungen, sein erbitterter Kampf gegen den aufkommenden Luxus als Folge siegreicher Expansion und der Starrsinn, mit dem er seine Ziele verfolgte, paßten nach Ansicht seiner Gegner nicht in einen Staat, der sich anschickte, die Weltpolitik zu gestalten. Trotzdem gelang es Cato, einem »homo novus«,[30] in alle wichtigen politischen Ämter gewählt zu werden.

Auf besonders erbitterten Widerstand stieß er, als er die Zensur, das Amt des obersten Sittenrichters, anstrebte, denn jeder, der etwas auf dem Kerbholz hatte, mußte mit schärfstem Durchgreifen rechnen. Vor allem Mitglieder der alten Adelsfamilien ließen nichts unversucht, den unerwünschten Bewerber zu Fall zu bringen.

Die Roßkur

Als Cato sich um das Amt des Zensors bewarb und sah, wie seine Konkurrenten die große Masse mit Bitten und Schmeicheleien für sich einzunehmen suchten, schrie er selbst, das Volk brauche einen Arzt, der auch mal etwas amputieren könne,[31] und eine radikale Reinigungskur. Man solle also nicht den nettesten Doktor wählen, sondern einen, der sich nichts abhandeln lasse – und Cato wurde mit großer Mehrheit gewählt!

Plutarch, Regum et imperatorum apophthegmata 199 B

Im Kampf gegen den Luxus

In einer seiner Brandreden, die Cato vor dem Volk gegen Schlemmerei und Verschwendungssucht hielt, sagte er: »Wie schwer ist's doch, den Bauch anzusprechen – er hat ja keine Ohren!«

Ein andermal meinte er, er frage sich, ob eine Stadt noch zu retten sei, in der man einen Fisch teurer verkaufe als einen Ochsen.

Plutarch, ebendort 198 D

Weiberregiment

Einmal schimpfte Cato gegen die um sich greifende Weiberherrschaft und sagte: »Bei allen Menschen ist's so, daß die Männer über ihre Frauen herrschen; wir herrschen über alle Menschen, und über uns herrschen unsere Frauen.«

Plutarch, ebendort 198 D

Alternativen

Von den jungen Männern sagte Cato, er freue sich mehr über die, die erröteten, als über die, die erblaßten, und von den Soldaten könne er die nicht ausstehen, die beim Marschieren die Hände und im Kampf die Füße bewegten und die lauter schnarchten als »Hurra!« riefen.

Plutarch, ebendort 198 E

Zeitverschwendung

Um seines Freundes Polybios willen brachte der jüngere Scipio die Sache der griechischen Geiseln zur Sprache (die seit der Niederwerfung Makedoniens schon seit siebzehn Jahren in Italien festgehalten wurden). Daraufhin wurde im Senat lange verhandelt, weil ein Teil der Senatoren für die Freilassung der Geiseln war, während der andere Teil sich widersetzte. Schließlich erhob sich Cato und sagte: »Als wenn wir nichts Vernünftigeres zu tun hätten, sitzen wir herum und reden uns darüber die Köpfe heiß, ob ein paar alte Knacker aus Griechenland von unseren oder von ihren eigenen Totengräbern unter die Erde gebracht werden sollen.«

Plutarch, Cato 9

Die Höhle des Löwen

Als der Senat die Freilassung der griechischen Geiseln beschlossen hatte, wartete Polybios ein paar Tage ab und versuchte dann beim Senat den Antrag einzubringen, die Entlassenen wieder in die Ämter einzusetzen, die sie einst in ihrer Heimat innegehabt hätten. Vorher aber erkundigte er sich, was Cato von der Sache hielte. Der meinte lachend:

»Was du jetzt machen willst, kommt mir so vor, wie wenn Odysseus noch einmal in die Höhle des Zyklopen Polyphem zurückgekehrt wäre, nur weil er dort Hut und Gürtel vergessen hatte.«

Plutarch, ebendort 9

Eine Notlüge

(Nach dem Bericht des Gellius hat Marcus Porcius Cato die folgende Geschichte in eine uns nicht mehr erhaltene Rede eingefügt; wir erzählen also nicht von Cato, sondern lassen Cato erzählen:)

Früher war es bei den römischen Senatoren üblich, in Begleitung ihrer Söhne ins Rathaus zu kommen, soweit jene noch die Jugendtoga mit dem Purpurstreif trugen. Einmal, als im Senat eine Angelegenheit von größerer Bedeutung verhandelt und (die Beratung) auf den nächsten Tag verschoben worden war, faßte man den Beschluß, niemand solle über den Beratungsgegenstand etwas verlauten lassen, bevor die Sache entschieden sei. Die Mutter des jungen Papirius, der mit seinem Vater im Rathaus gewesen war, fragte nun ihren Sohn aus, was die Senatoren denn im Senat behandelt hätten. Der Junge erwiderte, darüber sei Schweigen zu bewahren und es sei nicht gestattet, davon zu reden. Die Frau aber empfindet noch größeres Verlangen, etwas zu hören: Das Geheimnis, das die Sache umgibt, und das Schweigen des Jungen treibt sie mit Macht, weiterzubohren. Also fragt sie ihn drängender und mit zunehmender Heftigkeit. Da entschließt sich der Junge, weil die Mutter ihm so zusetzt, zu einer netten und lustigen Lüge: Er erklärt, im Senat habe man darüber verhandelt, ob es nützlicher und dem Staat dienlicher sei, daß ein Mann zwei Frauen habe oder daß eine Frau mit zwei Männern verheiratet sei. Sobald jene das hörte, erschrak sie zutiefst, verließ in heller Aufregung das Haus und informierte die übrigen verheirateten Frauen. Am folgenden Tag fanden sich die Matronen in großer Zahl vor dem Senatsgebäude ein; unter Tränen und mit beschwörenden Worten baten sie darum, daß doch lieber eine mit zweien vermählt werde als zweie einem. Die Senatoren, die die Kurie betreten wollten, konnten sich nicht erklären, was das merkwürdige Benehmen der Frauen und diese Forderung bedeuten sollten. Da trat der junge Papirius in die Mitte des Sitzungssaals und erzählte ausführlich, was seine Mutter hatte wissen wollen und was er selbst ihr gesagt hatte. Der Senat überhäufte den Jungen wegen seiner Zuverlässigkeit und seiner Intelligenz mit Lob und beschloß, daß künftig keine Jungen mehr mit ihren Vätern ins Rathaus kommen sollten, außer jenem Papirius allein; außerdem wurde ihm später der Beiname Praetextatus ehrenhalber verliehen wegen der von ihm schon in jungen Jahren (in denen man die toga praetexta trägt) bewiesenen Klugheit im Schweigen und im Reden.[32]

Gellius I 23

Hammelherde

»Die Römer«, meinte Cato, »erinnern mich an Schafe. Einzeln wollen sie nicht parieren, aber alle miteinander rennen sie dann hinter ihrem Leithammel her.«   Plutarch, Cato 8

Das auch noch!

Zu einem alten Mann, der ein liederliches Leben führte, sagte Cato: »Kerl, was fügst du dem Alter, das doch an sich schon schlimm genug ist, auch noch diese Schande hinzu?«

Stobaios VI 50, 82

Vorsicht!

Einmal wurde Cato von einem Menschen, der eine Kiste trug, damit kräftig angestoßen. Als dieser nun gar noch schrie: »So paß doch auf!« fragte Cato, ob er sonst noch etwas transportiere.[33]

Cicero, De oratore II 279

Der Feind als Richter

Oft wurde Cato von seinen politischen Gegnern vor Gericht gezogen, doch konnte ihm nie unkorrektes Verhalten nachgewiesen werden. Schließlich zeigte er sein felsenfestes Vertrauen auf seine Unschuld dadurch, daß er anläßlich einer öffentlichen Untersuchung Tiberius Gracchus als Richter verlangte, mit dem er in politischen Fragen absolut nicht übereinstimmte und der ihn deshalb haßte.

Dieser geistesgegenwärtige Entschluß irritierte seine Feinde und setzte ihrer Hetzkampagne gegen ihn ein Ende.

Valerius Maximus III 7, 7

Das Dankfest

Der Tribun M. Naevius erhob vor dem Volk Anklage gegen Scipio Africanus und behauptete, dieser habe von König Antiochos dafür Geld erhalten, daß zwischen ihm und dem römischen Volk unter besonders milden Bedingungen Friede geschlossen wurde. Auch bestimmte andere Vorwürfe in der Art machte der Tribun dem großen Mann, der solche Behandlung nicht verdiente.

Scipio seinerseits sagte vorweg ein paar Worte, wie sie seine hohe Stellung im Leben und sein Kriegsruhm erforderten, und fuhr dann folgendermaßen fort: »Mitbürger, es fällt mir ein, daß heute der Tag ist, an dem ich den Punier Hannibal, den Todfeind eurer Macht, in gewaltiger Schlacht auf afrikanischem Boden schlug und für euch den Frieden und einen beachtlichen Sieg errang. Wollen wir daher nicht undankbar sein gegenüber den Göttern: Ich meine, wir sollten diesen Windbeutel da stehen lassen und auf der Stelle uns von hier auf den Weg machen, um dem besten und größten Jupiter zu danken.« Als er das gesagt hatte, wandte er sich ab und schritt in Richtung auf das Kapitol davon. Daraufhin ließ die gesamte Volksmenge, die zur Abstimmung über Scipio zusammengekommen war, den Tribunen stehen und begleitete Scipio auf das Kapitol und von da zu seinem Haus unter lebhaften Äußerungen der Freude und der Dankbarkeit.   Gellius IV 18

Abrechnung

(Zwei) Volkstribunen namens Petilius wurden, wie es heißt, von Marcus Cato, Scipios persönlichem Feind, gegen ihn aufgehetzt und verlangten im Senat auf das nachdrücklichste, daß er über die von Antiochos erhaltenen Gelder und über die in diesem Krieg gemachte Beute Rechenschaft ablege. Scipio war nämlich seinem Bruder Lucius Scipio Asiaticus, der bei dieser Unternehmung den Oberbefehl innehatte, als Stellvertreter zur Seite gestanden.

Nunmehr erhob er sich und holte aus dem Bausch seiner Toga ein Heft heraus; darin, so sagte er, sei abgerechnet über alles Geld und über die gesamte Beute. Er habe es mitgebracht, damit es im Plenum vorgelesen und dann in der Staatskasse deponiert werde. »Aber das«, so fuhr er fort, »werde ich nun bleiben lassen und mir auch nicht selbst Schmach antun!« Und auf der Stelle riß er das Heft auseinander und zerpflückte es eigenhändig in winzige Stückchen, weil es ihn empörte, daß man von ihm, dem man doch für die Erhaltung der Macht und des Staatswesens hätte dankbar sein müssen, Rechenschaft über Beutegelder forderte.[34]

Gellius IV 8

Exklusivität

Als die Korinther dem älteren Scipio ein Standbild an dem Platz versprachen, wo sich schon die Statuen anderer Heerführer befanden, da sagte er zu ihnen: »Ich stehe nicht gern beim großen Haufen.«

Cicero, De oratore II 262

Nichts im Übermaß!

Als Zensor stieß Scipio Africanus einen Hauptmann aus seiner Tribus,[35] weil dieser an einer Schlacht, die Aemilius Paulus schlug, nicht teilgenommen hatte. Der Hauptmann erwiderte, er sei zur Bewachung im Lager zurückgeblieben und wollte wissen, warum er dafür bestraft werde. Darauf sagte Scipio: »Ich mag die Übergründlichen nicht.«

Cicero, ebendort II 272

Falsches Vertrauen

Scipio bemerkte, daß einer seiner Soldaten sich wunder was einbildete auf seinen schön bemalten Langschild. Da wandte er sich an ihn mit den Worten: »Es ist eine Schande für einen Römer, der linken Hand mehr als der rechten zu vertrauen.«

Polyainos VIII 16, 3-6

Groß, größer ...

Quintus Fabius hatte den Beinamen Maximus, der Größte, Scipio nannte man nur Magnus, den Großen. Deswegen war Scipio auf den anscheinend berühmteren Fabius eifersüchtig und fragte: »Wie erklärt es sich eigentlich, daß man dich den Größten, mich aber nur den Großen nennt, obwohl doch du nur auf das Lager aufgepaßt hast, während ich mich dem Hannibal in offener Feldschlacht stellte und ihn besiegte?« Fabius aber entgegnete: »Hätte ich dir nicht die Soldaten erhalten, hättest du niemanden gehabt, mit dem du hättest siegen können.«   Polyainos VIII 14, 2

Billige Ausrüstung

Als Scipio von Sizilien aus die Invasion Afrikas vorbereitete, wollte er aus dem Reservoir seiner tapfersten Infanteristen die Zahl seiner Reiter um dreihundert vermehren, konnte sie aber auf die Schnelle nicht entsprechend ausrüsten. Doch was wegen des Zeitdrucks unmöglich schien, erreichte er durch einen schlauen Einfall: Er befahl nämlich dreihundert von den reichen jungen Leuten, die er aus den vornehmsten Familien ganz Siziliens bei sich hatte, die aber für den Krieg nicht taugten, sie sollten sich möglichst rasch ordentliche Bewaffnung und ausgewählte Pferde beschaffen – gleich als wollte er sie auf der Stelle zum Angriff auf Karthago mitnehmen. Diese befolgten zwar rasch den Befehl, waren jedoch voll Angst wegen des gefährlichen Kriegs im fremden Land. Da erklärte ihnen Scipio, er erlasse ihnen die Teilnahme am Feldzug, wenn sie sich dazu bereit fänden, seinen Soldaten ihre Ausrüstung und ihre Pferde zu überlassen. Die unkriegerischen und furchtsamen jungen Männer gingen begeistert auf den Vorschlag ein und traten gern, was sie hatten, den Römern ab. So erreichte Scipio durch seinen schlauen Einfall, daß das, was als direkter Befehl eine Zumutung gewesen wäre, als größtes Entgegenkommen empfunden wurde, indem er bei den Leuten zuerst Angst vor dem Kriegsdienst weckte und sie dann davon befreite.   Valerius Maximus VII 3, 3

Der schwere Pfahl

Scipio sah einen Soldaten, der sich mit einem Pfahl für die Palisaden des Lagers abschleppte. »Anscheinend«, meinte er, »plagst du dich sehr, Kamerad?« – »Und wie!« entgegnete der andere. »Kein Wunder, denn du setzt deine Hoffnung auf Holz und nicht auf Eisen.«   Polyainos VIII 16, 3

Wertvolle Hilfe

(Der römische General Livius Salinator hatte im zweiten Punischen Krieg) die Stadt Tarent an den Feind verloren, die Burg aber behaupten können und von dort aus zahlreiche tapfere Ausfälle unternommen. Als nun nach einigen Jahren Q. Fabius Maximus die Stadt zurückerobert hatte und ihn Salinator bat, daran zu denken, daß er mit seiner Hilfe Tarent wiedergewonnen habe, entgegnete Fabius: »Weshalb sollte ich nicht daran denken? Ich hätte die Stadt ja nie zurückerobert, wenn du sie nicht verloren hättest.«[36]

Cicero, De oratore II 273

Verläßliche Auskunft

Scipio Nasica kam einmal zum Haus des Dichters Ennius und erkundigte sich an der Tür nach ihm. Da sagte ihm dessen Magd, er sei nicht zu Haus. Scipio aber merkte, daß jene auf Weisung ihres Herrn geschwindelt habe und der drinnen sei.

Wenige Tage danach kam Ennius zu Scipio und fragte an der Tür nach ihm. Dieser aber schrie laut: »Ich bin nicht da!« – »Wie bitte?« entgegnete Ennius, »ich kenne doch deine Stimme!« Darauf sagte Nasica: »Du bist ein unverschämter Kerl. Als ich nach dir fragte, glaubte ich deiner Magd, daß du nicht daheim seist – und du willst mir persönlich nicht glauben?«   Cicero, ebendort II 276

Selbstversorger

Als die Zensoren Publius Scipio Nasica und Marcus Popilius gerade die Angehörigen des Ritterstandes der üblichen Überprüfung unterzogen, sahen sie ein Pferd, das gar zu dürr und schlecht gepflegt war, während der Besitzer durch Leibesfülle und modische Kleidung auffiel. Sie fragten ihn: »Wie kommt es, daß du gepflegter auftrittst als dein Pferd?« Er aber entgegnete: »Weil ich für mich selbst sorge, um das Pferd aber kümmert sich mein Sklave Statius, der Nichtsnutz!« Daraufhin entschieden die Zensoren, die Antwort lasse den nötigen Respekt vermissen, und versetzten den Mann in die unterste Vermögensklasse.   Gellius VI 20

Wie lange noch, Catilina?

Der Redner und Politiker Cicero

Es gibt kaum einen antiken Menschen, über dessen Leben und Denken wir besser informiert wären als über Marcus Tullius Cicero, einen Rittersohn aus dem Samniterstädtchen Arpinum, der in Rom eine Traumkarriere als Anwalt und Politiker machte und schließlich als Konsul die Verschwörung des Catilina niederschlug. Aus zahlreichen Reden, wissenschaftlichen Abhandlungen und Privatbriefen tritt er uns als hochintelligente, wortgewaltige, von sich selbst wohl etwas zu sehr eingenommene Persönlichkeit entgegen, die ihre ohne Zweifel bedeutenden Leistungen den Zeitgenossen mit solchem Nachdruck vor Augen führte, daß kritische Äußerungen nicht ausbleiben konnten. Auch scheint Cicero zu jener Art von Menschen gehört zu haben, die sich ein bissiges Witzwort einfach nicht verkneifen können – dadurch vergrößerte er die Zahl derer, die ihn nicht ausstehen konnten, und noch eine so späte Quelle wie die Saturnalia des Macrobius (um 400 n. Chr.) vermerkt seine »mordacitas« (Bissigkeit).

Übrigens war Cicero nicht nur ein Praktiker, sondern auch ein Theoretiker des Witzes: In seinem Werk De oratore (Über den Redner) findet sich eine hochsystematische Abhandlung über die Formen verbaler Verspottung, der wir bereits einige Beispiele entnommen haben.

Bedauerlicherweise sind viele der von Cicero überlieferten sarkastischen Aussprüche sehr stark an Personen und Situationen seiner Zeit gebunden, so daß sie ohne erläuternde Anmerkungen unverständlich bleiben. Doch Witzworte und Anekdoten, die der Kommentierung bedürfen, machen niemanden mehr schmunzeln – wir lassen sie daher lieber weg, auch um den Preis, daß Cicero in dieser Sammlung vielleicht etwas zu schlecht wegkommt gegenüber anderen, deren Zunge weniger spitz war.

Eine herbe Enttäuschung

(Cicero selbst erzählt ein Jugenderlebnis.)

In Rom geschieht so viel, daß man das kaum zur Kenntnis nimmt, was in den Provinzen passiert.

Ich brauche wohl nicht zu befürchten, daß der Anschein entsteht, als spielte ich mich auf, wenn ich über meine Tätigkeit als Quästor spreche; ich brauche auch nicht zu befürchten, daß jemand sich zu der Behauptung versteigt, irgend jemands Quästur in Sizilien sei ruhmvoller und für die Bevölkerung segensreicher gewesen – ich darf das, bei Herkules, mit aller Objektivität sagen, und daher dachte ich damals, die Leute sprächen über kein anderes Thema mehr als über meine Quästur. Alle hatten ja feststellen können, wie gründlich ich jede Aufgabe erledigt hatte, und die Sizilianer hatten sich unerhörte Ehrungen für mich einfallen lassen. Daher reiste ich in der festen Hoffnung aus der Provinz ab, daß mir nun das römische Volk alle übrigen Ämter übertragen werde.

Doch als ich im Verlauf meiner Heimreise zufällig nach Puteoli kam – zu der Zeit waren gerade besonders viele feine Leute dort –, da hätte es mich beinahe umgehauen, als mich einer fragte, wann ich Rom verlassen hätte und ob es dort etwas Neues gebe. Ich erwiderte ihm natürlich, ich käme aus der Provinz; darauf er: »Ach Gott, ja; aus Afrika, nicht wahr?« Nun war ich schon ganz schön wütend und sagte: »Nein, aus Sizilien!« Da mischte sich ein anderer ins Gespräch und sagte: »Was? Du weißt nicht, daß er Quästor in Syrakus war?«[37]

Cicero, Pro plancio 64 F.

Menschenquäler!

Ciceros Schwiegersohn Lentulus war ungewöhnlich klein. Als dieser sich eines Tages ein gewaltiges Schwert umgegürtet hatte, rief Cicero: »Wer hat meinen lieben Schwiegersohn an diesen Säbel angebunden?«

Macrobius, Saturnalia 2, 2, 3

Welch ein Wunder!

In der Provinz, die Ciceros Bruder Quintus als Gouverneur verwaltet hatte, bekam jener ein mit kühnem künstlerischem Schwung gemaltes Brustbild von ihm zu Gesicht. Nun war Quintus selbst ziemlich klein, und deshalb sagte Cicero beim Anblick des Bildes: »Mein halber Bruder ist größer als der ganze!« Macrobius, ebendort 2, 2, 4

Stimmt!

Ein gewisser Pontidius wurde gefragt: »Wofür siehst du einen Menschen an, der beim Ehebruch ertappt wird?« – »Als langsam!«, gab er zurück. Cicero, De oratore II 275

Stecklinge

Bei einem Sizilianer klagte ein Bekannter darüber, daß seine Frau sich an einem Feigenbaum aufgehängt habe. »Tu mir doch den Gefallen«, erwiderte jener, »und verschaffe mir ein paar Stecklinge von dem Baum.«[19]

Cicero, ebendort II 278

Mitleid

Ein schlechter Redner wiegte sich in der Hoffnung, mit seinem Schlußwort Mitleid erweckt zu haben. Daher fragte er, als er sich hinsetzte, den Catulus, ob er Mitgefühl ausgelöst habe. »Und was für eines«, sagte der. »Ich glaube, daß niemand so gefühllos ist, daß ihm nicht deine Rede bemitleidenswert erschienen wäre.«   Cicero, ebendort II 278

Der Anwalt

Der Prätor Scipio teilte einem Sizilianer als Anwalt einen adligen Bekannten zu, der leider ziemlich dumm war. »Bitte, Prätor«, sagte da der andere, »stell diesen Mann meinem Gegner zur Verfügung. Mir brauchst du dann gar keinen zu geben!«   Cicero, ebendort II 69

Das kleinere Übel

Einem schlechten Anwalt, der bei seinem Plädoyer die Stimme überanstrengt hatte, riet ein gewisser Granius, er solle doch kalten Honigwein trinken. »Wenn ich das tue, ist meine Stimme beim Teufel!« – »Besser die, als dein Mandant!« entgegnete Granius.   Cicero, ebendort II 282

Stoßseufzer

Während alle anderen sich auf dem Marsfeld beim Exerzieren plagten, lag Marcus Lepidus im Gras und meinte: »Ich wollte, das wäre arbeiten!«   Cicero, ebendort II 287

Alter Wein?

Cicero war bei einem Reichen namens Damasippus zum Essen geladen, doch der Wein war nur von bescheidener Güte. »Trinkt, Freunde!« rief der Gastgeber; »dieser Falerner ist vierzig Jahre alt!« – »Toll«, entgegnete Cicero, »wie der mit dem Alter fertig wird!«[38]   Macrobius, Saturnalia 2, 3, 3

Bittgänge

Ein gewisser Andron aus Laodicea in Kleinasien besuchte Cicero und sagte, nach dem Grund seines Aufenthalts in Rom gefragt, er sei in diplomatischer Mission gekommen und wolle sich bei Caesar für die Freiheit seiner Heimatstadt einsetzen. Da meinte Cicero unter deutlicher Anspielung auf die in Rom herrschende Unterdrückung: »Wenn du Erfolg hast, setz dich auch für uns ein!«

Macrobius, ebendort 2, 3, 11

Schlechte Plätze

Laberius war gegen Ende öffentlicher Spiele von Caesar mit dem goldenen Ritterring geehrt worden und begab sich unverzüglich zu den vierzehn reservierten Sitzreihen, um von dort aus zuzusehen. Da er sich nicht um die Rangordnung kümmerte, wurde er nicht als Ritter zur Kenntnis genommen und schließlich ganz handgreiflich weggestoßen. Als er an Cicero vorbeikam und nach einem Platz Ausschau hielt, sagte dieser: »Ich hätte dich schon hier niedersitzen lassen, wenn es nicht schon so eng wäre!« Damit zeigte er ihm seine Mißachtung und spottete zugleich über den neuen Senat, den Caesar gegen jedes Herkommen erweitert hatte. Laberius aber blieb ihm die Antwort nicht schuldig und sagte: »Kein Wunder, wenn's dir eng vorkommt; du sitzt ja in der Regel zwischen zwei Stühlen!«

Macrobius, ebendort 2, 3, 10

Vorwürfe

Metellus Nepos sagte zu Cicero: »Deine Zeugenaussagen haben mehr Leute das Leben gekostet, als du durch deine Anwaltstätigkeit gerettet hast.« – »Natürlich«, entgegnete Cicero; »meine Vertrauenswürdigkeit ist eben noch größer als meine Gewandtheit im Reden.«

Ein andermal fragte Metellus Cicero, wer denn eigentlich sein Vater sei. »Die Frage«, konterte Cicero, »hat deine Mutter für dich recht kompliziert gemacht.« Metellus' Mutter führte nämlich ein recht lockeres Leben.

Plutarch, Regum et imperatorum apophthegmata 204 F, 205 A

Der Lügner

Cicero hatte von Vatinius, einem schlechten Menschen, mit dem er verfeindet war, gehört, er sei gestorben. Später erfuhr er, daß er noch am Leben sei. Da rief er: »Zur Hölle mit dem Schuft, der mich so angelogen hat!«

Plutarch, ebendort 205 A

In der Klemme

Als sich Pompeius und Caesar entzweit hatten, sagte Cicero: »Vor wem ich fliehen muß, das weiß ich, doch zu wem ich fliehen muß, das weiß ich noch nicht.«

Schließlich begab er sich doch zu Pompeius, doch tat es ihm bald wieder leid. Damals wurde er von Pompeius gefragt, wo sich sein Schwiegersohn Piso aufhalte. »Bei deinem Schwiegervater!« sagte Cicero.[39]

Nach der Schlacht bei Pharsalos war Pompeius geflohen; ein gewisser Nonius aber erklärte, es seien noch sieben Adler bei ihnen, also solle man guten Mutes sein. »Dein Rat wäre vernünftig«, stellte Cicero fest, »wenn wir gegen Dohlen kämpften.«[40]   Plutarch, ebendort 205 C/D

Kam, sah, siegte

Gaius Iulius Caesar

»Ich bin nicht allzu erpicht darauf, Caesar, dir gefallen zu wollen;
ja, ich möchte nicht einmal wissen, ob du weiß oder schwarz bist.«

Catull, Carmen 93

Wer mit dem Namen Caesar nur Glück, Erfolg und ungewöhnli-
che Leistungen assoziiert, wird dieses böse Gedicht des jungen
Catull höchst gemein und deplaziert finden. Hat ein zweifellos
großer Mann es verdient, daß ein dichtender Playboy zynisch ver-
sichert, er sei ihm völlig schnuppe? Aber der Umstand, daß diese
zwei Zeilen überhaupt geschrieben werden konnten, sollte zu
denken geben: War Caesars Größe gerade den denkenden unter
seinen Zeitgenossen deshalb suspekt, weil von ihr gefährliche Fas-
zination ausging, oder wurde sie von manchen als glänzende Fas-
sade empfunden, hinter der sich viel allzu Menschliches verbarg?
Gewiß waren viele von denen, die mit Caesar in Berührung ka-
men, zwischen Bewunderung und Ablehnung hin- und hergeris-
sen, so wie Cicero, der ihn bald über alle Maßen preist, bald kein
gutes Haar an ihm läßt.

Caesars Leistung als General und Eroberer lobt sich selbst
durch den nach schweren Kämpfen errungenen Erfolg; dabei er-
weckt vor allem die Fähigkeit Caesars Erstaunen, auch aus für ihn
ungünstigen Situationen das jeweils beste zu machen und selbst in
der eklatanten Niederlage die Chance zum künftigen Sieg zu ent-
decken.

Von den zahllosen Menschenleben, die solche Siege kosteten,
schweigen die Lobredner Caesars verständlicherweise. Sie gehen
auch der Frage aus dem Wege, ob er denn auch ein großer Staats-
mann war. Nun hinderte die Verschwörung an den Iden des März
44 v. Chr. Caesar an der Realisierung bedeutender Vorhaben,

doch scheinen diese vor allem militärischer Art gewesen zu sein. Innenpolitisch verdient die ungewöhnlich milde Behandlung der im Bürgerkrieg besiegten Partei hohe Anerkennung – aber der von Caesar geschaffenen Ein-Mann-Herrschaft fehlte es an zukunftsweisenden Perspektiven, zumal er es liebte, seine Gunst auch fragwürdigen Erscheinungen zu schenken.

Solche auf dubiose Weise hochgekommenen Figuren erfüllen Catull mit Abscheu und Daseinsekel:

> »Was ist, Catull, warum verreckst du nicht?
> Im Ehrenstuhl sitzt Nonius, der Kropf;
> bei seinem Konsulat schwört falsch Vatinius.
> Was ist, Catull, warum verreckst du nicht?«

Catull, Carmen 52

Es ist bezeichnend, daß Caesar für seine Nachfolge keine klaren Anordnungen getroffen hatte, als er den Dolchen der Verschwörer erlag: die von ihm geschaffene neue Form des Staates war auf seine Person zugeschnitten, und Caesar scheint den Gedanken an die Zeit nach Caesar verdrängt zu haben. Wer weiß, wie wir heute über ihn urteilten, hätte nicht ein schmaler, bläßlicher junger Mann das ihm überraschend zugefallene Erbe mit überraschender Energie zu sichern gewußt und aus Caesars Diktatur, die durchaus auch Episode hätte bleiben können, dem Namen nach seinen, des Augustus, Prinzipat, tatsächlich aber die Monarchie unter Caesars Namen, das Kaisertum, geschaffen.

Erkannt

Sulla trug sich mit dem Gedanken, Caesar töten zu lassen. Auf die Einwände seiner Umgebung, daß es doch ganz sinnlos sei, einen so jungen Menschen zu beseitigen, entgegnete er, nur einem Idioten könne es entgehen, daß mehr als ein Marius in diesem Burschen stecke.   Plutarch, Caesar 1

Unter Räubern

Unweit der Insel Pharmakussa wurde Caesar von Seeräubern gefangen genommen, die schon zu jener Zeit mit zahlreichen Schiffen, ja mit regelrechten Flotten das Meer kontrollierten. Als Lösegeld forderten sie zwanzig Talente,[2] Caesar aber lachte sie aus und meinte, sie hätten offenbar noch gar nicht begriffen, was für einen Fang sie gemacht hätten. Dann versprach er ihnen fünfzig Talente. Sogleich entsandte er seine Begleiter in die verschiedenen Städte (Kleinasiens), um das Geld aufzutreiben, er selbst blieb mit einem einzigen Freund und zwei Sklaven unter den Seeräubern aus dem wilden Kilikien.

Dabei benahm er sich so hochfahrend, daß er ihnen befahl, Ruhe zu halten, wenn er schlafen wollte. Achtunddreißig Tage war er in ihrer Gewalt, vergnügte sich aber während dieser Zeit bei Spiel und Sport so unbefangen mit ihnen, als ob nicht er ihr Gefangener, sondern sie sein Gefolge wären. Er schrieb Gedichte und Redeübungen und trug sie den Räubern vor, und wenn sie ihm dafür keine Anerkennung spendeten, nannte er sie ohne alle Umschweife ungebildete Wilde und Banausen. Auch drohte er ihnen häufig damit, er werde sie allesamt ans Kreuz bringen, und die Räuber amüsierten sich darüber, denn sie hielten ihn für einen harmlosen Witzbold, der auch in dieser Lage den Humor nicht verlor.

Doch als endlich das Lösegeld aus Milet eingetroffen und Caesar freigelassen war, bemannte er sofort im Hafen von Milet einige Schiffe und ließ sie gegen die Seeräuber auslaufen. Da sie immer noch bei der Insel (wo sie ihn gefangengenommen hatten) ankerten, konnte er die meisten von ihnen bei seinem unerwarteten Erscheinen festnehmen. Die von ihnen zusammengeraubten Schätze nahm er sich als willkommene Beute, die Räuber selbst ließ er ins Gefängnis von Pergamon werfen. Dann wandte er sich an den Gouverneur Kleinasiens, Iuncus, der als Prätor über die Bestrafung der Gefangenen zu befinden hatte. Doch da dieser bereits ein Auge auf die tatsächlich beträchtlichen Beutegelder geworfen hatte und (in der Absicht, Caesar hinzuhalten) sagte, er werde zu gegebener Zeit überlegen, was mit den Gefangenen geschehen solle, setzte sich Caesar über ihn hinweg, reiste nach Pergamon, holte die Räuber aus dem Kerker und ließ sie allesamt kreuzigen, wie er es ihnen auf der Insel oft genug angedroht hatte; freilich hatten sie das damals für einen guten Witz gehalten.   Plutarch, ebendort 1-2

Immer der Erste sein ...

Als Caesar (auf dem Weg nach Spanien) das Gebiet der Alpen durchquerte, passierte er auch ein Barbarendorf, in dem nur wenige Einwohner ein karges Dasein fristeten. Da meinten Caesars Begleiter und wollten sich dabei vor Lachen ausschütten: »Ob man wohl auch hier um Staatsämter streitet, sich gegenseitig aus dem Feld zu schlagen versucht und neidisch ist auf die Mächtigen.« Caesar jedoch erwiderte mit großem Ernst in der Stimme: »Ich persönlich wäre lieber hier der Erste als in Rom der Zweite.«

Plutarch, ebendort 11

Das Vorbild

Einmal soll Caesar in Spanien während seiner Freizeit in der Geschichte Alexanders des Großen gelesen haben. Danach saß er lange da, tief in Gedanken versunken, bis ihm schließlich die Tränen kamen. Auf die erstaunte Frage seiner Freunde, was der Grund dafür sei, antwortete er: »Muß ich denn nicht darüber klagen, daß Alexander in meinem Alter schon Herrscher über so viele Völker war, während ich noch keine große Tat vollbracht habe?«

Plutarch, ebendort 11

Furchtlos

(Aus Spanien zurückgekehrt, errang Caesar das Konsulat, hatte aber gegen erheblichen Widerstand aus den Reihen der Adelspartei anzukämpfen. Dabei schreckte er auch vor nacktem Terror nicht zurück.)

Zu den Senatssitzungen mit Caesar kamen damals nur ganz wenige Senatoren; die meisten blieben verbittert zu Hause. Considius, ein hochbetagter Senator, hatte den Mut, das Fernbleiben der anderen mit ihrer Angst vor den bis an die Zähne bewaffneten Soldaten zu begründen. »Warum hält dann nicht auch dich die Angst in deinen vier Wänden?« fragte Caesar, und Considius entgegnete: »Das Alter hat mich furchtlos gemacht; denn um das Restchen Leben, das mir noch bleibt, brauche ich mir keine Sorgen zu machen.«

Plutarch, ebendort 14

Caesars Schwert

(Während des großen Aufstands der Gallier zwang der Abfall der Häduer Caesar zum fluchtartigen Rückzug ins Gebiet der treu gebliebenen Sequaner.)

Auf dem Marsch wurde Caesar von den Feinden überfallen und mit vielfacher Übermacht eingekesselt. Trotzdem suchte er die Entscheidung in der Schlacht. Diese war lang und verlustreich, doch am Ende bezwang er die Barbaren und errang einen glänzenden Sieg. Anfangs freilich war er in schlimme Bedrängnis gekommen, und jetzt noch zeigen die Arverner sein Kurzschwert, das sie erbeuten konnten, in ihrem Heiligtum. Caesar persönlich erblickte es später an der Tempelwand und lächelte darüber, und als seine Begleiter es wegnehmen wollten, verbot er es ihnen und sagte, die Waffe gehöre nun den Göttern. Plutarch, ebendort 26

Der Würfel fällt

(Das Zerwürfnis mit seinem ehemaligen Partner Pompeius und die sich verschärfenden Angriffe seiner Gegner, die Caesar nach Ablauf seines militärischen Kommandos den Prozeß machen wollen, brachten ihn in eine ausweglose Lage: Sollte er nachgeben und das bisher Erkämpfte, ja sich selbst, aufs Spiel setzen, oder sollte er die Entscheidung mit den Waffen und damit den Bürgerkrieg wählen?)

Caesar holte seine Kohorten an dem kleinen Fluß Rubico ein, der seine Provinz begrenzte. Hier legte er eine kurze Rast ein. Während er über das Ungeheuerliche nachgrübelte, das er im Sinne hatte, sagte er zu seinen Begleitern: »Noch können wir umkehren; wenn wir aber über dieses Brücklein hinübergegangen sind, dann muß alles mit den Waffen entschieden werden.«

Während er noch unschlüssig war, ereignete sich folgendes Wunderzeichen: Eine Männergestalt von ungewöhnlicher Größe und Schönheit saß ganz plötzlich in nächster Nahe und blies auf einer Hirtenflöte. Um dem Spiel zu lauschen, eilten neben Hirten auch sehr viele Soldaten von ihren Posten herbei, darunter auch Musikanten. Einem von diesen entriß die Erscheinung seine Trompete, eilte voraus zum Fluß, ließ mit gewaltiger Lautstärke das Angriffssignal ertönen und strebte zum anderen Ufer. Da sprach Caesar: »So soll es denn dahin gehen, wohin uns der Götter Zeichen und die Rechtsbrüche unserer Feinde rufen! Der Würfel ist gefallen!«[41]

Sueton, Caesar 31

... mit Gift nichts übereilen!

Im Bürgerkrieg marschierte Caesar gegen Corfinium, das Domitius mit 30 Kohorten besetzt hielt, und schlug vor der Stadt sein Lager auf. Domitius gab seine Sache verloren und verlangte von seinem Arzt, einem Sklaven, ein tödliches Gift. Hastig ergriff er den Becher und trank ihn in der festen Absicht, seinem Leben ein Ende zu machen. Wenig später aber erfuhr er, daß Caesar die Gefangenen mit ganz erstaunlicher Milde behandelte, und machte sich nun die bittersten Vorwürfe wegen seiner Übereilung. Der Arzt aber richtete ihn seelisch wieder auf, indem er erklärte, er habe nur ein Schlafmittel, nichts Lebensgefährliches geschluckt. Vor Freude ganz außer sich, sprang Domitius auf und eilte zu Caesar, der ihn gnädig aufnahm.

Plutarch, Caesar 34

Caesar und sein Glück

(Bei der Verfolgung des Pompeius war Caesar mit den beweglichsten Truppenteilen dem Haupteheer vorausgeeilt, das sich in Brindisi einschiffen und ihm nach Epirus folgen sollte.)

Die Streitmacht, die Caesar bei sich in Apollonia hatte, reichte nicht für eine Schlacht mit Pompeius, und der Rest schien sich jenseits der Adria Zeit zu lassen. In dieser besorgniserregenden Zwangslage faßte Caesar einen abenteuerlichen Plan: Unbemerkt von allen seinen Leuten ging er an Bord eines kleinen Schiffs mit nur zwölf Rudern, um sich nach Brundisium bringen zu lassen, obwohl seine Feinde mit einem beträchtlichen Aufgebot an Flotten das Meer kontrollierten. Es war Nacht, als er sich in der Kleidung eines Sklaven auf den Kahn schlich und sich wie irgendein armer Teufel zum Schlafen in eine Ecke verdrückte.

Der Fluß Aoos trug das Boot dem Meer entgegen, doch ein starker Wind vom Meer her, der im Verlauf der Nacht zu wehen begonnen hatte, ließ die gewöhnliche Luftströmung nicht aufkommen, die normalerweise zu dieser Tageszeit für ruhige See an der Flußmündung sorgte, indem sie die Wellen zurückdrängte. Wild gerieten der Fluß und die herandrängende Flut aneinander; die rauhe See toste gewaltig in grausigen Wirbeln, und der Steuermann war hilflos gegenüber den unbezähmbaren Wogen. Daher befahl er den Ruderern zu wenden, um zurückzufahren. Als Caesar das bemerkte, gab er sich zu erkennen, nahm den wegen seines plötzlichen Auftauchens aus der Fassung geratenen Steuermann bei der Hand und sagte: »Los, mein Bester! Sei mutig und fürchte nichts! Caesar hast du an Bord, und Caesars Glück fährt mit!« Da vergaßen die Seeleute den Sturm, legten sich in die Riemen und kämpften mit äußerstem Einsatz gegen den Fluß an – doch es war vergebens, das Schiff lief voll Wasser und drohte in der Flußmündung zu sinken. Da erst erlaubte Caesar – äußerst ungern – dem Steuermann die Umkehr.[42]   Plutarch, ebendort 38

Zeichen der Wende

(Die Auseinandersetzung mit seinem großen Gegner Pompeius verlief für Caesar zunächst ziemlich ungünstig: der Gegner war ihm zahlenmäßig überlegen und verfügte über reiche Vorräte.)

Als Caesar ein Reinigungsopfer für seine Truppen darbrachte, erklärte ihm der Zeichendeuter gleich beim ersten Opfertier, daß innerhalb von drei Tagen die Entscheidungsschlacht stattfinden werde. Caesar wollte wissen, ob er dem Opfer auch ein Anzeichen für einen glücklichen Ausgang dieser Schlacht entnehmen könne. »Die Antwort«, entgegnete der Priester, »kannst du dir besser selbst geben. Die Götter künden nämlich eine gewaltige Wende und einen völligen Umsturz der bestehenden Verhältnisse an. Glaubst du nun, daß es um dich im Augenblick gut steht, dann stelle dich auf das Schlimmere ein; beurteilst du deine Lage aber als schlecht, dann rechne mit einer Besserung!«

Plutarch, ebendort 43

Kleopatra im Schlafsack

(Bei der Verfolgung des Pompeius kam Caesar nach Ägypten und wurde in die Palastintrigen hineingezogen, durch die König Ptolemaios seine Schwester von der Mitherrschaft auszuschließen suchte. Diese aber setzte ihre Hoffnung auf Caesar.)

Kleopatra nahm von ihren Vertrauten nur den Sizilianer Apollodoros mit, bestieg ein winziges Boot und erreichte den königlichen Palast beim Einbruch der Dunkelheit.

Da sie sonst keine Möglichkeit sah, heimlich hineinzukommen, schlüpfte sie in einen Schlafsack und machte sich ganz schmal, Apollodoros aber verschnürte ihn mit einem Riemen und trug ihn durch die Palasttore zu Caesar. Caesar soll von diesem Trick Kleopatras, die ihm kapriziös erschien, entzückt gewesen sein, und ihr weiteres Auftreten und ihr Charme ließen ihn völlig den Kopf verlieren.

Plutarch, ebendort 49

Caesar als Schwimmer

(Die Unterstützung Kleopatras trug Caesar die offene Feindschaft des Ägypterkönigs ein und verwickelte ihn in einen gefährlichen Konflikt.)

Bei der Insel Pharos kam es zum Kampf. Da sprang Caesar vom Damm in einen Kahn und wollte seinen Leuten helfen, die in Bedrängnis geraten waren. Als aber die Ägypter von allen Seiten auf ihn losfuhren, stürzte er sich ins Meer und entkam ihnen mit knapper Not schwimmend. Dabei soll er zahlreiche Dokumente umklammert und nicht losgelassen haben, wiewohl man nach ihm schoß und er tauchen mußte, vielmehr hielt er die Papiere mit der einen Hand über Wasser und ruderte mit der anderen.

Plutarch, ebendort 49

Der Blitzsieg

Als sich Caesar auf dem Marsch nach Kleinasien befand, erfuhr er, daß Domitius, von Pharnakes, dem Sohn des Mithridates, besiegt, mit wenigen Leuten aus Pontos geflohen sei, während Pharnakes seinen Sieg hemmungslos ausnütze und nach der Eroberung von Bithynien und Kappadokien nun die Hand nach dem sogenannten Kleinarmenien ausstrecke und alle Könige und Fürsten in diesem Gebiet zum Abfall von Rom veranlasse. Sogleich marschierte Caesar mit drei Legionen gegen den Mann, lieferte ihm bei der Stadt Zela eine große Schlacht, veranlaßte ihn zu kopfloser Flucht aus Pontos und vernichtete sein Heer. Die Botschaft von diesem Blitzsieg faßte er in einem Brief, den er seinem Freund Matius nach Rom sandte, in drei Worte: »Ich kam, ich sah, ich siegte.«   Plutarch, ebendort 50

Richtungweisend

In Afrika (wo Caesar mit dem jüngeren Cato zu kämpfen hatte) waren bei einem Gefecht seine Gegner in Vorteil geraten. Da soll er sich den Adlerträger, der fliehen wollte, mitten aus dem Haufen gegriffen, ihn umgedreht und ihm zugerufen haben: »Dort steht der Feind!«

Plutarch, ebendort 52

»Jetzt hab' ich dich!«

Nicht einmal durch religiöse Bedenken ließ sich Caesar bei irgendwelchen Vorhaben abschrecken oder auch nur aufhalten: Obwohl ihm während des Opfers ein Opfertier entkam, verschob er den afrikanischen Feldzug nicht, und als er von Bord ging, ausglitt und stürzte, machte er geistesgegenwärtig daraus ein gutes Vorzeichen, indem er rief: »Jetzt hab' ich dich, Afrika!«

Sueton, Caesar 59

Windmacher

Wenn seine Soldaten durch Gerüchte über die Truppenstärke der Feinde tief beunruhigt waren, gab er ihnen nicht dadurch neuen Mut, daß er dementierte oder Abstriche zu machen suchte, sondern indem er die Sache durch faustdicke Lügen aufbauschte. So berief er, als die bevorstehende Ankunft des Numiderkönigs Juba Panik verbreitete, seine Leute zu einer Versammlung und erklärte: »Laßt euch sagen, daß in ganz wenigen Tagen der König da sein wird mit zehn Legionen, 30000 Reitern, 100000 Leichtbewaffneten und 300 Elefanten. Also sollten es bestimmte Leute aufgeben, weiterhin nachzuforschen und zu spekulieren, sondern lieber mir glauben, der ich über genaue Informationen verfüge. Sonst setze ich sie in die allerälteste Schaluppe und lasse sie treiben, wohin der Wind gerade weht«.

Sueton, ebendort 66

Zivilisten

Die Soldaten der 10. Legion verlangten in Rom, während noch der Krieg in Afrika tobte, unter maßlosen Drohungen und höchster Gefahr für die Stadt ihre Entlassung und die übliche Belohnung. Ohne Zögern begab sich Caesar zu ihnen, wiewohl ihn seine Freunde abzuhalten suchten, und verabschiedete sie. Doch durch ein Wort – er hatte sie »Mitbürger«, nicht »Soldaten« genannt – brachte er sie mit solcher Leichtigkeit wieder zur Räson, daß sie sogleich erklärten, sie seien Soldaten, und ihm, obschon er das nicht haben wollte, von sich aus nach Afrika folgten.   Sueton, ebendort 70

Der Unglückstag

Ein Wahrsager soll Caesar verkündet haben, er müsse sich an dem Tag des Monats März, den die Römer Iden nennen, vor einer großen Gefahr hüten. Als der Tag gekommen war und Caesar sich in den Senat begab, traf er diesen Seher, grüßte ihn und bemerkte spöttisch: »Die Iden des März sind da!« Der aber entgegnete gelassen: »Natürlich sind sie da – aber noch nicht vorbei!«   Plutarch, Caesar 63

Auch du?

(In der Kurie des Pompeius führen die von Brutus und Cassius geführten Verschwörer an den Iden des März 44 v. Chr. ihren Mordplan aus.)

Tillius Cimber, der den ersten Part übernommen hatte, ging auf Caesar zu, als ob er um etwas bitten wollte. Als Caesar abwinkte und ihm bedeutete, er solle sein Gesuch zu anderer Zeit vorbringen, packte ihn Cimber auf beiden Schultern an der Toga, und während Caesar schreit »Das ist doch Gewalt!«, verletzt ihn der eine der beiden Casca von hinten, nur wenig unterhalb der Kehle. Caesar bekommt Cascas Arm zu fassen und durchbohrt ihn mit dem Schreibgriffel. Er versucht, aufzuspringen, wird aber durch einen zweiten Stich daran gehindert. Sobald er bemerkt, daß von allen Seiten blanke Dolche auf ihn zielen, verhüllt er das Haupt mit der Toga; zugleich zieht er mit der Linken das weite Gewand über die Unterschenkel: Er will auch im Fallen möglichst den Anstand wahren, indem er die unteren Körperteile bedeckt. So wird er von 23 Stichen durchbohrt und läßt nur beim ersten Stoß einen Schmerzenslaut, aber kein Wort vernehmen. Allerdings berichten manche, er habe, als Marcus Brutus auf ihn losstürzte, auf griechisch gefragt: »Auch du, mein Kind?«   Sueton, Caesar 82

Des Brutus böser Geist

Brutus war eben im Begriff, sein Heer von Abydos zum gegenüberliegenden Festland überzusetzen und verbrachte die Nacht nach seiner Gewohnheit im Zelt. Schlaf fand er freilich keinen, sondern er dachte über die Zukunft nach. Man sagt übrigens, daß dieser Mann am wenigsten von allen Generalen Schlaf nötig hatte und von Natur die Gabe besaß, den größten Teil der Zeit hellwach zu bleiben. Damals nun kam es ihm so vor, als lasse sich an der Tür ein Geräusch vernehmen, und als er aufblickte, sah er im Schein seiner nur noch schwach brennenden Öllampe die fürchterliche Gestalt eines Mannes von übermenschlicher Größe und bedrohlichem Aussehen.

Im ersten Augenblick erschrak er, doch als er sah, daß die Erscheinung nichts weiter tat und auch keinen Laut hören ließ, sondern nur schweigend neben seinem Feldbett stand, da fragte er, wer sie sei. Ihm antwortete das Gespenst: »Dein böser Geist, Brutus; du siehst mich wieder bei Philippi!« Brutus, der seine Fassung zurückgewonnen hatte, gab zurück: »In Ordnung!« Und auf der Stelle verschwand das Phantom.

Es kam die Zeit, daß Brutus bei Philippi sich dem Antonius und Caesar Octavianus zum Kampf stellte und in der ersten Phase der Schlacht auf seinem Flügel die Gegner bezwang, zum Weichen brachte und plündernd bis zum Lager Octavians vordrang.

Als er sich zum zweiten Treffen bereitmachte, erschien ihm nachts wieder das Gespenst, allerdings nicht, um ihm etwas vorauszusagen. Brutus aber erkannte sein Verhängnis und stürzte sich wild ins Gefecht. Doch fiel er nicht im Kampf, sondern mußte, als seine Leute zum Weichen gebracht waren, auf eine Anhöhe flüchten. Dort stürzte er sich ins Schwert.   Plutarch, Caesar 69

... die Rolle gut gespielt

Augustus, der erste Kaiser Roms

»Als nach dem blutigen Ende der Caesarmörder Brutus und Cassius keine republikanische Armee mehr existierte, als Sextus Pompeius bei Sizilien unschädlich gemacht war und nach der Kaltstellung des Lepidus und der Beseitigung des Antonius auch die Partei der Caesarianer keine andere Führerpersönlichkeit mehr besaß als Octavian, legte dieser den Titel Triumvir ab, schlüpfte in die Rolle des Konsuls und gab sich mit der Rechtsstellung eines Volkstribunen zufrieden, angeblich, um die kleinen Leute beschützen zu können, und sobald er das Militär durch Geschenke, das Volk durch Getreidespenden und alle miteinander durch das angenehme Gefühl geködert hatte, sich in der Politik nicht mehr engagieren zu müssen, ging es mit ihm unaufhaltsam aufwärts, zog er die Aufgaben des Senats, der Staatsbeamten und der Gesetze an sich, ohne daß ihm jemand in den Weg trat, da die Energischsten den Kriegen oder der Ächtung zum Opfer gefallen waren und der Rest des Adels desto mehr mit Geld und Ehrungen bedacht wurde, je bereitwilliger sich jeder einzelne zu sklavischer Unterwerfung zeigte: so waren ihm, dem die neue politische Lage Vorteile brachte, die gesicherten Verhältnisse der Gegenwart lieber als die risikobeladenen der Vergangenheit.«   Tacitus, Annalen I 2

Der aufmerksame Leser dieses Satzes, in dem der größte römische Historiker den unaufhaltsamen Aufstieg des Mannes beschreibt, mit dessen Namen wir die Vorstellung von einem goldenen Zeitalter Roms verbinden, mag sich zunächst über die ungewöhnliche Länge und Kompliziertheit der Periode wundern, die unsere Übersetzung nachzugestalten versucht. Sodann wird ihm die Wortwahl merkwürdig vorkommen: Da wird beseitigt, kaltgestellt, geködert, korrumpiert, so daß man, nähme man die römischen Namen und Titel heraus, unschwer glauben könnte, an die Biographie eines Mafiabosses geraten zu sein, deren Verfasser durch den verschlungenen Satzbau das Dubiose dieser Karriere und durch das Vokabular die Rücksichtslosigkeit und Raffinesse seines »Helden« auszudrücken versuchten. Es löst Irritation, ja Bestürzung aus, wenn man sich darüber klar wird, daß der nach eigener Aussage um Objektivität bemühte Tacitus eben diese Absichten verfolgte. Ging seine Ablehnung der von Octavianus/Augustus geschaffenen Staatsform so weit, daß sie ihm den Blick für dessen historische und auch kulturelle Leistung trübte? Freilich, dem Preis dieser Verdienste hatten sich genug wortgewaltige Lobredner gewidmet und darüber fast vergessen lassen, mit welcher Härte und Skrupellosigkeit der spätere Friedensherrscher seine Laufbahn begann. Kann man sich vorstellen, daß der feinsinnige Förderer eines Horaz und Vergil in seiner Jugend als »Bluthund von Perusia« tödlich gehaßt wurde? Ist es denkbar, daß die edle Schönheit der vielen Augustusporträts uns nur die Maske eines Massenmörders zeigt?

Die Quellenlage verbietet es, die negativen Züge im Persönlichkeitsbild des Octavianus ausschließlich böswilliger Verleumdung anzulasten – dazu spricht allein das Beispiel seines Bewunderers und Parteigängers Cicero eine zu deutliche Sprache, den er nach der Aussöhnung mit seinem alten Gegner Marcus Antonius diesem unbedenklich opferte. Aber gerade vor dem Hintergrund solcher Fakten ist die spätere Metamorphose zum toleranten, leutseligen Herrscher um so frappanter. Natürlich mag hier manches gefällige Detail von denjenigen beigesteuert sein, die zu Lebzeiten und auch nach dem Tod des Augustus – vielleicht sogar im Dienste einer Art von Propaganda – die positiven Seiten seines Wesens hervorzuheben trachteten, doch erlaubt diese Einschränkung keineswegs den Schluß, die an ihm gerühmte Toleranz und Humanität sei ihm nur angedichtet. Wir dürfen uns jedoch fragen, wieviel davon Ergebnis bewußter Selbstformung und energischen Rollenstudiums war, zumal da in den letzten Worten des Kaisers, die Sueton überliefert, ein deutlicher Fingerzeig in dieser Richtung enthalten ist: »Hab' ich die Farce meines Lebens gut hinter mich

*gebracht?« soll der Sterbende gefragt haben, und Giordano Bruno
würde dieses bekannte Zitat mit einem wohl noch bekannteren
qualifizieren: Se non è vero, è molto ben trovato – Wenn es nicht
stimmt, so ist's sehr gut erfunden.*

*Daß Augustus, der sich mit Ellenbogen den Weg zur Macht
bahnte, in ihrem Besitz nicht plötzlich ein ganz anderer wurde,
geht auch aus einem Satz hervor, den der Sechsundsiebzigjährige
im 3. Kapitel seines Lebensberichts so formulierte: »Auswärtige
Völker, denen man Nachsicht schenken konnte, ohne damit ein
Sicherheitsrisiko einzugehen, wollte ich lieber erhalten als liquidieren.« Der Satz klingt höchstens für denjenigen milde und hu-
man, der sich nicht überlegt, was folglich mit solchen Völker-
schaften geschah, deren Schonung ein Risiko für Rom bedeutet
hätte.*

Brutaler Sieger

Nach dem Abschluß des Dreierbündnisses mit Antonius
und Lepidus beendete Octavian auch den Krieg mit den
Caesarmördern, obwohl er gesundheitlich schwer ange-
schlagen war, in einer Doppelschlacht. In der ersten verlor
er freilich sein Lager und konnte nur mit knapper Not zum
Heeresflügel des Antonius flüchten. Nach dem glücklich
errungenen Sieg zeigte er keine Mäßigung, sondern ließ
den Kopf des Brutus nach Rom schicken, damit man ihn
vor Caesars Standbild auf den Boden werfe, und wütete
gerade gegen die vornehmsten Gefangenen, wobei er sich
auch zu Beschimpfungen hinreißen ließ. So soll er einem,
der flehentlich um ein Begräbnis bat, erwidert haben, das
würden sich schon die Geier angelegen sein lassen. Zwei
anderen, einem Vater und seinem Sohn, die um ihr Leben
baten, befahl er, das Los zu ziehen oder darum zu knobeln,
wem es geschenkt werden solle. Er sah dann beide sterben,

denn nach der Hinrichtung des Vaters, der sich geopfert hatte, wählte der Sohn den Freitod. [...]

Als er die Stadt Perusia erobert hatte, ließ er sehr viele über die Klinge springen und fertigte diejenigen, die ihn um Nachsicht zu bitten oder sich zu entschuldigen suchten, immer nur mit der Bemerkung ab: »Nun wird gestorben!«

Sueton, Divus Augustus 13; 15

In der Königsgruft

Während seines Aufenthalts in Ägypten ließ er den Sarg mit der Leiche Alexanders des Großen aus der Gruft holen, betrachtete sie und erwies dem König seinen Respekt, indem er ihm eine goldene Krone aufsetzen und Blumen streuen ließ. Als man ihn fragte, ob er auch den Ptolemaios betrachten wolle, erwiderte er, er habe einen König sehen wollen, keinen Toten.

Sueton, ebendort 18

Mißfallen

Einen jungen Mann namens Herennius hatte Augustus wegen sittlicher Verfehlungen aus dem Heer entlassen. Als dieser flehentlich um Gnade bat und dabei fragte: »Wie soll ich denn in mein Vaterhaus zurückkehren? Was soll ich meinem Vater sagen?« antwortete jener: »Sag ihm, ich hätte dir mißfallen.«

Macrobius, Saturnalia 2, 4, 6

Frontalschaden

Ein Soldat war bei einem Feldzug von einem Schleuderstein getroffen worden und nun durch eine auffällige Narbe auf der Stirn entstellt. Da er sich seines Heldentums wegen gar zu sehr in die Brust warf, verpaßte ihm Augustus folgenden sanften Tadel: »Du schaust also nie nach hinten, wenn du das Hasenpanier ergreifst?«   Macrobius, ebendort 2, 4, 7

Unkorrigierbar

Galba, der durch einen Buckel entstellt war, hielt in Anwesenheit des Augustus ein Plädoyer und sagte dabei häufig: »Bring's nur in Ordnung, wenn du an mir etwas zu tadeln findest.« Darauf Augustus: »Ich kann dich nur auf Fehler aufmerksam machen, in Ordnung bringen kann ich dich nicht.«   Macrobius, ebendort 2, 4, 8

Erhöhter Standpunkt

Augustus beschwerte sich wegen der stumpfen Farbe eines tyrischen Purpurstoffs, den er hatte kaufen lassen. Der Verkäufer aber riet ihm: »Halte ihn etwas höher und betrachte ihn von unten!« Da meinte Augustus: »Wie bitte? Soll ich vielleicht, damit das Volk von Rom mich gutgekleidet nennt, auf einem Söller spazierengehen?«

Macrobius, ebendort 2, 4, 14

Sanftes Ruhekissen

Man berichtete Augustus von der Höhe der Schulden eines römischen Ritters, die dieser, so lange er lebte, zu verbergen gewußt hatte, wiewohl sie sich auf über 20 000 000 Sesterzen[43] beliefen. Daraufhin verlangte Augustus, man solle ihm das Kopfkissen dieses Mannes bei der Auktion ersteigern, und begründete den merkwürdigen Wunsch folgendermaßen: »Das Kissen muß ich haben, auf dem der Mann trotz solcher Schulden schlafen konnte.«

Macrobius, ebendort 2, 4, 17

Vaterschaft

Ein Mann aus der Provinz, der dem Augustus ungewöhnlich ähnlich sah, war nach Rom gekommen und hatte sofort die Aufmerksamkeit aller auf sich gezogen. Augustus ließ ihn zu sich bringen, sah ihn an und stellte ihm folgende Frage: »Sag mir, junger Mann, war deine Mutter einmal in Rom?« – »Nein«, erwiderte der und setzte, damit nicht zufrieden, hinzu: »Aber mein Vater oft.«

Macrobius, ebendort 2, 4, 20

Fliegen lassen!

Der römische Ritter Curtius, ein ausgemachter Feinschmecker, hatte während einer Einladung bei Augustus eine magere Drossel bekommen und fragte, ob er die fliegen lassen dürfe. »Wieso denn nicht?« entgegnete der Kaiser. Da warf sie jener unverzüglich aus dem Fenster.

Macrobius, ebendort 2, 4, 22

Informationen

Erstaunlich und vielgepriesen ist auch die Gelassenheit, die Augustus in seinem Amt als Zensor zeigte. So wollte er einmal einem römischen Ritter Vorhaltungen machen, weil er angeblich sein Vermögen vergeudet habe. Dieser aber führte öffentlich den Nachweis, daß er es sogar vervielfacht hatte. Bald darauf warf der Kaiser ihm vor, er habe sich nicht an die Gesetze zur Förderung der Eheschließung gehalten. Jener aber erklärte, er habe eine Frau und drei Kinder. Dann fügte er hinzu: »Kaiser, wenn du in Zukunft über anständige Leute Informationen einholst, gib anständigen Leuten den Auftrag dazu!«   Macrobius, ebendort 2, 4, 25

Die Eule

Einmal hatte Augustus auf dem Lande schlaflose Nächte, weil ihn häufig der Ruf einer Eule weckte. Er ließ daher das Tier von einem Soldaten einfangen, der sich auf das Geschäft verstand, und der führte den Auftrag in der Hoffnung auf eine beträchtliche Belohnung aus. Der Kaiser lobte ihn auch, gab ihm aber nur tausend Sesterzen,[43] worauf jener sich zu sagen getraute: »So ist's mir lieber, wenn sie leben bleibt!« und die Eule fliegen ließ. Wer hätte sich da nicht verwundert, daß der widerborstige Soldat entlassen wurde, ohne daß der Kaiser sich gekränkt zeigte?

Macrobius, ebendort 2, 4, 26

Stellvertreter

Ein Veteran des Augustus hatte sich vor Gericht zu verantworten und sah, daß seine Sache nicht gut stand. Da wandte er sich in aller Öffentlichkeit an den Kaiser und bat ihn um Beistand. Der bestimmte sogleich aus seinem Gefolge einen Anwalt und empfahl ihm den Mandanten. Der Veteran aber schrie mit Stentorstimme: »Ich aber, Kaiser, habe in der Schlacht bei Aktium, als es nicht gut aussah für dich, keinen Stellvertreter gesucht, sondern selbst für dich gekämpft.« Dabei zeigte er tiefe Narben. Augustus errötete und stellte sich als Anwalt zur Verfügung, denn der Gedanke erfüllte ihn mit Beschämung, er könne nicht nur hochmütig, sondern am Ende gar undankbar erscheinen.

Macrobius, ebendort 2, 4, 27

Gelehrige Vögel

Stolzgeschwellt durch den Sieg bei Aktium kehrte Augustus eben in die Heimat zurück. Da eilte ihm inmitten anderer Gratulanten ein Mann entgegen, der einen Raben trug. Dem hatte er folgende Worte beigebracht: »Sei gegrüßt, Caesar, siegreicher Feldherr!«

Augustus staunte und kaufte den dienstwilligen Vogel um 20 000 Sesterzen.[43] Der Geschäftspartner unseres Mannes, für den von dieser reichen Gabe nichts abgefallen war, hinterbrachte nun Augustus, daß jener noch einen anderen Raben besitze, und bat darum, ihn dazu zu zwingen, auch den herbeizubringen. Als das geschehen war, gab er die Worte von sich, die er gelernt hatte: »Sei gegrüßt, Antonius, siegreicher Feldherr!«

Ohne sich besonders aufzuregen, hielt es Augustus für hinreichend, jenen Mann zur Teilung des Geldgeschenks mit seinem Kompagnon zu veranlassen.

Als er in ähnlicher Weise von einem Sittich begrüßt wurde, ließ er auch den kaufen. Dieselbe Kunstfertigkeit konnte er schließlich bei einer Elster bewundern und erwarb auch diese.

Diese Vorgänge ließen einem armen Schuster keine Ruhe: er nahm sich vor, einem Raben denselben Gruß beizubringen. Da er für den Kauf des Vogels seine letzten Groschen geopfert hatte, sagte er oftmals, wenn jener ihm nicht nachsprechen wollte: »Geld und Mühe für die Katz!« Doch schließlich fing der Rabe an, die Grußformel zu sprechen, die ihm eingetrichtert worden war. Augustus hörte sie und sagte, während er weitergehen wollte: »Von solchen Guten-Tag-Sagern habe ich schon genug zu Hause!« Aber der Rabe hatte ein gutes Gedächtnis, so daß er auch die Worte noch anbrachte, die er von seinem Herrn oft mit klagendem Tonfall gehört hatte: »Geld und Mühe für die Katz!« Daraufhin mußte Augustus lachen und ließ den Vogel um einen so hohen Preis kaufen wie keinen zuvor.

Macrobius, ebendort 2, 4, 29-30

»Hätt' ich mehr ...«

Ein armer Grieche hielt Augustus regelmäßig, wenn er vom Palatin herabkam, irgendein rühmendes Gedichtchen hin. Als er das ohne Erfolg schon oft getan hatte und Augustus ihn drauf und dran sah, es erneut zu versuchen, schrieb er mit eigener Hand ein knappes griechisches Epigramm auf Papyrus und ließ es jenem bringen, der ihm entgegenkam. Der lobte es bereits beim Lesen und zeigte ebenso durch Worte wie durch Mienenspiel seine Bewunderung, und als er bis zur Sänfte des Kaisers gelangt war, steckte er die Hand in seinen schmalen Beutel und holte ein paar Denare heraus, um sie jenem zu geben. Er sagte dabei auf griechisch: »Bei deinem Glück, Caesar: Wenn ich mehr hätte, gäb' ich mehr!« Es folgte ein allgemeines Gelächter, Augustus ließ seinen Kassenverwalter kommen und dem Griechen 100000 Sesterzen[43] auszahlen.

Macrobius, ebendort 2, 4, 31

Kein Futter für die Fische

Augustus war bei einem gewissen Vedius Pollio zum Abendessen eingeladen. Da hatte ein Sklave einen Becher aus Bergkristall zerbrochen. Gleich ließ ihn Vedius ergreifen – er sollte eines besonderen Todes sterben, den Muränen vorgeworfen werden, von denen jener gewaltige Exemplare in einem Becken hielt. [...] Der Sklave aber entwand sich denen, die ihn hielten, und warf sich dem Kaiser zu Füßen. Er hatte nur eine einzige Bitte: Anders wollte er sterben, nicht als Fischfutter. Augustus war empört über die unerhörte Grausamkeit seines Gastgebers und befal, den Sklaven laufen zu lassen, sämtliche Kristallbecher aber in seiner Gegenwart zu zerschlagen und das Becken zuzuschütten.

Seneca, De ira III 40

Varus, Varus!

Schwere und schmachvolle Niederlagen mußte Augustus nur zwei, und beide in Germanien, hinnehmen, nämlich die des Lollius und die des Varus, wobei mit der des Lollius mehr Schande als Schaden verbunden war, während sich die des Varus als beinahe katastrophal erwies, da drei Legionen mit ihrem Anführer und seinen Stellvertretern sowie die gesamten Hilfstruppen erschlagen waren. Auf die Nachricht davon ließ Augustus in der Stadt Posten aufziehen, damit kein Tumult entstünde, und verlängerte die

Amtszeit der Provinzgouverneure, damit die Verbündeten von erfahrenen und ihnen vertrauten Leuten unter Kontrolle gehalten würden. Er gelobte auch dem Besten und Größten Jupiter große Spiele, wenn es um den Staat wieder besser stünde. Das hatte man auch im Krieg mit den Kimbern und Marsern getan. Überhaupt soll der Kaiser so aus der Fassung geraten sein, daß er Bart und Haupthaar monatelang wachsen ließ und bisweilen mit dem Kopf gegen die Türflügel schlug und schrie: »Quintilius Varus, die Legionen gib zurück!« Sueton, Divus Augustus 23

Vorsicht ist die erste Feldherrnpflicht

Nach Meinung des Augustus steht einem perfekten General nichts weniger an als unbesonnene Übereilung. Deshalb führte er oft das bekannte Wort des Euripides im Munde: »Eile mit Weile; besser nämlich ist der sich're als der kühne General.« Desgleichen: »Rasch genug geschieht alles, was gut genug geschieht.« Er erklärte auch, man dürfe sich auf eine Schlacht oder einen Krieg überhaupt nur einlassen, wenn die Chance des Erfolgs deutlich größer sei als der zu befürchtende Schaden. Denn wer bei der Jagd nach geringem Gewinn beträchtliche Nachteile riskierte, der glich nach seiner Meinung einem Menschen, der mit goldenem Angelhaken fischt: Wird dieser abgerissen, so gleicht kein Fang den Schaden aus. Sueton, ebendort 25

Marmorstadt

Die Hauptstadt, die noch nicht entsprechend ihrer Weltgeltung geschmückt und zudem durch Brände und Überschwemmungen gefährdet war, verschönerte Augustus in solchem Maße, daß er mit vollem Recht sich rühmen durfte: »In Marmor lasse ich die Stadt zurück, die ich als Backsteinhaufen übernahm.«   Sueton, ebendort 28

Volksgetränk

Man sollte Augustus auch als einen Herrscher kennen, dem mehr an der Gesundheit seiner Untertanen als an ihren Sympathien lag. So wusch er einmal einem, der sich über das dürftige Angebot an Wein und dessen hohen Preis beklagte, ganz gehörig den Kopf und sagte: »Mein Schwiegersohn Agrippa hat durch den Bau mehrerer Wasserleitungen hinreichend dafür gesorgt, daß die Leute keinen Durst leiden müssen.«   Sueton, ebendort 42

Keine Angst!

Als jemand Augustus eine Bittschrift überreichen wollte und dabei in seiner Schüchternheit die Hand bald ausstreckte, bald wieder zurückzog, sagte er: »Du meinst wohl, du gibst einem Elefanten ein Zehnerlein?«

Macrobius, Saturnalia 2, 4, 3

Das Gerücht

Ein gewisser Pacuvius Taurus bat Augustus um eine Geld-spende und sagte, die Leute redeten schon allenthalben da-von, daß er von ihm eine stattliche Summe bekommen habe. Da erwiderte der Kaiser: »Du aber, glaub's nicht!«

Macrobius, ebendort 2, 4, 4

Verschwiegenheit

Einer war als Reiteroberst geschaßt worden und hatte die Stirn, von Augustus einen Ehrensold zu fordern. »Ich bitte«, sagte er, »nicht aus Gewinnsucht darum, sondern damit der Anschein entsteht, als hätte ich auf deinen Ent-scheid hin diese Gabe bekommen und so mein Amt nieder-gelegt.« Der Kaiser aber schmetterte ihn mit folgenden Worten ab: »Erkläre du bei allen, daß du das Geld gekriegt hast; ich werd's nicht bestreiten!«   Macrobius, ebendort 2, 4, 5

Abschied

Am letzten Tag seines Lebens erkundigte er sich immer wieder, ob man in der Öffentlichkeit seinetwegen aufge-regt sei, verlangte einen Spiegel und befahl, sein Haar zu kämmen und seine schlaffen Wangen in Ordnung zu brin-gen. Dann ließ er seine Freunde vor und fragte, ob er ihrer Meinung nach die Farce des Lebens leidlich absolviert habe und fügte auch den (in solchen Stücken üblichen) Schluß-satz auf griechisch hinzu:

> »Wenn unser Spiel ganz gut gelungen, klatscht uns zu und laßt uns alle freudevoll nach Hause gehn!«

Sueton, Divus Augustus 99

Spötter, Götter und Verrückte

Römische Kaiser von Tiberius bis Aurelian

»Von seinem Nachfolger Tiberius soll Augustus einmal gesagt haben:
Armes Volk von Rom, wenn der es erst zwischen seine eisernen Kiefer
bekommt!«   Sueton, Tiberius 21

*Wer weiß, ob der Kaiser nicht milder über seinen ungeliebten
Stiefsohn geurteilt hätte, wäre ihm bewußt gewesen, was in der
langen Folge alles den von ihm begründeten Thron besteigen
würde. Da erscheinen haltlose Existenzen, denen ihre Machtfülle
zu Kopf gestiegen ist, Opfer des sogenannten Caesarenwahns,
mißtrauische und launische Despoten wie Domitian, die sich als
»Herr und Gott« titulieren lassen, barbarische Kraftprotze wie
Maximinus, Muttermörder, Brudermörder, Massenmörder, aber
– zum Glück für Rom – auch tüchtige Beamte, Idealisten, Philosophen und tapfere Soldaten, und wenn man die alle Revue passieren läßt, dann wird man den von Tacitus mit Hingabe schwarz in
schwarz gemalten Tiberius am Ende doch eher zu den »guten«
Kaisern rechnen, unter denen die Finanzen stimmten, die Wirt-
schaft florierte und die öffentliche Sicherheit gewährleistet war.*

*Trotzdem schrie das Volk, als Tiberius tot war: »In den Tiber
mit Tiberius!« Dem Nero dagegen, den wir als gemeingefährli-
chen Irren einstufen würden, bewahrten die kleinen Leute in Rom
ein recht freundliches Andenken – es waren schließlich die Köpfe
des Adels, die er rollen ließ, und im übrigen war er für jede Art von
Amüsement gut. Er hätte nur nicht den Verdacht auf sich ziehen
dürfen, die Stadt in Brand gesteckt zu haben! Allerdings fand er in
den Christen geeignete Sündenböcke und machte aus ihrer Hinrichtung ein makabres Volksfest, und als er schließlich sein ver-
dientes Ende gefunden hatte, da hatten mehrere falsche Neros beträchtlichen Zulauf.*

Auf den Möchtegern-Künstler und Exzentriker folgte nach einem Jahr der Wirren Vespasian, ein nüchterner, pfiffiger Mann, der den desolaten Staat wieder hochbrachte. Sein älterer Sohn Titus war die Sanftmut in Person, dafür war der jüngere, der schon erwähnte Domitian, ein Ungeheuer. Man möchte das erste nachchristliche Jahrhundert als Epoche der Wechselbäder bezeichnen, wenn das jähe Auf und Ab nicht später noch zugenommen hätte. Das Bild so wildbewegter Zeiten läßt sich mit den einzelnen Mosaiksteinen der Anekdoten nicht nachgestalten; wir raten daher unseren Lesern, sich auch einmal mit den von uns benützten Quellen, Suetons Kaiserbiographien und der sogenannten Historia Augusta, zu befassen, zumal es dafür gute Übersetzungen gibt.

Aufschub

Zu dem Rhetor Diogenes, der die Gewohnheit hatte, nur alle sieben Tage Vorträge zu halten, war Tiberius als Privatmann gekommen und hatte darum gebeten, ihn außer der Reihe hören zu dürfen. Jener aber hatte ihn nicht vorgelassen, sondern ihm durch einen Sklaven mitgeteilt, er solle in sieben Tagen wiederkommen. Als Tiberius Kaiser geworden war, fand sich Diogenes bei ihm ein, um ihm seine Aufwartung zu machen. Tiberius aber ließ ihm, der im Vorzimmer wartete, den Auftrag erteilen, er solle in sieben Jahren wieder erscheinen. Sueton, Tiberius 32

Hirtenpflicht

Als ihm Gouverneure dazu rieten, die Provinzen mit mehr Steuern zu belasten, schrieb Tiberius zurück, ein guter Hirte müsse seine Schafe scheren, dürfe ihnen aber nicht die Haut abziehen. Sueton, ebendort 32

Herzliches Beileid

Abgeordneten aus der Stadt Troja, die Tiberius ziemlich spät ihr Beileid zum Tod seines Sohnes Drusus aussprachen, erwiderte der Kaiser spöttisch [...], auch er bedaure es sehr, daß sie ihren großen Mitbürger Hektor verloren hätten.

Sueton, ebendort 52

Caligula, das Scheusal

Caligula bestand mit Nachdruck darauf, daß zum Tod Verurteilte mit vielen schwachen Hieben vom Leben zum Tode gebracht wurden. Immer wieder richtete er dabei an den Henker die schon bekannte Mahnung. »Triff ihn so, daß er spürt, wie er stirbt!« Als aufgrund einer Verwechslung einmal ein anderer Mann als der dafür bestimmte mit dem Tod bestraft worden war, nur weil er den gleichen Namen hatte, meinte Caligula, der habe jedenfalls dasselbe verdient. Gern zitierte er auch den Satz des tragischen Dichters Accius: »Sollen sie mich hassen, wenn sie mich nur fürchten.«

Sueton, Caligula 30

Der eine Hals

Als einmal die Menge im Zirkus einen anderen Favoriten als er beklatschte, schrie Caligula in seiner Wut: »Wenn doch das römische Volk nur einen einzigen Hals hätte!«

Sueton, ebendort 30

Schlechte Zeiten

In aller Öffentlichkeit pflegte sich Caligula auch über die
Ungunst der Zeit zu beklagen, die durch keine schwere Katastrophe gekennzeichnet sei. Die Herrschaft des Augustus
sei denkwürdig durch die Niederlage des Varus, die des Tiberius durch den Einsturz des Amphitheaters von Fidenae,
der seinen aber drohe die Vergessenheit infolge der allgemeinen Prosperität. Daher wünschte er sich immer wieder
Schlappen seiner Heere, Hungersnot, Pest, Brände herbei
oder daß die Erde sich klaffend öffne.   Sueton, ebendort 31

Ein Grund zur Freude

Bei einem ziemlich aufwendigen Gelage brach Caligula
plötzlich in hemmungsloses Gelächter aus. Die beiden Konsuln, die neben ihm auf dem Speisesofa lagen, fragten höflich, weshalb er lachen müsse. »Worüber sonst«, erwiderte
er, »als daß es nur eines Winks von mir bedarf, um euch
zweien sofort den Hals abschneiden zu lassen?«

Sueton, ebendort 32

Party bei Caligula

Was den Aufwand bei seinen Orgien anging, so übertraf
Caligula den Einfallsreichtum aller Verschwender. Er dachte sich neue Badevergnügungen aus und die absonderlich-
sten Gerichte und Speisenfolgen. So badete er in erhitzten
oder kalten Parfüms, schlürfte in Essig aufgelöste Perlen
von höchstem Wert und setzte seinen Gästen Brot und Bei-
lagen aus Gold vor, wobei er meinte: »Entweder muß man
ein ordentlicher Mensch sein oder der Kaiser!«

Sueton, ebendort 37

Götterkomödie

Sehr häufig ließ sich Caligula mit dem goldenen Bart Jupiters sehen, den Blitz in der Hand, bisweilen trug er auch Neptuns Dreizack oder den Heroldstab des Merkur, also lauter Abzeichen der Götter. Selbst als Venus kostümiert trat er auf.

Sueton, ebendort 52

Es donnert

Caligula, der so wenig Respekt vor den Göttern hatte, zuckte beim schwächsten Donnergrollen und Blitzen zusammen und verhüllte das Haupt. Nahm aber das Gewitter an Stärke zu, dann stürzte er aus dem Bett und verkroch sich darunter.

Sueton, ebendort 51

Nächtlicher Auftritt

Einmal befahl Caligula drei ehemalige Konsuln gegen Mitternacht in seinen Palast. Die Männer waren auf alles Mögliche, auch auf das Schlimmste gefaßt. Nun mußten sie auf einem Podium Platz nehmen, und plötzlich sprang unter gewaltigem Lärm von Flöten und Kastagnetten der Kaiser auf die Bühne. Er trug einen Mantel und darunter ein knöchellanges Gewand. In diesem Kostüm tanzte er eine Nummer und trat dann wieder ab.

Sueton, ebendort 54

Das Staatsroß

Damit sein Lieblingspferd Incitatus (»Heißsporn«) nicht gestört würde, ließ er jeweils einen Tag vor den Zirkusspielen in der ganzen Nachbarschaft durch Soldaten Stillschweigen gebieten. Das Tier hatte einen Stall aus Marmor, eine Krippe aus Elfenbein, purpurne Satteldecken und edelsteinverziertes Zaumzeug. Dazu bekam es noch ein Stadthaus mit Dienerschaft und Mobiliar, damit in seinem Namen geladene Gäste standesgemäß empfangen werden könnten. Man sagt sogar, er habe vorgehabt, das Pferd zum Konsul zu machen. *Sueton, ebendort 55*

Wo sie nur bleibt!

An Kaiser Claudius erstaunte die Leute neben anderem seine Vergeßlichkeit und Entrücktheit [...]. Kurz nach der Hinrichtung seiner Frau Messalina nahm er im Speisesaal Platz und erkundigte sich, warum die Kaiserin nicht erscheine. Auch viele von denen, die er zum Tode verurteilt hatte, ließ er noch am gleichen Tag zu einer Besprechung oder zum Würfelspiel laden und, wenn sie nicht kamen, durch einen Boten als Trödler und Schlafmützen ausschelten. *Sueton, Claudius 39*

Nero als Sänger

Wenn Nero als Sänger auftrat, durfte niemand, auch nicht, wenn er zwingende Gründe hatte, das Theater verlassen. So sollen denn etliche Frauen während der Vorstellung Kinder geboren haben, und viele Männer, die von Gesang und bestelltem Beifall genug hatten, sprangen, da die Stadttore verriegelt waren, heimlich von der Mauer oder stellten sich tot und ließen sich wie zum Begräbnis hinaustragen.

Sueton, Nero 23

Sieg vor dem Ziel

Als Wagenlenker produzierte sich Nero sehr häufig, in Olympia sogar mit einem Zehnspänner [...]. Dabei wurde er allerdings vom Wagen geschleudert. Man setzte ihn zwar wieder drauf, aber er konnte nicht mehr durchhalten und gab vorzeitig auf. Trotzdem erhielt er den Siegespreis.

Sueton, ebendort 24

Ein kaiserlicher Rowdy

Wenn es dämmerte, stülpte sich Nero eine Wollmütze über den Kopf, suchte Kneipen auf oder machte die Stadt mit seinen bisweilen gefährlichen Streichen unsicher. So hatte er die Gewohnheit, Leute, die von Einladungen heimkehrten, zu verprügeln und, wenn sie sich zur Wehr setzten, auch schwerer zu verwunden und in die offenen Abwasserkanäle zu werfen. Auch Läden brach er gern auf und raubte sie aus. Den Erlös der meistbietend versteigerten Beute brachte er in einer eigens zu diesem Zweck im Palast eingerichteten Bar durch.

Sueton, ebendort 26

Erfolgsbilanz

Nero war maßlos stolz darauf, daß ihm all seine Verbrechen und Scheußlichkeiten gelangen – er buchte das als Erfolg –, und sagte, kein Kaiser vor ihm habe gewußt, was er sich alles erlauben dürfe.

Sueton, ebendort 37

Korrekt verbucht

Eine Frau hatte Kaiser Vespasian herumgekriegt, indem sie so tat, als sei sie zum Sterben verliebt in ihn. Nach dem Schäferstündchen schenkte er ihr 400000 Sesterzen.[43] Als nun sein Kassierer sich erkundigte, wie er die Summe verbuchen solle, sagte er: »Unter ›Liebesdienste für Vespasian‹.«

Sueton, Vespasian 22

Der Bruder

Vespasian wurde von einem seiner Angestellten, den er persönlich schätzte, für einen anderen, angeblich seinen Bruder, um einen Verwalterposten gebeten. Er vertröstete ihn, ließ dann den Bewerber persönlich kommen, luchste ihm das Geld ab, das er dem anderen für seine Fürsprache zugesagt hatte, und stellte ihn sofort an. Von seinem Vertrauten wenig später angesprochen, sagte er: »Such dir einen anderen Bruder; der, den du für deinen hältst, ist meiner.«

Sueton, ebendort 23

Halbpart

Einmal hatte Vespasian seinen Maultiertreiber in Verdacht, er sei auf einer Reise nur deshalb zum Beschlagen der Maultiere abgestiegen, damit ein Mann, der in einen Prozeß verwickelt war, Gelegenheit bekomme, sich an ihn zu wenden. Er fragte deshalb den Kutscher, wieviel ihm das Beschlagen gebracht hätte, und teilte mit ihm die Einnahme.

Sueton, ebendort 23

Non olet

Sein Sohn Titus kritisierte Vespasian, weil er sich sogar eine Abgabe für den Urin ausgedacht habe.[44] Da hielt er ihm eine Münze aus der ersten Zahlung unter die Nase und wollte wissen, ob ihn der Geruch störe. »Nein«, sagte jener. »Und doch stammt das Geld aus der Pisse«, entgegnete der Kaiser. Sueton, ebendort 23

Ach Gott!

Beim ersten Anfall der Krankheit (der er dann erlag) rief Vespasian aus: »Verdammt, ich glaube, ich werd' ein Gott!«[45] Sueton, ebendort 23

Billigere Lösung

Beim Begräbnis Vespasians trat der Staatsschauspieler Favor in seiner Maske auf und imitierte ihn, wie es Brauch ist, ganz lebensecht in Reden und Handeln. Unter anderem fragte er die Veranstalter, wieviel der Leichenzug koste, und wie er hörte »Zehn Millionen Sesterzen!«[43] rief er laut, so daß es alle hören konnten: »Gebt mir hunderttausend und werft mich dann meinetwegen in den Tiber!« Sueton, ebendort 19

Der verlorene Tag

Als Kaiser Titus einmal beim Abendessen in den Sinn kam, daß er den ganzen Tag über niemandem etwas Gutes getan hatte, sprach er den denkwürdigen und zu Recht vielzitierten Satz: »Freunde, ich habe einen Tag vertan!«

Sueton, Titus 8

Keine Fliege

Zu Anfang seiner Regierung zog sich Domitian täglich für eine Stunde in sein Privatgemach zurück. Dabei tat er nichts anderes, als daß er Fliegen fing und mit seinem nadelspitzen Griffel aufspießte. Als jemand seinen Vertrauten Vibius Crispus fragte, ob jemand beim Kaiser sei, entgegnete der recht schlagfertig: »Nicht einmal eine Fliege.«

Sueton, Domitian 3

Arme Teufel

Kaiser, so sagte Domitian, befänden sich in einer ganz traurigen Lage, denn hätten sie eine Verschwörung entdeckt, fänden sie keinen Glauben, es sei denn, sie würden ermordet.

Suetin, ebendort 20

Der Kaiser und der Dichter

Der Dichter Florus hatte an Kaiser Hadrian folgende Zeilen gerichtet:
   »Kaiser möcht' ich niemals sein,
   durch Britannien marschieren,
   in Germanien kampieren
   und im Skythenlande frieren.«
Darauf erwiderte Hadrian:
   »Ich will nicht der Florus sein,
   will durch Kneipen nicht marschieren,
   nicht in Küchen retirieren,
   arg gepiekst von Wanzentieren.«

Historia Augusta, Hadrian 16, 3-4

Die neue Farbe

Jemand mit schon ziemlich grauen Haaren war mit einer Bitte an Hadrian herangetreten, hatte aber abschlägigen Bescheid bekommen. Als der Bittsteller wieder erschien, diesmal mit gefärbtem Haar, sagte der Kaiser zu ihm: »Das hab' ich doch schon deinem Vater abgeschlagen.«

Historia Augusta, ebendort 20, 8-9

Massage

Einmal sah Hadrian im öffentlichen Bad, wie ein Veteran, den er noch von seiner Militärzeit her kannte, den Rücken und andere Partien des Körpers an der Wand rieb. Der Kaiser fragte, warum er dazu den Marmor benütze, und erhielt die Antwort, er habe eben keinen Sklaven. Gleich bekam der alte Mann einen, dazu noch ein Geldgeschenk. Am andern Tag rieben sich mehrere alte Männer an der Badewand, um den Kaiser zu veranlassen, die Spendierhosen anzuziehen. Er aber ließ die Alten kommen und empfahl ihnen, sich gegenseitig zu massieren.

Historia Augusta, ebendort 17, 6-7

Kopf oder Füße

Als Kaiser Septimius Severus wegen eines Beinleidens den Krieg nicht zügig führen konnte und die Soldaten, die das übel nahmen, seinen Sohn Bassianus, der bei ihm war, zu seinem Stellvertreter ernannten, ließ er sich auf den Feldherrnsitz heben und alle Tribunen, Zenturionen, Abteilungsführer und die Kohorten antreten, die jene Ernennung zu verantworten hatten. Auch sein Sohn, der den Titel

»Augustus« angenommen hatte, mußte sich dazustellen. Dann befahl er alle Verantwortlichen mit Ausnahme seines Sohns zu bestrafen, die aber warfen sich vor seinem Sitz auf den Boden und flehten ihn an. Der Kaiser jedoch berührte seinen Kopf mit der Hand und meinte: »Endlich merkt ihr, daß der Kopf regiert, nicht die Füße!«

Historia Augusta, Severus 18, 9-11

Hüte dich vor den vielen!

Es gab auf der Welt keine grausamere Bestie als Kaiser Maximinus, und er setzte volles Vertrauen auf seine ungeheure Körperkraft, als könne er deshalb nicht umgebracht werden. Als er sich schließlich wegen seines Riesenwuchses und seiner Tapferkeit schon fast für unsterblich hielt, soll ein Schauspieler im Theater in seiner Gegenwart die folgenden Verse auf griechisch gesprochen haben, deren sinngemäße Übersetzung so lautet: ». . . und wer nicht von einem getötet werden kann, den töten die vielen. Der Elefant ist riesig und wird getötet, der Löwe tapfer und wird getötet, der Tiger voll Mut und wird getötet. Hüte dich vor den vielen, wenn du sie einzeln nicht fürchtest!« Diese Worte fielen also in Gegenwart des Kaisers. Der fragte seine Umgebung, was der Hanswurst da gesagt habe, und man erwiderte ihm, er trage ein altes Gedicht vor, das sich gegen grobe Menschen richte. Er aber, als ungebildeter Wilder aus Thrakien, glaubte den Worten.

Historia Augusta, Maximini duo 9, 1-5

Gar nicht so einfach!

In Anwesenheit des Kaisers Gallienus hatte man einen riesigen Stier in die Arena gelassen. Gegen den trat ein Torero an, um ihn zu erlegen. Das gelang ihm jedoch nicht, wiewohl ihm das Tier zehnmal entgegengetrieben wurde. Daraufhin schickte ihm der Kaiser den Siegerkranz, und während alle murrten, was denn das nun wieder sei, daß ein so absoluter Versager prämiiert wurde, ließ Gallienus durch einen Herold verkünden: »Einen Stier so oft *nicht* zu treffen, ist schwierig.«　　　Historia Augusta, Gallienus 12, 3-4

Wie du mir ...

Der Frau des Gallienus hatte jemand gläserne Imitationen als echte Edelsteine verkauft; der Schwindel flog auf, und jene verlangte die Bestrafung des Täters. Daraufhin ließ der Kaiser den Kaufmann in die Arena schleppen, als sollte er den wilden Tieren vorgeworfen werden – doch aus dem Käfig kam ein Kapaun heraus, und während alle über diesen lächerlichen Vorgang staunten, ließ Gallienus ausrufen: »Er hat betrogen, nun ist er betrogen!« Dann schickte er den Kaufmann weg.[46]　　　Historia Augusta, ebendort 12, 5

Tod den Hunden!

Als Kaiser Aurelian vor der Stadt Tyana ankam und die Tore verschlossen fand, soll er im Zorn ausgerufen haben: »Keinen Hund werde ich in dieser Stadt am Leben lassen!« Daraufhin zeigten die Soldaten besonderen Einsatz in der Hoffnung auf Beute, ein gewisser Heraklammon aus Tyana aber verriet seine Vaterstadt, denn er fürchtete, mit allen anderen umgebracht zu werden. So wurde denn die Stadt erobert. Da ließ Aurelian durch zwei herausragende Taten als echter General einmal seine Strenge, zum andern seine Milde erkennen. Denn den Verräter Heraklammon ließ er als weitsichtiger Sieger töten. Als jedoch die Soldaten, entsprechend seinem Wort, er wolle in Tyana keinen Hund am Leben lassen, von ihm die Zerstörung der Stadt forderten, erklärte er: »Keinen Hund, so sagte ich, würde ich verschonen. Also bringt alle Hunde um!«

Historia Augusta, Aurelian 22, 5 bis 23, 2

Anhang

Anmerkungen

1 Herodots Bericht über die Schicksale des Kroisos mag man als eine in den größeren Zusammenhang seines Geschichtswerks eingefügte Novelle betrachten, in die kleinere Erzählungen wie die von Kleobis und Biton kunstvoll einkomponiert sind. Neben der deutlich erkennbaren Lust am Fabulieren fällt bei der Betrachtung des Texts auch das Bemühen ins Auge, menschliches Schicksal nicht als Ergebnis blinder Zufälle, sondern ewig gültiger Gesetze zu deuten. Dementsprechend wichtig sind die – für den Empfänger oft vieldeutigen – Orakelsprüche und kluge Mahner wie Solon oder König Amasis in der Polykratesgeschichte. Als gläubiger Mensch nimmt Herodot im Ablauf der Ereignisse das Wirken des Göttlichen wahr.

2 Talent (gr. tálanton, das Abgewogene) hieß die größte griechische Geldeinheit und entsprach rund 26 kg Silber bzw. 6000 Drachmen (Silbermünzen). Bisweilen wurde auch Gold nach Talenten gewogen, und man mag sich vorstellen, daß der reiche Polykrates dem Anakreon zweieinhalb Zentner davon geschenkt hat. Das war dann allerdings ein Grund zur Sorge.

Wenn wir heute Begabung als Talent bezeichnen, verwenden wir das biblische Bild von den vergrabenen Talenten (Matth. 25, 15 ff., Lukas 19, 12 ff.), die Luther als »Pfunde« übersetzte.

3 Der Ausspruch des Thales schließt die Annahme ein, Tyrannen könnten nicht alt werden, da sie vorher von freiheitsliebenden Bürgern gestürzt oder gar umgebracht würden. Daß es von dieser Regel Ausnahmen gab, beweist die achtunddreißigjährige Regierung des Dionysios I. von Syrakus, von dem noch die Rede sein wird.

4 Gesetzestexten eignet eine spezifische Feierlichkeit; in Altrom wurde diese durch eine gewisse Wortfülle (»Zwietracht und Uneinigkeit«) erreicht, die dem Gellius, einem begeisterten Sammler alter Texte, wohlvertraut war.

Die auch für uns befremdliche Bestimmung des Solon findet ihre Erklärung wohl darin, daß den Griechen der »Privatmann«, der »idiótes«, der sich nur um seine eigenen Angelegenheiten kümmert, geradezu als asoziales Subjekt verdächtig war – daher auch unser Schimpfwort Idiot!

5 Freundschaft bedeutet für antike Menschen weit mehr als eine lose Sympathiebindung, ein Mensch ohne Freunde galt geradezu als bedauernswert. Es ist daher verständlich, wenn Chilon seine Freundespflicht als gleichwertig neben die des Richters stellt.

6 Geschichten wie die von der Marter des Zenon suchen zu zeigen, daß von einem Philosophen, der ebenso intellektuelle wie moralische Maßstäbe setzt, ein besonders hohes politisches Engagement zu erwarten sei. Mit Nachdruck wurde diese Forderung von den Philosophen der stoischen Schule vertreten, direkt abgelehnt eigentlich nur von den Jüngern Epikurs, die die Ansicht vertraten, es störe den Seelenfrieden des »Weisen«, wenn er sich in das schmutzige und undankbare Geschäft des Politikers hineinziehen lasse.

7 Die Vorstellung von einer »Hölle« als einem Ort ewiger Strafen ist der Antike fremd; unsere Übersetzung von »Unterwelt« ist somit nicht ganz korrekt. Andererseits zieht der große Redner Demosthenes in diesem Ausspruch das Totenreich der Rednerbühne gerade deshalb vor, weil der Auftritt vor der brodelnden Volksmenge »die Hölle« ist.

8 Die Krieger der altgriechischen Adelsgesellschaft, deren Verhaltensnormen Sparta am längsten bewahrte, bewiesen ihre Tapferkeit im Nahkampf Mann gegen Mann. Fernwaffen wie Schleuder, Pfeil und Bogen wurden bisweilen geradezu verboten, so während des sog. Lelantischen Kriegs im 7. Jh. v. Chr. Aber schon im Verlauf der großen Auseinandersetzung zwischen Athen und Sparta, dem sog. Peloponnesischen Krieg, war man vom Ideal des Agon, des Wettkampfs, meilenweit entfernt und verfolgte, je länger sich das Ringen hinzog, die Vernichtung des Gegners mit allen Mitteln.

9 Es galt in der Antike als schwere Schande, wenn ein Krieger seinen Schild wegwarf, um – befreit von dem schweren Stück – besser fliehen zu können. Die Spartanerin stellt also ihren Sohn vor die Alternative: Ruhmvolle Heimkehr oder Tod – denn auf Schilden pflegte man die Gefallenen aus dem Kampf zu tragen.

10 Hippias, den unser Text sozusagen als Erfinder der Do-it-yourself-Bewegung erscheinen läßt, suchte das Ideal der autarkeia, der Selbstgenügsamkeit des Menschen, zu verwirklichen. Daher sein

Bestreben, alles zu wissen und alles zu können: Er wollte auf nichts und niemanden angewiesen sein.

Der Redner, Philosoph und Romancier Apuleius hat aus der Schilderung der vielfachen Fähigkeiten des Hippias unter Einsatz aller Möglichkeiten seiner Kunst ein rhetorisches Kabinettstückchen zu machen versucht, das seinerseits echt sophistisch anmutet – mit Recht, denn Apuleius ist einer der markantesten Vertreter der sog. Neuen Sophistik des. 2. Jh. n. Chr.

11 Gellius' Schilderung der harmlosen Saturnalienscherze seiner Athener Studienfreunde ist zwar alles andere als anekdotisch und im Grunde nicht einmal eine »Geschichte«, doch bewahrt der Text eine ganze Reihe von Fangfragen und Aporien (scheinbar ausweglosen Problemen), wie sie die Sophisten benützten, um ihre Gesprächspartner zu irritieren. Das gelang ihnen um so leichter, als ein strenges System der Logik zu ihrer Zeit noch fehlte. Das schuf erst Aristoteles, Platons bedeutendster Schüler.

Zum Schluß des Texts paßt noch eine kleine Geschichte: Den Kretern wurde in der Antike allgemein nachgesagt, sie seien insgesamt Lügner und sprächen nie auch nur ein wahres Wort. Das wollte ein Reisender sich aus erster Hand bestätigen lassen und fragte auf Kreta einen Einheimischen: »Stimmt es, daß ihr Kreter immer lügt?« Der Kreter antwortete: »Ja.«

Mit dieser Antwort hatte er den Frager in eine typische Aporie gebracht, denn gesetzt, er hatte die Wahrheit gesprochen, dann hatte er gerade dadurch den Satz widerlegt, daß Kreter immer lügen, hatte er aber gelogen, dann stimmte der Satz erst recht nicht ...

12 Die Geschichten von Dionysios' Argwohn erzählt Cicero keineswegs nur zur Unterhaltung seiner Leser; sie dienen ihm als Exempel bei der Argumentation, daß jeder Gewaltherrscher notwendigerweise todunglücklich sei: Er hat keine wirklichen Freunde, sein Mißtrauen sperrt ihn in einen selbstgeschaffenen Kerker, und sein scheinbares »Glück« ist nur die Fassade, hinter der ständige Drohung lauert. Das will auch die Geschichte vom Schwert des Damokles erweisen.

13 Die über das Stadtgebiet von Syrakus verteilten Steinbrüche (gr.: Latomien), in denen das Baumaterial für die sizilianische Großstadt gewonnen wurde, dienten auch als gefürchtete, ausbruchsichere

Gefängnisse. Hier schmachteten die Athener, die nach der gescheiterten »Sizilischen Expedition« (415) in Gefangenschaft geraten waren, und viele starben dort an Hunger, Durst und Seuchen, so daß sich, wie der Historiker Thukydides schreibt, die Leichen häuften und unerträglicher Gestank den entsetzlichen Ort erfüllte. Daß Philoxenos es vorzieht, an einen solchen Platz zurückzukehren, statt dem Vortrag des Tyrannen länger zu lauschen und sich ein paar Schmeicheleien abzuringen, ist tatsächlich das härteste Urteil, das über dessen Dichtversuche gefällt werden konnte.

14 Xenokrates bedient sich eines Ausdrucks der Ringersprache (labé: Griff, Angriffspunkt); er will damit ausdrücken, daß ein Mensch ohne bestimmte Grundkenntnisse sich wissenschaftlich nicht betätigen könne, ähnlich dem Satz, der über Platons Akademie die Eintretenden gemahnt haben soll: Niemand komme herein ohne mathematische Vorbildung.

15 Diese böse Anekdote, die Cicero ins 3. Buch seines Werks über den Staat eingefügt hatte, dient dem christlichen Autor zum Erweis, daß zwischen einem Staatsgebilde und einer Räuberbande nur ein einziger Unterschied besteht, nämlich der der Größe. Im übrigen haben alle von Menschen geschaffenen Zusammenschlüsse die gleichen Fehler und sind geradezu Teil der civitas diaboli (des Teufelsstaats), der mit der civitas dei (dem Gottesstaat) im Kampf liegt.

16 Ein Stadion, ursprünglich die Distanz für den Kurzstreckenlauf, dann die Bezeichnung der Rennbahn und zugleich Längenmaß, hat 600 Fuß bzw. rund 180 (in Olympia 192) m. Alexander hat somit bei jener Verfolgungsjagd einen Tagesdurchschnitt von 54 km geschafft.

17 Gellius berichtet die kleine Episode im Anschluß an die Aufzählung von Sophismen, die wir bereits auf S. 90 gebracht haben.

18 Die Lederriemen, die sich antike Boxer um die Hände wickelten, dienten nicht so sehr dem Schutz der Hände und erst recht nicht dazu, die Wucht der Schläge zu dämpfen. Oft ließ man sogar kantige Metallstückchen ein, die sich auf Nase und Ohren der Getroffenen geradezu verheerend auswirkten.

19 Der Ausspruch ist ein Beispiel für die Frauenfeindlichkeit, die in den patriarchalischen antiken Gesellschaften immer wieder durchbrach; vgl. dazu auch Anm. 32.

20 In solchen Gewändern gingen normalerweise die Hetären, die Dirnen der alten Griechen, auf Kundenfang.

21 Im griechischen Original liegt ein Wortspiel vor: dokō: ich glaube; dokós: der Balken.

22 Die Griechenstadt Sybaris in Unteritalien, in der weiten und fruchtbaren Ebene am gleichnamigen Fluß gelegen, hatte durch Feldbau und Viehzucht sowie als Handelsknotenpunkt einen beachtlichen Wohlstand erreicht, der den Neid der an karger Küste siedelnden Einwohner von Kroton erweckte. Dieser machte sich zunächst in bissigen Witzen über die angebliche Verweichlichung der Sybariten Luft – Kroton war eine Hochburg des Sports, von dem man in Sybaris anscheinend nicht so viel wissen wollte. Schließlich entlud sich der Haß auf die friedlichen Sybariten, die so anders waren als andere Griechen, in einem Vernichtungsfeldzug. Unter Führung des siebenfachen Olympiasiegers Milon, des berühmtesten Kraftmenschen der Antike, zogen die Krotoniaten gegen Sybaris, eroberten die Stadt und töteten oder versklavten die Einwohner. Damit nicht zufrieden, machten sie sich die Mühe, den Fluß über das Stadtgebiet zu leiten, so daß die Ruinen im Lauf der Zeit tief im Schwemmsand versanken. Vor dem Hintergrund der historischen Ereignisse wird man die Sybaritenwitze nicht als harmlose Kalauer, sondern als Präludien zu einem gemeinen Gemetzel einschätzen.

23 Es handelt sich vermutlich um eine edle süditalienische Sorte.

24 Die Begegnung Coriolans mit seiner Mutter, die Shakespeare in seiner Tragedy of Coriolanus (V 3) als dramatischen Höhepunkt herausgearbeitet hat, ist auch in unserem Text mit großem Pathos erzählt. Das erklärt sich aus der Intention des Valerius. Er stellte unter Kaiser Tiberius »denkwürdige Taten und Aussprüche« in einer Art Handbuch zusammen, dem Redner für ihre Argumentation passende Beispiele entnehmen konnten. Coriolan exemplifiziert für Valerius die Tugend der *Pietas*; mit »Frömmigkeit« wäre das Wort in unserem Text nicht richtig übersetzt, denn die Priester können ja nichts gegen Coriolans Haß ausrichten; wir haben es daher mit »Mutterliebe« wiedergegeben; allgemeiner bezeichnet es das korrekte Verhalten gegenüber dem Mitmenschen, speziell dem nahen Verwandten. Ein anderes Beispiel höchster *Pietas* war für die

Römer ihr sagenhafter Stammvater Aeneas, der seinen Vater auf den Schultern aus dem brennenden Troja davontrug. Wenn man weiß, wie stark das römische Denken von solchen *Exempla* bestimmt wurde, kann man erst die volle Bosheit des folgenden Epigramms erfassen, das an den Mauern Roms erschien, als Nero nach einigen vergeblichen Versuchen endlich seine Mutter aus dem Weg geräumt hatte: »Wer wird bestreiten, daß Nero zum erlauchten Geschlecht des Aeneas gehört? Er hat ja die Mutter, jener den Vater beiseite geschafft.« (Sueton, Nero 39, 2)

Hier wird in bitterer Ironie und greller Antithese der Inbegriff des *Pius*, Aeneas, in Bezug zu Nero gesetzt, den seine Tat doch zum *Impius* schlechthin gemacht hatte.

Antithesen beherrschen auch unseren Coriolan-Text: Als Retter wollte Rom ihn nicht haben, so muß es ihn nun als Rächer kennenlernen – verstecken wollte er sich bei den Volskern, und stieg auf zur höchsten Macht – den Verbannten mußten die anflehen, die ihn als Verklagten nicht geschont hatten ... Wir sehen, wieviel Mühe Valerius dem künftigen Benützer seiner Sammlung abnimmt: die Texte sind bereits rhetorisch herausgeputzt, sie müssen nur noch an geeigneter Stelle in den größeren Zusammenhang eingebettet werden.

Da es Valerius einzig und allein auf seinen »Fall« ankommt, braucht er sich nicht mit der Frage aufzuhalten, weswegen Coriolan Rom verlassen mußte: Das Urteil ist ungerecht, und damit basta! Auch der überraschende Stimmungsumschwung beim Erscheinen der Mutter erfährt keine besondere Begründung; er ist zwar nicht besonders glaubhaft, aber rhetorisch wirksam.

Livius, der dieselbe Geschichte mit größerer Ausführlichkeit erzählt (a. u. c. II 40 f.), läßt Coriolans Mutter eine große Rede halten, durch die sie den schon bei ihrem Anblick verunsicherten Sohn vollends erschüttert: »Bevor ich deine Umarmung dulde, laß mich wissen, ob ich zu einem Staatsfeind oder zu meinem Sohn gekommen bin, ob ich in deinem Lager Gefangene oder Mutter bin. Mußte ich deshalb ein so hohes Alter erreichen, daß ich dich erst als Verbannten und dann als Feind sehe? Konntest du dieses Land verwüsten, das dich in die Welt treten und heranwachsen ließ?«

Man spürt, daß hinter diesen Worten die *Patria*, die Heimat, als eine Art Übermutter steht, die Ehrfurcht und Gehorsam verlangt. Insoweit ist die Rede typisch römisch; Plutarch, der Grieche, legt in seiner Lebensbeschreibung des Coriolan der Mutter viel demütigere Worte in den Mund, so daß man beim Vergleich der Texte sagen könnte: Bei Livius wird an Pflichten erinnert, bei Plutarch an Gefühle appelliert, und Valerius berichtet etwas ganz Unglaubliches, aber Erbauliches.

25 Unter gens verstanden die Römer einen Familienverband, vergleichbar den clans im alten Schottland.

26 Durch die feierliche Anrede an Torquatus hebt Valerius Maximus das Ungewöhnliche des mitgeteilten Ereignisses hervor.

27 Claudius Quadrigarius und Valerius Antias, Geschichtsschreiber des 2. Jh. v. Chr., gelten als wenig zuverlässig. So ist es ziemlich sicher, daß der mitgeteilte Brief nicht authentisch ist. Interessant ist er trotzdem als Beispiel für die Selbstdarstellung der Römer: Man gibt sich kriegerisch-aggressiv, unerschüttert durch Niederlagen, rechnet man fest mit dem »Endsieg« und betont zugleich die – als selbstverständlich hingestellte – eigene hohe Moral: Römer sind zuverlässig, fair, korrekt. Das Unrecht hat bei ihnen keine Chance!

28 Der Text ist ein schönes Beispiel dafür, in welcher Absicht antike Autoren Anekdotisches in ihre Werke einfügten: Es ging ihnen in der Regel um mehr als um bloße Unterhaltung, und so will auch Cicero den Leser nicht nur zum Schmunzeln bringen über Hannibals drastische Offenherzigkeit. Die Anekdote dient ihm vielmehr als Exempel bei einer Attacke, die er gern und oft reitet: Haben Stubengelehrte das Recht, den tätig im Leben stehenden Menschen Ratschläge zu geben?

Daß Cicero, der sich selbst intensiv mit Philosophie befaßte, dieses Recht den Philosophen abzusprechen scheint, wirkt auf den ersten Blick befremdend; man sollte daran denken, daß Cicero in erster Linie Politiker und Staatsmann war, der sich nur auf äußeren Druck hin aus dem öffentlichen Leben zurückzog. Die »echten« Philosophen blieben für ihn stets diejenigen, die, wie etwa der Athener Solon, Gesetzwesen, Politik und öffentliche Moral ihrer Heimat bestimmt hatten, nicht die Grübler in ihren Elfenbeintürmen.

29 Unrömisch-raffiniert ist Hannibals Erwiderung tatsächlich, dazu von hoher Urbanität. Scipio wollte wahrscheinlich seinen Namen hören und hätte bei seinem hohen Selbstbewußtsein eine entsprechende Antwort nicht als plumpe Schmeichelei empfunden. Hannibal aber erspart dem Römer diese Peinlichkeit, indem er seine Größe sozusagen auf Umwegen anerkennt.

30 »Homo novus« (»Neuer Mann«) hieß bei den Römern ein Politiker, dem es, wiewohl er nicht aus einer der alten Adelsfamilien der Stadt stammte, dank seiner ungewöhnlichen Tüchtigkeit gelang, Karriere zu machen.

31 Das griechische Wort apótomos enthält den Verbstamm »abschneiden«; es kann »schroff, barsch, kurz angebunden« bedeuten, doch scheint an dieser Stelle zumindest assoziativ das Schneiden und Brennen mit anzuklingen, das Cato für unumgänglich hält.

32 Diese Geschichte, die Gellius ebenso »nett« findet wie Cato die Notlüge des Jungen, mag dem flüchtigen Betrachter als biedere Übungsbuchstory ohne rechten Biß und damit ganz un-catonisch erscheinen. Untersucht man aber, welches Bild vom Wesen der Frau sich den scheinbar so harmlosen Sätzen entnehmen läßt, dann spricht aus ihr böse Geringschätzung des weiblichen Geschlechts: Neugierig ist es, unbeherrscht und geschwätzig, es liebt, wenn andere Mittel versagen, Tränen und Jammergeschrei als Druckmittel einzusetzen – und es ist vor allem von starkem sexuellem Verlangen erfüllt. Natürlich hat nicht Cato allein diese Vorurteile gehegt; sie sind in den patriarchalischen Gesellschaften der Antike weit verbreitet. Allerdings mag Cato auch seinem Weiberhaß bisweilen besonders deutlich Ausdruck verliehen haben, und es ist wohl kein Zufall, daß Livius, der ihm sonst seine Bewunderung nicht versagt, in der einzigen großen Rede, die er ihn in seinem Geschichtswerk halten läßt (Ab urbe condita 34, 1 ff.), ihm wüste Ausfälle gegen das andere Geschlecht in den Mund legt. Wenn Cato dort den Ausdruck »indomitum animal« (ungezügeltes Lebewesen) gebraucht und davor warnt, diesem Wesen »die Zügel schießen zu lassen« (frenos dare), dann unterstellt er der Frau eine unter-menschliche Wesensart, ähnlich den beiden Verfassern des berüchtigten »Hexenhammers«, die ihrem Schöpfer ausdrücklich dafür danken, daß er sie als Männer geschaffen habe, da doch das Weib in so vielen

Dingen mangelhaft und durch sein unstillbares Verlangen nach niederen Lüsten geradezu die Einfallspforte des Teufels in Gottes schöne Schöpfung sei.

33 Daß man dieselben oder weitgehend ähnliche Aussprüche verschiedenen bekannten Persönlichkeiten in den Mund legt, ist uns nichts Ungewöhnliches. Wir haben deshalb Doubletten nicht ganz vermieden, zumal es ein bißchen überraschend ist, wenn Cato fast dasselbe sagt wie der ihm doch so unähnliche Diogenes (S. 132).

34 Die beiden Geschichten über Scipios Konflikt mit den Volkstribunen sind im Kern gewiß authentisch; Livius (Ab urbe condita 38, 50, 5-53) berichtet darüber in großer Ausführlichkeit, wobei er Scipio unter anderem folgende, für seine Selbsteinschätzung sehr bezeichnenden Worte sprechen läßt: ».. . so werde ich also den Göttern danken, daß sie mir gerade an diesem Tag und sonst noch oft Verstand und Fähigkeiten gaben, meine politischen Aufgaben hervorragend zu erfüllen.«

Auch Gellius bringt seine von Livius teilweise abweichende Version der Ereignisse in der erklärten Absicht, die außergewöhnlich hohe Selbsteinschätzung des Siegers über Hannibal am historischen Beispiel zu erläutern. Ein Mensch, der in solchem Maß sich über die Normen der römischen res publica hinwegsetzte, mußte den Haß des entschiedensten Verfechters dieser Normen auf sich ziehen: Marcus Porcius Cato stellte das Kollektiv über den einzelnen, auch wenn dessen Leistung noch so groß war, und verzichtete konsequenterweise in seinem eigenen groß angelegten Geschichtswerk völlig auf die Nennung von Namen: Die Akteure treten unter ihrer Dienstbezeichnung als Konsul, Legat oder Tribun auf. Im Falle Scipios dürften die Eigenschaften, die Spätere – wie Gellius – an ihm bewunderten, viele seiner Zeitgenossen irritiert haben, und so war sein Alter verbittert durch Angriffe verschiedener Art. Des Haders müde, zog er sich auf sein Landgut zurück und verbot, ihn in der undankbaren Heimatstadt zu begraben. Der Stolz auf die seiner Meinung nach viel zu wenig gewürdigten Leistungen klingt trotzig aus seiner Grabschrift:

»... niemand gibt es, der sich an Tatenruhm mit mir messen könnte; und wenn es irgendwem von der Gottheit gewährt wird,

zu den Gefilden der Himmlischen hinaufzusteigen,
dann steht mir allein die größte Himmelspforte offen.«

(Cicero, Tusculanae disputationes 5, 49)

35 Tribus nannte man Bezirke der Stadt Rom und des zu Rom gehörigen italischen Gebietes sowie Abteilungen der römischen Bürgerschaft. Es gab vornehmere und weniger vornehme Tribus; die Zensoren konnten einen Bürger strafweise ganz aus den Tribus ausschließen oder in eine niedere Tribus versetzen.

36 In seinem Werk über den Redner bringt Cicero diese Geschichte als Beispiel feiner Ironie, zu deren Wesensmerkmalen ja die Verstellung, das gespielte Ernstnehmen einer Situation oder Aussage gehört; in der philosophischen Abhandlung über das Alter legt er sie dem alten Cato in den Mund, wobei er – vielleicht, um dessen bissige Redeweise zu charakterisieren – schärfere Konturen zieht:

Als Salinator, der nach Verlust der Stadt in die Burg geflüchtet war, sich in die Brust warf und sprach: »Mir hast du es zu verdanken, Quintus Fabius, daß du Tarent zurückerobert hast!« entgegnete der lachend: «Allerdings, denn hättest du es nicht verloren, hätte ich es nie wiedergekriegt.« (Cicero, Cato maior de senectute 11)

Das Beispiel zeigt, daß es nicht nur vom mehr oder weniger ausgeprägten Geschick des Erzählers abhängt, wie der Witz einer solchen Anekdote zündet, sondern auch von dem größeren Rahmen, in den das Geschichtchen gestellt wird, und von der Absicht, die der Mitteilende gerade verfolgt.

37 Damit die Pointe der Geschichte herauskommt, muß man wissen, daß es auf Sizilien zwei Verwaltungsbezirke gegeben hat, deren Hauptorte die Städte Syrakus und Lilybaeum waren. Cicero setzt – das ist typisch für seine auch durch jenes Jugenderlebnis nicht erschütterte Selbsteinschätzung – als bekannt voraus, daß er in Lilybaeum amtierte.

38 Für einen älteren Menschen ist es ein Kompliment, wenn man ihm bestätigt, er habe sich »gut gehalten«, schmeckt jedoch alter Wein wie ein junger, dann geht ihm gerade das Firne ab, dessentwegen man ihn altern ließ.

39 Also bei Caesar, dessen Tochter Iulia Pompeius geheiratet hatte.

40 Adler galten als glückverheißende Vögel.

41 Caesars Ausspruch am Rubico zählt auch heute noch zu den geflügelten Worten; bei Plutarch (Caesar 32) lautet er: »Der Würfel soll geworfen sein!« Dort ist bezeichnenderweise mit keinem Wort von der wunderbaren Erscheinung die Rede, die nach dem Bericht des Sueton Caesars Entschluß beeinflußt. Anders als die auf diesem Gebiet sehr empfänglichen Römer hält der aufgeklärte Grieche wenig von Vorzeichen; er hat zudem weniger als der Römer Sueton einen Grund, Caesars Schritt in den Bürgerkrieg göttlicher Lenkung zu unterstellen.

42 Eigentlich hätten wir die Geschichte mit Caesars Ausspruch schließen lassen sollen, der in den Apophthegmata regum et imperatorum so lautet: »Vertraue dem Glück, denn wisse: Du hast Caesar an Bord!« (Plutarch, Regum et imperatorum apophthegmata 206 C/D). Doch wenn schon Plutarch in seiner Biographie der historischen Wahrheit den Vorzug gibt, durften wir diese wohl nicht unterdrücken, auch wenn die Anekdote darunter leidet.

43 Ein Sesterz ist eine Messingmünze von verhältnismäßig geringem Wert (seit Augustus 27,3 g, wurde er in späterer Zeit immer leichter geprägt); trotzdem diente er allgemein als Rechnungseinheit.

44 Den Urin aus den öffentlichen Toiletten benötigten vor allem die Gerber für ihr Gewerbe. Sie hatten ihn vor Vespasians Erlaß unversteuert bekommen.

45 Vespasian spielt darauf an, daß einige seiner Vorgänger durch Senatsbeschluß unter die Götter erhoben wurden. Er selbst findet die Vorstellung, bald ein Gott zu sein, komisch.

46 »Betrogen« wurde der Kaufmann um den Löwen, auf den er gewartet hatte; statt seiner erschien ein fetter, harmloser Kapaun.

Quellenübersicht und Kurzbibliographien

Vorbemerkung: Erzählhaftes findet sich auch in der »hohen Literatur« der Antike, bisweilen als Exempel oder Argumentationshilfe eingestreut in Reden oder philosophische Abhandlungen. Die meisten Beispiele unserer Auswahl sind aber nicht dort aufgelesen, sondern bei Biographen, die einen Hang zu Anekdotischem hatten, und bei den sogenannten Buntschriftstellern und den Verfassern von Exzerptensammlungen, deren literarischer Rang eher niedrig anzusetzen ist. »Hammel mit goldenem Fell« nannte sie der Philologe Ruhnken despektierlich und ließ etwa am Werk des Gellius nur die von ihm geretteten Bruchstücke aus der älteren lateinischen Literatur gelten. Wir jedoch sind der festen Überzeugung, daß auch die naive Erzählfreude eines Diogenes Laertios oder Gellius ihren eigenen Reiz hat, und daß die antike Literatur ärmer wäre ohne die Sammler und Plauderer, deren Lesefrüchte den größten Teil dieses Buchs füllen.

Apuleius: aus Madaura in Numidien (Afrika), Sophist, Redner und Romanschriftsteller des 2. Jh. n. Chr.

Die *Florida* («Blütenlese«) sind eine Sammlung von 23 als rhetorisch besonders gelungen angesehenen Stücken aus Reden des Apuleius.

Ausgabe von R. Helm und P. Thomas (Teubner, Leipzig 1908, Neudruck der Florida 1959 als Teil II 2 der Gesamtausgabe); keine Übersetzung aus neuerer Zeit.

Athenaios: aus Naukratis in Ägypten, um 200 n. Chr.

Die Deipnosophistai (»Gelehrten-Tischgespräche«) imitieren äußerlich Platons Gastmahl, doch zieht sich die Diskussion bei Athenaios über Tage hin und erschöpft sich vor allem im Ausbreiten von Wissensstoff.

Ausgabe von G. Kaibel in 4 Bänden (1887-1890); deren Text wurde übernommen in die englische Edition von C. B. Gulick (Loeb Classical Library 1937-1941, mit engl. Übersetzung).

Augustinus, Aurelius: aus Thagaste (Numidien), 354-430, bedeutender Kirchenlehrer, Verfasser zahlreicher Schriften, unter denen

De civitate dei (Vom Gottesstaat) durch Umfang, Bedeutung und Wirkung hervorragt.

Ausgabe von B. Dornbart, 2 Bde. (Teubner, Leipzig[3] 1918-1921), Übersetzung: Augustinus, Vom Gottesstaat, übers. von W. Thimme, 2 Bde. (Artemis, Zürich/München [2]1978).

Cicero: Marcus Tullius C., aus Arpinum (Samnium), 106-43 v. Chr., röm. Redner, Anwalt, Politiker und Philosoph.

Ausgaben der zitierten Werke: Tusculanae disputationes/Gespräche in Tusculum, lat. und dt. hg. v. O. Gigon (Artemis, Zürich/München [5]1984)

Rede für Plancius: Orationes, Bd. 6, ed. A. C. Clark, Oxford 1911; übers. in: Cicero, Sämtliche Reden, übers. und erl. v. M. Fuhrmann, Bd. 6 (Artemis, Zürich/München 1980).

De oratore/Über den Redner, lat. und dt. hg. v. H. Merklin (Reclam, Stuttgart 1978).

Claudius Aelianus (Ailianos): aus Praeneste, um 170 n. Chr., verfaßte u. a. eine Sammlung kurzer Geschichten, die er Varia historia (gr.: poikíle historía) nannte.

Ausgabe von R. Hercher (Teubner, Leipzig 1864); keine neuere Übersetzung.

Cornelius Nepos: aus Gallien, 1. Jh. v. Chr., römischer Biograph.
Ausgabe mit Übersetzung: Cornelius Nepos, Kurzbiographien und Fragmente, lat. und dt. hg. v. H. Färber (Heimeran, München 1952).

Diodoros: aus Agyrion (Sizilien), um 50 v. Chr.; seine nicht vollständig erhaltene Bibliotheke (Universalgeschichte) begann mit der Entstehung der Welt und endete mit Caesars Expedition nach Britannien (54 v. Chr.). Die von uns daraus übersetzte »Bürgschaft« findet sich auch bei anderen Autoren, z. B. bei Cicero. Schiller fand sie als Vorlage für seine berühmte Ballade bei C. Iulius Hyginus, der im 1. Jh. n. Chr. eine v. a. mythologisch orientierte Sammlung, die fabulae, verfaßte.

Ausgabe der Bibliotheke: C. H. Oldfather u. a., 12 Bde. (Loeb Classical Library 1933 ff. mit engl. Übersetzung).

Diogenes Laertios: schrieb vermutlich im 3. Jh. n. Chr. in 10 Büchern über Leben und Lehre der berühmten Philosophen (gr.: Philosóphōn bíon kaí dogmátōn synagogé), ein typisches Sammelwerk mit einem hohen Anteil an Anekdotischem. Ausgabe von H.S. Long, 2 Bde. (Oxford 1964).

Übersetzung von O. Apelt (Berlin/Leipzig 1921, Nachdruck 1955 in der Reihe Philosophische Studientexte, Berlin).

Gellius, Aulus: wahrscheinlich aus Rom, trug im 2. Jh. n. Chr. während eines Studienaufenthalts in Athen aus verschiedensten Quellen Texte historischen, grammatischen, juristischen, philosophischen und rhetorischen Inhalts zusammen, von denen er hoffte, sie würden für seine Söhne eine interessante und abwechslungsreiche Lektüre darstellen. Gellius ist somit einer der ganz wenigen antiken Autoren, die bewußt für Heranwachsende schrieben. Da er in Attika bevorzugt nachts arbeitete, nannte er sein Werk Noctes Atticae (Attische Nächte).

Ausgabe von C. Hosius (Leipzig, Teubner 1903; Nachdruck 1959).

Übersetzung von F. Weiß, 2 Bde. (Dresden 1875/76, nachgedruckt von der Wissenschaftlichen Buchgesellschaft Darmstadt 1981).

Herodotos: (Herodot) aus Halikarnassos (Kleinasien), 484-425 v. Chr. behandelte unter dem Eindruck der Perserkriege in neun (i. d. R. als »Historien« bezeichneten) Büchern die weltgeschichtliche Auseinandersetzung zwischen Abend- und Morgenland.

Ausgabe mit Übersetzung: Herodot, Historien, gr. und dt. hg. v. J. Feix (Artemis, Zürich/München [3]1980).

Historia Augusta: (Kaisergeschichte), wahrscheinlich gegen Ende des 4. Jh. n. Chr. verfaßte Biographienfolge (von Kaiser Hadrian bis zu den Vorgängern Diokletians, also von 117-283), die sich als Werk von sechs verschiedenen Autoren gibt.

Ausgabe von E. Hohl (Teubner, Leipzig I [2]1955; II 1927). Übersetzung von E. Hohl, 2 Bde. (Artemis, Zürich/München 1976/1985).

Livius, Titus: aus Patavium (Padua), 59 v. Chr. bis 17 n. Chr., stellte in 142 z. T. verlorenen Büchern die römische Geschichte Ab urbe condita (Von der Gründung der Stadt Rom an) dar; das Werk endete im Jahr 9 v. Chr.

Ausgabe mit Übersetzung: Livius, Römische Geschichte, lat. und dt. hg. von J. Feix, H. J. Hillen (Artemis, München/Zürich 1977 ff.)

Da diese Edition noch nicht abgeschlossen ist (1987), empfehlen wir die kommentierte Gesamtausgabe von W. Weissenborn/H.J. Müller (10 Bde., Weidmann, Berlin 1880ff., deren einzelne Bände mehrfach neu aufgelegt wurden).

Lukianos: (Lukian) aus Samosata (Syrien), äußerst produktiver Sophist, Essayist und Satiriker des 2.Jh. n.Chr.; zu seiner Lebensbeschreibung des Kynikers Demonax s. S.150.

Ausgabe von C. Jacobitz, 3 Bde. (Teubner, Leipzig 1836ff., Nachdruck Hildesheim 1966). Übersetzung von C.M. Wieland (Leipzig 1788/89 u.ö., zuletzt Nördlingen 1985). Einzeledition der Demonax-Vita von F. Albers (Teubner, Leipzig 1910).

Macrobius, Ambrosius Theodosius: römischer Autor des 5.Jh. n.Chr.; seine Saturnalia gehören wie das Werk des Athenaios zur Symposienliteratur. Macrobius läßt an drei Tagen des Saturnalienfests, einer Art römischem Fasching, einige gescheite Leute zusammenkommen, die vor allem über Vergil debattieren, aber dazwischen auch einmal einen Witz zu machen wagen.

Diese Witze schöpfte Macrobius aus älteren, uns meist verlorenen Quellen. So wissen wir beispielsweise von Cicero, daß seine bissigen Aussprüche schon zu seinen Lebzeiten gesammelt wurden. Nach seinem Tod edierte sie sein Freigelassener Tiro in drei Büchern. Daraus zitiert u.a. der Redelehrer Quintilian (1.Jh. n.Chr.), und auch Macrobius benützte sie noch.

Ausgabe von J. Willis (Teubner, Leipzig 1963); keine neuere Übersetzung.

Philogelos: (»Lachfreund«), eine Sammlung von 265 kurzen, witzigen Geschichten, nach Typen geordnet (Zerstreuter Professor, Leute aus Kyme usw.) und wohl zu Anfang des 5.Jh. n.Chr. aus älteren Sammelwerken veranstaltet.

Ausgabe mit Übersetzung: Philogelos, der Lachfreund, von Hierokles und Philagrios, gr. und dt. hg. und erklärt von A. Thierfelder (Heimeran, München 1968).

Platon: aus Athen, 428/27 bis 349/48 v.Chr., bedeutendster Schüler des Sokrates, Begründer der philosophischen Richtung der Akademie, Verfasser zahlreicher, meist in Dialogform angelegter Werke, in denen Sokrates als Gesprächsführer eine wichtige Rolle spielt. Sein Werk über den Staat (gr.: Politeia) war Vorbild für Ciceros De re publica, sein Gastmahl (Symposion) u. a. für Athenaios und Macrobius.

Ausgabe: I. Burnet (Oxford 1900 ff., zahlreiche Nachdrucke) Übersetzungen von F. Schleiermacher (Berlin 1804 ff.), W. Nestle, O. Apelt, R. Rufener.

Plutarchos: (Plutarch) aus Chaironeia (Nordgriechenland), um 45 bis um 120 n. Chr., philosophischer Schriftsteller und Biograph von immenser Produktivität.

Wichtig sind vor allem seine vergleichenden Lebensbeschreibungen großer Griechen und Römer (z. B. Alexander und Caesar, woraus wir zahlreiche Stellen ausgewählt haben, oder Cato der Ältere und Aristides, der Gerechte).

Seine vermischten Schriften meist philosophischen Inhalts werden als Moralia bezeichnet und nach der Frankfurter Ausgabe von 1599 zitiert. Zu ihnen gehören auch die Apophthegmata (treffenden Aussprüche) von Königen, Heerführern, Spartanern und Spartanerinnen, die z. T. aus den Biographien des Plutarch herausgelöst wurden, und zwar wahrscheinlich erst in späterer Zeit.

Ausgaben: Biographien: C. Lindskog/K. Ziegler (Teubner, Leipzig 1914 ff. – 4 Bde., versch. Auflagen) Moralia: M. Pohlenz u. a. (Teubner, Leipzig 1925 ff.); Die Apophthegmata finden sich im 2. Band dieser Ausgabe (W. Nachstädt / W. Sieveking / J. Titchener, 1971). Übersetzung der Biographien: Plutarch, Große Griechen und Römer, aus dem Griechischen übersetzt von K. Ziegler u. W. Wuhrmann, 6 Bde. (Artemis, Zürich/München 1954 ff., auch als Taschenbuchfolge bei dtv, 1979 ff.).

Polyainos: (Polyaen), aus Makedonien, lebte im 2. Jh. n. Chr. als Anwalt in Rom und sammelte für Kaiser Marcus Aurelius und dessen Mitregenten Lucius Verus v. a. aus griechischen Historikern und Biographen kurze Geschichten. Ihren Kern bilden Strategemata (kluge Einfälle von Heerführern), doch sind auch witzige Aussprüche und Nachrichten über fremde Völker darunter. Das Werk sollte die Kaiser in den Partherkrieg begleiten.

Ausgabe: E. Woelfflin/J. Melber (Teubner, Leipzig 1887); keine neuere deutsche Übersetzung.

Suetonius: C. Suetonius Tranquillus (Sueton), geb. um 70 n. Chr. vermutlich in Nordafrika, verfaßte Biographien römischer Herrscher von Caesar bis Domitian (De vita Caesarum), die er mit viel Klatsch und Skandalgeschichten durchsetzte.

Ausgabe: M. Ihm (Teubner, Leipzig 1907; Nachdruck Stuttgart 1959). Übersetzung: Sueton, Caesarenleben, hg. und erläutert v. M. Heinemann (Kröner, Stuttgart 1957)

Seneca: L. Annaeus Seneca d. J. aus Corduba (Cordoba in Spanien), römischer Philosoph, Politiker und Erzieher Kaiser Neros. Das Werk De ira (Über den Zorn), dem wir die Geschichte von Vidius Pollio entnommen haben, gehört zu einer ganzen Folge von Essays, die im Geist stoischer Philosophie abgefaßt sind.

Ausgabe mit Übersetzung: L. Annaeus Seneca, Philosophische Schriften, lat. und dt. hg. von M. Rosenbach (Wissenschaftliche Buchgesellschaft, Darmstadt: Seneca-Studienausgabe); De ira ist im 1. Band enthalten (^{3}1980).

Stobaios: eigentlich Johannes aus Stoboi in Makedonien, sammelte für den Unterricht aus rund 500 antiken Autoren im 5. Jh. n. Chr. eine Fülle von Zitaten in seiner thematisch geordneten Anthologie (Blütenlese).

Ausgabe in 5 Bdn. von C. Wachsmuth / O. Hense (Berlin 1884 ff., Nachdruck 1958); keine neuere Übersetzung.

Valerius Maximus: römischer Sammelschriftsteller des 1. Jh. n. Chr.; seine Kaiser Tiberius gewidmeten Facta et dicta memorabilia (Denkwürdige Taten und Aussprüche) sind ein nach Themen geordnetes Handbuch für den Gebrauch in den Rhetorenschulen, wo man gern die Argumentation durch historische Exempel stützte. Vaierius hat die kurzen Geschichten über Römer und Nichtrömer (Externi, daher in unseren Zitaten die Abkürzung Ext.) ihrem Zweck entsprechend oft recht pathetisch herausgeputzt.

Ausgaben: C. Halm (Teubner, Leipzig, 1865), C. Kempf (ebendort ^{2}1888); keine neuere Übersetzung.

Vitruvius Pollio: (Vitruv), römischer Baumeister und Ingenieur, tätig unter Caesar und Augustus, verfaßte im höheren Alter ein zehnbändiges Fachbuch De architectura (Über das Bauwesen), dessen strenge Sachlichkeit er bisweilen durch anekdotische Einschübe auflockerte.

Ausgaben: Vitruvius, De architectura libri decem – Zehn Bücher über Architektur, lat. und dt. mit Anm. von C. Fensterbusch (Wissenschaftliche Buchgesellschaft, Darmstadt ³1981). Vitruv, Zehn Bücher über Architektur. Neuausgabe der Übersetzung von August Rode (1796). Mit zahlreichen Abbildungen. Hrsg. Beat Wyss. Einführung Georg Germann. (Erscheint im Herbst 1987 bei Artemis.)

Hinweis: Von den antiken Quellen zitierte Autoren sind, soweit sie eine gewisse Bedeutung haben, im Register erfaßt.

Register

Vorbemerkung: Namen und Begriffe, die in den Texten bereits hinreichend erklärt sind (z. B. Maiandrios, Sekretär des Polykrates) oder keiner weiteren Erläuterung bedürfen, da sie praktisch austauschbar sind (z. B. die Namen spartanischer Helden in den Apophthegmata Laconica) sind hier nicht aufgeführt. Im übrigen will dieses Register nicht ein Sachbuch ersetzen; es beschränkt sich darauf, eine zeitliche, historische oder geographische Einordnung zu ermöglichen. Wer nach mehr Information verlangt wird mit Gewinn das Lexikon der Alten Welt (Artemis, Zürich/Stuttgart 1965) bzw. den Kleinen Pauly, Lexikon der Antike in 5 Bänden (Druckenmüller/Artemis, München 1975 bzw. dtv 1979) konsultieren.

Abdera: Stadt an der Küste Thrakiens, Heimat von Demokrit und Protagoras. Die Abderiten galten als einfältig.

Abydos: Stadt am Hellespont (= Dardanellen).

Achilleus: bei Homer der größte Griechenheld vor Troja.

Agesilaos: Name mehrerer spartanischer Könige; am bekanntesten ist A. II. (444–361), der u. a. in Kleinasien Krieg gegen die Perser führte.

Agis: Name mehrerer spartanischer Könige; A. II. kämpfte im Peloponnesischen Krieg (430–404) gegen Athen, A. III. 333 gegen Alexander d. Gr.

Agrigent (gr. Akragas): Stadt auf Sizilien, heute Agrigento.

Aigina (Ägina): gr. Insel, Attika vorgelagert, Handelskonkurrentin Athens.

Aisopos (Äsop): gr. Fabeldichter des 6. Jh. v. Chr.

Aktium: westgr. Küstenstadt, wo Augustus 31 v. Chr. in einer Seeschlacht Antonius und Kleopatra besiegte.

Alexander d. Gr.: (356–323 v. Chr.), Makedonenkönig, Eroberer des Perserreichs, S. 122 ff.

Alexander von Pherai: Alleinherrscher (»Tyrann«) der nordgr. Stadt Pherai, 358 ermordet.

Alkibiades: (um 450-404) attischer Politiker und General, überredete die Athener zu der Expedition nach Sizilien (415), schadete als Verbannter seiner Heimat erheblich.

Amasis: (um 570-526 v. Chr.) König v. Ägypten, Förderer des Handels mit den Griechen, Freund des Polykrates.

Anacharsis: Skythenfürst aus Südrußland, aufgeschlossen für gr. Kultur, angeblich Zeitgenosse Solons (6. Jh. v. Chr.), später den Sieben Weisen zugerechnet und als »Weiser Wilder« idealisiert.

Anakreon: gr. Lyriker des 6. Jh. v. Chr., besang Lebenslust und Liebe.

Anaxagoras: (um 500-428) gr. Naturforscher und Philosoph, mit Perikles befreundet, von dessen politischen Gegnern der Gottlosigkeit angeklagt – er hatte die Sonne als glühende Gesteinsmasse bezeichnet – und aus Athen verbannt.

Antigonos: A. I. (um 385-301) General Alexanders d. Gr., einer der Diadochen, versuchte mit seinem Sohn Demetrios ein griechisch-kleinasiatisches Reich zu gründen. Sein Enkel A. II. beherrschte Makedonien (276-239) und stritt mit Pyrrhus und Ptolemaios um die Vormachtstellung in Griechenland.

Antiochos: Name verschiedener Herrscher über das von Alexanders Reitergeneral und Diadochen Seleukos I. gegründete asiatische Großreich: A. I. (324-261); A. III. (243-187) der Große, von den Römern aus Griechenland und Kleinasien verdrängt, schützte zeitweilig Hannibal.

Antipatros: General im Dienst Philipps II. und Alexanders d. Gr.

Antisthenes: (um 455 bis um 360) gr. Philosoph, Schüler des Gorgias und Sokrates, gründete im Gymnasion Kynosarges eine eigene Schule, die Keimzelle der kynischen Philosophie, s. Diogenes.

Antonius, Marcus: Kampfgefährte Caesars, schloß nach dessen Tod mit Octavianus und Lepidus den zweiten Dreibund (Triumvirat), schlug bei Philippi in Makedonien 42 v. Chr. die Caesarmörder Brutus und Cassius, erhielt den Osten des Reichsgebiets mit Ägypten, dessen Königin Kleopatra (die schon einen Sohn von Caesar hatte) er heiratete. Wachsende Entfremdung von Octavianus/Augustus führte zum Krieg, dessen Entscheidung bei Aktium fiel. A. tötete sich selbst 30 v. Chr.

Apollon: gr./röm. Gott des Lichts, der Weissagung und der Künste, dessen Rat die Griechen beim Orakel von Delphi einholten, von der in Trance sprechenden Priesterin, der Pythia.

Apollonia: Küstenstadt im heutigen Albanien.

Archelaos: makedonischer König um 400 v. Chr.

Areopag: (Areshügel) Sitz des Adelsrats in Athen, nach dessen politischer Entmachtung oberster Gerichtshof (Blutsgerichtsbarkeit).

Argos: Landschaft und Stadt im Osten der Peloponnes, die Einw.: Argiver.

Aristides: attischer Politiker des 5. Jh. v. Chr., Initiator des attischen Seebunds, dessen Beitragssystem er mit größter Uneigennützigkeit entwickelt haben soll.

Aristipp: (um 435 bis 365) gr. Philosoph, mit Sokrates befreundet, Begründer des Hedonismus, d. h. der Lehre, daß Lustgewinn die Voraussetzung inneren Glücks sei.

Aristophanes: berühmter Komödiendichter aus Athen, dessen seit 427 v. Chr. aufgeführte Stücke als eine Art phantastisches Politkabarett ins Tagesgeschehen eingriffen (Attacken auf Demagogen, Sehnsucht nach einem Ende des Peloponnesischen Kriegs).

Aristoteles: (384-322 v. Chr.) gr. Philosoph, bedeutendster Schüler Platons, Lehrer Alexanders d. Gr., Verfasser zahlreicher Schriften zur Ethik, Logik, Politik, Physik und Metaphysik.

Arkadien: Landschaft auf der Peloponnes.

Asklepios: gr. Gott der Heilkunst (lat. Aesculapius), i. d. R. bärtig dargestellt, galt als Sohn des Apollon.

Assyrer: Eroberervolk aus der Landschaft Assur am Tigris, unterwarf seine Nachbarn, darunter auch die Babylonier, suchte Herrschaft auf nackten Terror zu gründen.

Aurelianus, Lucius Domitius A.: (214-275) röm. Kaiser, kämpfte gegen Alamannen, Vandalen, Syrer und Parther, rettete das Reich aus einer schweren Krise.

Babylon: Stadt am Euphrat (Mesopotamien), Zentrum des babylonischen Großreichs.

Bias: führender Politiker der kleinasiatischen Küstenstadt Priene im 6. Jh. v. Chr., galt als einer der Sieben Weisen.

Bion: Wanderphilosoph des 3. Jh. v. Chr., den Kynikern zuneigend, entwickelte die volkstümliche Vortragsform der Diatribe.

Bithynien: Landschaft am Bosporus in Kleinasien.

Böotien: gr. Boiotía, Landschaft in Mittelgriechenland.

Borysthenes: Fluß im Skythenland, der heutige Dnjepr.

Brundisium: Stadt in Unteritalien, heute Brindisi.

Camillus, M. Furius: römischer Politiker und General zu Beginn des 4. Jh. v. Chr., bezwang die Etruskerstadt Veji (396) und sicherte die römische Herrschaft nach dem Einfall der Kelten (Gallier). Manche der ihm zugeschriebenen Taten sind wohl spätere Erfindung.

Caesar, Gaius Iulius: (100-44 v. Chr.) S. 217 ff.

Caesar, Octavianus, später Augustus genannt (63 v. Chr. bis 14 n. Chr.) S. 215 ff.

Caligula (»Stiefelchen«), eigtl. **Gaius Iulius Caesar Germanicus:** (12-41 n. Chr.), röm. Kaiser, erstes Opfer des Cäsarenwahns.

Cato, Marcus Porcius Censorius: (234-149 v. Chr.) S. 199 ff.

Cato, Marcus Porcius Uticensis: (95-46 v. Chr.) Urenkel des älteren C., erbitterter Gegner Caesars.

Chaironeia: Stadt in Böotien, wo Philipp II. von Makedonien 338 v. Chr. die Athener und Thebaner besiegte.

Chilon: Politischer Reformer im Sparta des 6. Jh. v. Chr., den Sieben Weisen zugerechnet.

Cicero, Marcus Tullius: (106-43 v. Chr.) S. 210 ff.

Claudius, eigtl. **Tiberius Claudius Nero Germanicus:** (10 v. Chr. bis 54 n. Chr.) röm. Kaiser, Nachfolger des Caligula, wurde von seiner Frau Messalina lange Zeit schamlos betrogen, von ihrer Nachfolgerin Agrippina vergiftet.

Claudius Quadrigarius: von Livius oft benützter röm. Historiker des 2. Jh. v. Chr.; Anm. 27.

Corfinium: Stadt in Mittelitalien.

Coriolanus, Gnaeus Marcius: eroberte angeblich 493 v. Chr. die Volskerstadt Corioli für Rom (daher sein Beiname), überwarf sich als extremer Konservativer mit den Plebejern und wurde verbannt; Anm. 24.

Curtius: an das sagenhafte Selbstopfer des jungen Curtius erinnerte spätere Generationen der sog. lacus Curtius, eine Wasserstelle auf dem Forum, der angebliche Rest des Erdspalts.

Dareios (Darius): Name mehrerer persischer Könige; D. I. (gest. 486 v. Chr.), der kluge und tolerante Organisator des persischen Großreichs (Einteilung in 20 Verwaltungsbezirke, Einrichtung einer

Staatspost und eines einheitlichen Währungssystems); sein Versuch, Griechenland zu unterwerfen, scheiterte 490 in der Schlacht von Marathon. D. III. (um 380-330 v.Chr.), von Alexander besiegt.

Delphi: Ort in Mittelgriechenland, Orakel des Apollon.

Demetrios: Sohn Antigonos' I., S. 153 ff.

Demokrit: (um 460 bis um 370), Philosoph aus Abdera, begründete mit Leukippos die Lehre, daß Atome die kleinsten Bausteine der Materie seien.

Demonax: S. 161 ff.

Demosthenes: (384-322) bedeutendster Redner Athens, bekämpfte Philipp II. von Makedonien (»Philippische Reden«) und Alexander d.Gr.

Diogenes: (um 410 bis um 320 v.Chr.), aus Sinope am Schwarzen Meer, S. 133 ff.

Dionysios: Name zweier Alleinherrscher der sizilianischen Stadt Syrakus; D. I. (um 430-367 v.Chr.) S. 91 ff.; D. II. (367-344 v.Chr.).

Domitian, eigtl. **Titus Flavius Domitianus:** röm. Kaiser (81-96).

Elea: Griechenstadt in Unteritalien, Sitz der sog. eleatischen Philosophenschule (Xenophanes, Parmenides, Zenon), die die Veränderlichkeit des Seienden bestritt und daher Bewegung, Veränderung und Vielfalt als Sinnestäuschung bezeichnete.

Elis: Landschaft in der Nordwestpeloponnes.

Empedokles: Philosoph, Politiker, Arzt und Wundermann, der im 5.Jh. v.Chr. in Agrigent wirkte; für ihn sind die vier Elemente Feuer, Wasser, Luft und Erde Wurzeln aller Dinge.

Epaminondas: böotischer Politiker und General, verschaffte durch Siege über Sparta (Leuktra 371, Mantinea 362) Theben für kurze Zeit die Vorherrschaft in Griechenland.

Ephesos: Großstadt in Kleinasien.

Ephoren: die fünf höchsten Beamten Spartas, denen auch die Könige Rechenschaft schuldig waren.

Epidauros: Ort auf der Peloponnes mit berühmtem Heiligtum des Asklepios.

Epikur: (342/41-271/70 v.Chr.) Begründer der materialistischen Philosophie, die nach ihm benannt ist: Alles besteht aus Atomen, auch die Seele; Lust ist das höchste Gut; mit dem Tod ist alles aus. Epikur predigte aber nicht, wie spätere Kritiker unterstellten, den hemmungslosen Lebensgenuß, sondern lehrte, wie durch Bedürfnislosigkeit höchste Lust zu gewinnen sei.

Epimenides: Legendenumwobener Wundermann aus Kreta, S. 39.

Euphrat: s. Babylon.

Euripides: (485/84-406 v. Chr.) Tragiker aus Athen; die bekanntesten der von ihm bearbeiteten Stoffe sind: Alkestis, Iphigenie in Aulis / auf Tauris, Orestes, Elektra.

Eurybiades: spartanischer General, dem Themistokles in der Seeschlacht bei Salamis (480 v. Chr.) untergeordnet war.

Falerii: Stadt im südlichen Etrurien, die Einw.: Falisker.

Fabius, Quintus Fabius Rullianus: s. Papirius.

Fabius, Quintus Fabius Maximus Cunctator: führte nach der röm. Niederlage am Trasimenersee (217 v. Chr.) einen Ermattungskrieg gegen Hannibal.

Fabricius, Gaius Fabricius Luscinus: röm. Staatsmann und General des 3. Jh. v. Chr. später als Muster röm. Sittenstrenge, Unerschrockenheit und Uneigennützigkeit gerühmt.

Fidenae: Stadt in der Nähe von Rom.

Gallienus, eigtl. **Publius Licinius Egnatius Gallienus:** röm. Kaiser (um 218-268), gebildeter und energischer Herrscher, dessen Regierungszeit von pausenlosen Kämpfen erfüllt war.

Gaugamela: Stadt am Tigris, wo Alexander 331 über Dareios III. siegte.

Gelon: von 491 bis 478 Tyrann der sizilianischen Stadt Gela, besiegte 480 v. Chr. die Karthager bei Himera.

Gordion: Stadt in Kleinasien.

Gorgias: (um 480 bis um 380) bedeutender Sophist und Wanderredner, der die Gattung der Schaurede begründete.

Gracchus, Tiberius Sempronius Gracchus: röm. Politiker des 2. Jh. v. Chr., Vater der bekannten Reformer.

Gyges: im 7. Jh. v. Chr. Herrscher im kleinasiatischen Lydien.

Hadrianus, Publius Aelius: (76-138 n. Chr.): röm. Kaiser seit 117, schuf sich in seiner weitläufigen Villa bei Tibur (Tivoli) bauliche Erinnerungen an seine Reisen durch das Reich.

Hannibal: (247-183 v. Chr.) karthagischer Heerführer, der seine Truppen 218 von Spanien über die Alpen nach Italien führte und die Römer mehrfach besiegte; S. 192 ff.

Hektor: in Homers Ilias der größte Held der Trojaner (NB: der Trojan. Krieg soll um 1100 v. Chr. stattgefunden haben! siehe Tiberius!).

Herakles (lat. Hercules): gr. Sagenheld, der dank seiner ungeheuren Kraft zahlreiche Ungeheuer bezwungen haben soll, z. B. die Hydra von Lernai, den Löwen von Nemea und den Höllenhund Kerberos (Cerberus).

Heraklit: gr. Philosoph des 6. Jh. v. Chr., aus Ephesos, wegen seiner knappen, schwer deutbaren Sätze »der Dunkle« genannt, Gegner der Masse und ihrer politischen Ziele. Wesentlich am Weltenlauf ist ihm die ständige Veränderung von allem (»alles fließt«).

Hesiod: gr. Dichter und Theologe des 7. Jh. v. Chr., aus Böotien. Werke: Theogonie (Herkunft der Welt und der Götter aus dem uranfänglich vorhandenen weiten, dunklen Chaos); Werke und Tage (»Bauernkalender«).

Hippias: (um 400 v. Chr.) ungemein vielseitiger Sophist, S. 93 und Anm. 10.

Homer: Dichter des 8. Jh. v. Chr., dem in der Antike neben der Ilias (Epos um die Kämpfe vor Troja) und der Odyssee (Irrfahrten des Odysseus) noch weitere Heldenlieder zugeschrieben wurden.

Ialysos: sagenhafter Gründer der gleichnamigen Stadt auf Rhodos.

Ionien: Siedlungsgebiet der Ioner (Jonier), einer der vier griechischen Hauptstämme; im engeren Sinn die kleinasiatische Küste.

Iphikrates: Söldnerführer aus Athen, der zu Beginn des 4. Jh. v. Chr. seine gut geschulte Truppe im Dienst verschiedener Auftraggeber einsetzte, u. a. in Thrakien und in der Peloponnes.

Isthmos (-us): Landenge, v. a. die Landenge von Korinth.

Karien: Landschaft im westl. Kleinasien; die Einw.: Karer.

Kilikien: Landschaft im südöstl. Kleinasien, die an Syrien grenzt.

Kithara: Saiteninstrument mit hölzernem, kastenförmigem Schallkörper; der Sänger zur Kithara: Kitharöde.

Kleanthes: (um 330 bis um 230) stoischer Philosoph, Schüler und Nachfolger Zenons (von Kition).

Kleobis und Biton: S. 16.

Kleopatra: s. Antonius.

Korinth: gr. Handelsstadt südl. der Landenge, die Mittelgriechenland mit der Peloponnes verbindet.

Krates: Philosoph aus Athen, leitete um 270 v. Chr. die platonische Akademie.

Kroisos (Krösus): letzter König von Lydien, 547 v. Chr. von Kyros besiegt und gefangengenommen.

Kroton: s. Anm. 22.

Kyklop (Zyklop): einäugiger Riese, v. a. der von Odysseus geblendete Polyphem.

Kyme (Cumae): gr. Kolonie in Unteritalien, nahe Kap Misenum.

Kyniker: s. Antisthenes, Diogenes.

Kyros: Begründer des pers. Großreichs um 550 v. Chr.

Lampsakos: Stadt an der Ostküste des Hellesponts (der Dardanellen).

Leonidas: spartanischer König, fiel 480 bei der Verteidigung des Engpasses der Thermopylen gegen die Perser.

Lepidus: s. Antonius.

Lesbos: Insel vor der kleinasiatischen Nordwestküste.

Lokroi: Stadt an der Südwestspitze Italiens.

Lydien: s. Gyges.

Lykurg: sagenhafter Gesetzgeber Spartas.

Lysander: spartanischer General, Sieger über Athen im Peloponnesischen Krieg (404), kämpfte später in Kleinasien und gegen Theben.

Lysias: (um 400 v. Chr.) Redelehrer und Verfasser von Gerichtsreden für andere (»Logograph«) in Athen.

Mantinea: Stadt in Arkadien, s. Epaminondas.

Marathon: Ort in Attika, s. Dareios I.

Maximinus: Thraker, der es vom Bauernsohn bis zum röm. Kaiser brachte (235-238 n. Chr.), in der Historia Augusta als Typ des Barbaren geschildert, der im Essen und Trinken Unglaubliches leistet und beim Sport seinen Schweiß in Bechern auffängt.

Megara: Stadt am Isthmos von Korinth, Handelskonkurrentin Athens.

Messalina: s. Claudius.

Midas: sagenhafter König Phrygiens, sein angebliches Grab befindet sich in Gordion, wo man auch seinen Wagen mit kunstvoll befestigter Deichsel zeigte.

Milet: bedeutende Griechenstadt an der Westküste Kleinasiens; Einw.: Milesier.

Miltiades: athen. Heerführer, siegte bei Marathon.

Myndos: Kleinstadt an der Westküste Kleinasiens.

Mytilene: Stadt auf Lesbos.

Nearchos: im 3. Jh. v. Chr. Beherrscher von Tarent; die ihm ange-
hängte Folterung eines Philosophen namens Zenon ist wohl nur eine
Doublette zu der Geschichte von Zenon (von Elea) und Phalaris.

**Nero, Lucius Domitius Ahenobarbus Nero Claudius Germani-
cus:** röm. Kaiser (54-68 n. Chr.), Adoptivsohn des Claudius, er-
mordete seine Mutter Agrippina, die ihm zum Thron verholfen
hatte, produzierte sich als Sänger und Wagenlenker, ruinierte die
Staatsfinanzen und wütete gegen den röm. Hochadel.

Obolos: kleinste griechische Münzeinheit, ein Sechstel einer Drachme; s. Anm. 2.

Palatin: einer der Hügel Roms, auf dem die Kaiser ihre Paläste (pala-
tium) errichteten.

Papirius: Gaius Papirius Cursor war im Krieg Roms gegen die
Samniten (um 320) fünfmal Konsul; als Diktator soll er gegen seinen
Reiterführer Quintus Fabius Rullianus Maximus unnachsichtig vor-
gegangen sein, doch ist dieser Konflikt wohl nicht historisch.

Parmenion: bedeutender General Philipps II. und Alexanders d. Gr.

Peisistratos (Pisistratus): Tyrann Athens im 6. Jh. v. Chr.

Pergamon: Hauptstadt eines Diadochenkönigtums in Westklein-
asien.

Periander: um 600 Tyrann von Korinth, galt einerseits als harter
Herrscher, andererseits wurde er wegen seiner politischen Erfolge
(Aufstieg Korinths zur Handelsmacht) zu den Sieben Weisen ge-
rechnet.

Perikles: (um 490-429) bestimmte mehr als 30 Jahre lang das politische Geschehen in Athen, verschönerte die Stadt durch prachtvolle
Bauten, führte sie in den Peloponnesischen Krieg mit Sparta, den er
durch eine Ermattungsstrategie zu gewinnen hoffte. Er starb an der
großen Pest, die 430 in Athen ausgebrochen war.

Perusia: Stadt in Umbrien, heute Perugia.

Phalaris: im 6. Jh. Tyrann von Agrigent, in der Überlieferung Typ
des grausamen Alleinherrschers, der angeblich seine Opfer in einem
glühenden Bronzestier zu Tode marterte und sich noch über ihr
Brüllen freute.

Pharsalos: Stadt in Thessalien (Nordgriechenland), wo Caesar 48 v. Chr. seinen Gegner Pompeius besiegte.

Pherai: s. Alexander.

Philippi: s. Antonius.

Philipp II: (um 380-336) König von Makedonien seit 359, führte das als rückständig geltende Land zur Vormachtstellung im griechischen Raum, plante den Perserkrieg, den sein Sohn Alexander d. Gr. führte.

Phokion: (402/01-317) gemäßigter Politiker Athens, durch den Beinamen »der Gute« geehrt, suchte den Ausgleich mit Philipp II. und Alexander, daher Gegner des Demosthenes; von den radikalen Demokraten wurde er zum Tod durch den Giftbecher verurteilt.

Pittakos: um 600 Tyrann von Mytilene, einer der Sieben Weisen.

Platon: (428/27-349/48) gr. Philosoph, bedeutendster Schüler des Sokrates; s. Quellenübersicht S. 276 f.

Polybios: gr. Historiker, der 167 v. Chr. als Geisel nach Rom gebracht wurde, befreundet mit dem jüngeren Scipio, der 146 v. Chr. Karthago zerstörte.

Polykrates: von 532 bis 522 v. Chr. Tyrann von Samos, einer Insel vor der Küste Kleinasiens, S. 15.

Pompeius, Gnaeus Pompeius Magnus: (106-48) röm. Politiker und General, im sog. 1. Triumvirat (61 v. Chr.) Partner, später Gegner Caesars; s. Pharsalos.

Porsinna (Porsenna): etruskischer König der Stadt Clusium, der 507 v. Chr. wahrscheinlich Rom eroberte, was spätere Geschichtsfälschung zur Belagerung abmilderten.

Priene: s. Bias.

Proserpina (gr.: Persephone): Göttin der Unterwelt, Tochter der Demeter.

Protagoras: (um 485 bis um 415) Sophist, von dem der Satz stammt, daß der Mensch das Maß aller Dinge sei; S. 78.

Ptolemaios: Name mehrerer Könige Ägyptens in der Zeit nach Alexander d. Gr.

Pyrrhus: (319/18-272) König von Epirus in Nordwestgriechenland, S. 153 f.

Pythagoras: gr. Philosoph des 6. Jh., wanderte von Samos nach Unteritalien aus und gründete in Kroton eine streng elitäre Gemeinschaft, die ihre ethischen und religiösen Vorstellungen mit großem Nachdruck durchzusetzen suchte; daher kam es nach seinem Tod zu schweren Verfolgungen der Pythagoreer.

Pythia: s. Apollon.

Salamis: Attika vorgelagerte Insel, wo Themistokles 480 die Perser in einer Seeschlacht besiegte.

Samos: s. Polykrates.

Samothrake: Insel vor der Küste Thrakiens mit einem alten Geheimkult.

Sardes: Hauptstadt Lydiens.

Satyros: alexandrinischer Biograph des 3. Jh. v. Chr.

Scipio: Beiname verschiedener röm. Politiker und Generale aus der gens Cornelia; Publius Cornelius Scipio Africanus vertrieb um 206 die Karthager aus Spanien und besiegte Hannibal 202 bei Zama in Afrika; im Krieg mit König Antiochos III. stand er seinem Bruder zur Seite; er wurde von Cato angefeindet. P. Cornelius Scipio Aemilianus Africanus Numantinus beendete 146 den 3. Krieg mit Karthago und eroberte 133 die spanische Stadt Numantia; P. Cornelius Scipio Nasica Corculum, ein sehr befähigter Redner, trat als Gegner des älteren Cato für die Erhaltung Karthagos ein.

Semiramis: sagenhafte Königin Babylons, wo sie angeblich die »Hängenden Gärten« schuf, wohl identisch mit Sammuramat, die um 810 v. Chr. für ihren minderjährigen Sohn politischen Einfluß ausgeübt haben dürfte.

Septimius Severus: (146-211) röm. Kaiser seit 193, vom Heer ausgerufen, führte Verwaltungs- und Rechtsreformen durch.

Sextus Pompeius: Sohn des Pompeius, setzte nach dem Tod seines Vaters den Krieg gegen Caesar fort und machte auch Octavianus und Antonius noch beträchtliche Schwierigkeiten durch Besetzung Siziliens und Seeblockade Roms.

Sidon: Hafenstadt im heutigen Libanon.

Sieben Weise: insgesamt 17 durch praktische Lebensklugheit und politische Erfolge ausgezeichnete Persönlichkeiten des 6. Jh. v. Chr., unter deren Namen vor allem knappe Sinnsprüche überliefert wurden (»Erkenne dich selbst«, »Maß ist das beste«).

Skythen: Sammelbezeichnung für Steppenvölker des Raums zwischen Donau (Unterlauf) und Ukraine.

Sokrates: (um 470-399 v. Chr.) Philosoph in Athen, S. 82 ff.

Solon: (um 640-560 v. Chr.) athen. Politiker, der einen Ausgleich zwischen den gesellschaftlichen Gruppen suchte und durch eine Gesetz- und Verfassungsreform sowie durch Beseitigung der Schuldenlast der Kleinbauern auch fand.

Sophisten: »Weisheitslehrer«, Aufklärungsbewegung des 5. Jh. v. Chr., stark erzieherisch ausgerichtet; S. 82 f.

Sparta: Hauptort der Landschaft Lakonien (Lakedaimon) in der Peloponnes; die Einw.: Spartaner, S. 80 f.

Speusippos: Neffe Platons und dessen Nachfolger in der Leitung der Akademie, gest. um 340 v. Chr.

Stilpon: Philosoph und Schulleiter in Megara (4. Jh. v. Chr.).

Sulla: Lucius Cornelius Sulla (138-78), röm. General und konservativer Politiker, der die Partei des Marius blutig verfolgte (Ächtungen) und als Diktator den Staat in seinem Sinne ordnete.

Sybaris: s. Anm. 22.

Tarent (gr.: Taras): Stadt in Süditalien, am Golf von Tarent.

Thales: (um 625-546 v. Chr.) erster gr. Philosoph, S. 29.

Theben: Stadt in Böotien.

Themistokles: athen. Politiker und General, Sieger von Salamis (480), veranlaßte den Bau der »Langen Mauern« zwischen Athen und dem Hafen Piräus.

Thermopylen: s. Leonidas.

Thrakien: Landschaft zwischen dem Ägäischen und dem Schwarzen Meer, dessen Einwohner als wilde, trunksüchtige Barbaren galten.

Thurioi: gr. Kolonie im Gebiet des vernichteten Sybaris.

Tiberius, Claudius Nero, nach seiner Adoption durch Augustus **Tiberius Iulius Caesar:** 2. röm. Kaiser (42 v. Chr. bis 37 n. Chr.), hatte sich als Militär bewährt, wurde aber von Augustus zunächst zurückgesetzt und erst zum Nachfolger bestimmt, als alle anderen Kandidaten verstorben waren. Vermutlich war er deshalb mißtrauisch und in sich gekehrt; seine letzten Jahre verbrachte er auf Capri.

Timaios: gr. Historiker aus Tauromenion (Taormina) auf Sizilien, verfaßte eine Geschichte des sizilisch-unteritalienischen Raums bis etwa 270 v. Chr., die viel Sagenhaftes als historisch ausgab (Aeneas, Dido). Die Reste seiner Schriften, aus denen z. B. Athenaios viel zitierte, sind gesammelt von F. Jacoby in: Die Fragmente der gr. Historiker, Berlin/Leiden 1923 ff. unter Nr. 566.

Titus, Flavius Vespasianus: Sohn Vespasians, Kaiser von 79 bis 81 n. Chr., wegen seiner Güte als »Glück der Menschheit« verherrlicht.

Torquatus, Titus Manlius T.: röm. General, Konsul und Diktator, der seinen Beinamen von einem Halsring (torques) haben soll, den er einem im Zweikampf besiegten Gallierhäuptling abnahm; im Krieg mit den Latinern soll er um 340 v. Chr. den eigenen Sohn hingerichtet haben.

Tyana: Stadt in Kilikien.

Valerius Antias: s. Anm. 27.

Varus: röm. Gouverneur Germaniens, von Arminius im Teutoburger Wald 9 n. Chr. besiegt.

Veji: alte Etruskerstadt nördl. von Rom.

Vespasian, Titus Flavius V.: röm. Kaiser von 69 bis 79 n. Chr., S. 251 f.

Volsker: Volk im südl. Latium, alte Feinde Roms.

Xanthippe: Frau des Sokrates, von ihm erst in höherem Alter geheiratet, vermutlich zu Unrecht Typ des zänkischen Hausdrachen.

Xenokrates: gr. Philosoph des 4. Jh. v. Chr., leitete die platonische Akademie von 339 bis 314 v. Chr.

Xenophon: (um 430-354) gr. Historiker und Philosophiegeschichtler, gehörte zum Schülerkreis des Sokrates, über den er »Erinnerungen« schrieb.

Xerxes: Perserkönig von 486 bis 465 v. Chr., bei Salamis von Themistokles besiegt.

Zenon von Elea: (um 490 bis um 430) gr. Philosoph, suchte die Seinslehre des Parmenides durch raffinierte Trugschlüsse zu stützen (z. B. »Wettlauf zwischen Achill und der Schildkröte«: Achill kann das langsame Tier, wenn es einen Vorsprung hat, nie einholen, denn während er den Vorsprung durcheilt, gewinnt die Schildkröte einen neuen Vorsprung).

Zenon von Kition: (um 335 bis um 260) gr. Philosoph, Begründer der Stoa (»Säulenhalle«, so benannt nach dem Versammlungsort in Athen).

Inhalt

Alte Welt und Mittelalter
im insel taschenbuch

Alte Welt und Mittelalter
im insel taschenbuch

151/2/11.93

Alte Welt und Mittelalter
im insel taschenbuch

Alte Welt und Mittelalter
im insel taschenbuch

151/4/11.93

Anthologien
im insel taschenbuch

163/1/11.93

Anthologien
im insel taschenbuch